崔佳 编著

外国名著40部要领

中国画报出版社·北京

图书在版编目（CIP）数据

外国名著40部要领/崔佳编著.—北京：中国画报出版社，2009.4（2025.1重印）
ISBN 978-7-80220-471-3

Ⅰ.外… Ⅱ.崔… Ⅲ.推荐书目-外国-青少年读物 Ⅳ.Z835-49

中国版本图书馆CIP数据核字（2009）第055571号

外国名著40部要领		崔佳　编著
出 版 人：	田　辉	
责任编辑：	池　倩	
出　　版：	中国画报出版社	
地　　址：	中国北京市海淀区车公庄西路33号，邮编：100048	
电　　话：	010-88417359（总编室兼传真）　010-88417359（版权部）	
	010-88417418（发行部）　010-68414683（发行部传真）	
印　　刷：	三河市兴国印务有限公司	
监　　印：	敖　晔	
经　　销：	新华书店	
开　　本：	700mm×1000mm　1/16	
印　　张：	13	
字　　数：	276千字	
插　　图：	400	
版　　次：	2009年5月第1版　2025年1月第2次印刷	
书　　号：	ISBN 978-7-80220-471-3	
定　　价：	78.00元	

如发现印装质量问题，请与承印厂联系调换。

版权所有，翻印必究；未经许可，不得转载！

外国名著 40 部要领

前言
Introduction

　　文学是高素质的人才必备修养之一，因此，学习一些文学知识，了解一些文学名著十分必要。文学不仅能够丰富知识、开阔视野，还能够培养想象力和写作能力，对提高自身素质也大有裨益。中国学生除了应该了解祖国的文学知识之外，还应该掌握世界其他国家的文学知识，因为那些也是人类知识与智慧的重要组成部分，是青年一代不可不了解的宝藏。

　　为了提高中国学生的文学素养和语文水平，我们编写了《外国名著40部要领》一书。

　　本书在介绍每部（类）文学作品的时候，都分为三个部分，将作品（该类文学）的简介、内容梗概（精华选读）、创造性阅读或探究性阅读方法及感受展示给读者。

　　第一部分是作者及作品简介或该文学类别的介绍，属于文学常识。

　　比如，《格林童话》为德国民间故事集，作者雅科布·格林（1785—1863）、威廉·格林（1786—1859），他们都是德国民间文学搜集整编者。出身官员家庭，均曾在马尔堡大学学法律，又同在卡塞尔图书馆工作和任哥廷根大学教授，1841年同时成为格林科学院院士。他俩共同编成《儿童与家庭童话集》。作品的主要内容是颂扬勤劳和诚实，鄙弃懒惰和自私，鼓励对暴力和邪恶的反抗，激发对被压迫者的同情和爱护。书中的200多个故事，大部分源自民间的口头传说，因而比较正确地反映了当时人民的思想感情。其中的《灰姑娘》《白雪公主》《小红帽》《青蛙王子》《勇敢的小裁缝》等名篇，已成为世界各国儿童喜爱的杰作。

第二部分是作品内容梗概或精华部分选读。在介绍名著时，主要讲述该书的故事发生、发展过程和主要情节，该部分可以让读者了解本书的主要内容。书中的内容梗概并非空洞的内容介绍，而是故事的精要浓缩或选编，基本上保持了原著的写作风格，让读者在掌握原著内容的同时，能够对作者的写作手法有大概的了解。在介绍国外诗歌时，选取作品的精彩部分展示给读者。在介绍其他各类文学作品或其他读物时，选取了几篇有教育意义或者文学价值比较高的作品进行介绍。

第三部分是该作品的探究性阅读或者创造性阅读感悟。每一部文学作品，尤其是名著都有深刻的历史意义和给人启迪的地方，在编写此书的时候，我们将阅读的启迪作为重点，让读者在了解文学作品的同时，从作品中汲取最大的精神营养，避免了纯粹的为阅读而阅读。通过探究性阅读和创造性阅读，提高读者的阅读水平，加深读者对作品的理解。

本书在用生动的语言进行叙述的同时，配套插入了大量图片，做到了图文并茂、生动形象。希望本书能够得到广大读者的喜爱。

编者

目录 CONTENT

格列佛游记 /9
鲁滨孙漂流记 /14
喧哗与骚动 /19
童年 /24
钢铁是怎样炼成的 /29
高老头 /34
蝇王 /39
堂吉诃德 /44
巴黎圣母院 /49
欧也妮·葛朗台 /54
匹克威克外传 /59
复活 /64
老人与海 /69
安娜·卡列尼娜 /74
悲惨世界 /79
百年孤独 /84
静静的顿河 /89
日瓦戈医生 /94

哈姆雷特 /99
歌德谈话录 /104
名人传记 /109
　《贝多芬传》/109
　《托尔斯泰传》/112
　《米开朗琪罗传》/113

契诃夫短篇小说选 /114
　第六病室 /114
　万卡 /116
　套中人 /117
莫泊桑短篇小说选 /119
　羊脂球 /119
　项链 /120
　我的叔叔于勒 /122
欧·亨利短篇小说选 /124
　警察和赞美诗 /124
　麦琪的礼物 /126
　爱的牺牲 /127
泰戈尔诗 /129
　第一次的茉莉 /129
　园丁集（节选）/129
　吉檀迦利（节选）/131
　飞鸟集（节选）/133
普希金诗 /134
　致恰达耶夫 /134
　自由颂 /135
　叶甫盖尼·奥涅金（节选）/137
　致克恩 /138
外国科幻读物 /139
　在天堂 /139
　"剑鱼座"纪事 /141
外国科普读物 /144
　昆虫记 /144
　时间简史 /145
　自私的基因 /147

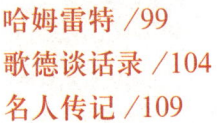

外国文化读物 /149
梦的解析 /149
未来的冲击 /151

外国历史读物 /154
历史研究 /154
亚历山大远征记 /155
历史 /157

外国政治读物 /159
林肯传 /159
社会契约论 /160
政府论 /162

外国科学读物 /164
关于托勒密和哥白尼两大世界体系的对话 /164
物种起源 /165
生命问题 /167

外国人文读物 /169
理想国 /169
培根论人生 /171

安徒生童话 /174
丑小鸭 /174
打火匣 /175
皇帝的新装 /175
海的女儿 /176
卖火柴的小女孩 /178

格林童话 /179
《稻草、煤炭和豆子》/179
《灰姑娘》/180
《白雪公主》/180
《小红帽》/181
《青蛙王子》/182
《勇敢的小裁缝》/183

外国童话故事 /184
《尾巴的故事》/184

《拇指姑娘》/185
《母亲的故事》/185
《十二兄弟》/186

伊索寓言 /189
《农夫与蛇》/189
《狼与小羊》/189
《山鹰与狐狸》/190
《马、牛、狗与人》/191
《蚊子与狮子》/191
《小孩与画的狮子》/191
《冬天与春天》/192
《贼和旅馆老板》/192
《骡子和强盗》/193

克雷洛夫寓言 /194
《四重奏》/194
《执政的象》/195
《老农夫和他的长工》/195
《袋子》/196
《忙碌的猴子》/197
《天鹅、梭子鱼和虾》/197
《猫和厨子》/198

外国神话故事 /199
《人类的时代》/199
《人类的中间园》/201
《黑夜女神》/202

外国民间故事 /204
蠢汉、驴子与骗子的故事 /204
龙宫传奇 /205
钱商和匪徒的故事 /207

格列佛游记

主人公格列佛是英国一个酷爱航海旅行的人。多次环游世界，到过许多地方，有过不少的奇遇。最值得称道的是他到小人国、大人国、飞岛国、慧骃国的四次游历。下面便是他的游历见闻。

1699年5月4日，格列佛应"羚羊号"船长的雇请，乘船到太平洋一带航海，因遇风暴，"羚羊号"触礁沉没了。格列佛只身被风浪刮到利立浦特岛上。待他醒来时，觉得全身都动弹不得，四肢、身体被紧紧捆缚住了。这时，他感到左腿上有生物在爬动。格列佛略略把眼光朝下一看，只见一个不到六英寸的小人。格列佛大喊了一声，吓得他们拼命奔逃。

过了一会儿，小人又围拢过来，几百支箭向他射来，他觉得被针刺一般。格列佛只好躺着不动。一个很体面的长官模样的人站在高台上，向他发布演说，意思是要他投降。格列佛别无出路，只好表示归顺。

皇帝召开大臣会议，讨论如何处置格列佛的问题。有人担心格列佛的食量太大，他一人的伙食，可供一千七百二十个小人的食用；有人主张把格列佛弄死，但又担心他的庞大的尸体发臭后，会造成京城的瘟疫。最后，皇帝决定暂时让格列佛留着。

小人国有两个政党。他们的区别是一党穿的鞋跟高些，另一党的鞋跟低些。高跟党自认为是合乎古代制度的，而国王则偏向低跟党。因此，政府的官员都是低跟党的人担任。

作者及作品简介

《格列佛游记》作者乔纳森·斯威夫特（1667—1745），是英国启蒙运动中激进民主派的创始人，18世纪英国最杰出的政论家和讽刺小说家。

《格列佛游记》不但具有深刻的思想内容，而且具有比较完美的艺术形式。首先，斯威夫特利用虚构的情节和幻想手法刻画了当时英国的现实。同时他也是根据当时英国的现实才创造出一个丰富多彩的、童话般的幻想世界。斯威夫特的幻想世界是以现实为基础的，而现实的矛盾在幻想的世界中则表现得更为集中突出。斯威夫特抓住了议会党派斗争的本质特点，创造了小人国的高跟党和低跟党。再如针对英国对爱尔兰的统治和剥削，斯威夫特创造了飞岛上的人与地上的人民之间的斗争。这些虚构的情节就把现实表现得更为强烈、更为集中、更为典型，而且更具普遍性。

探究性阅读

在读《格列佛游记》的时候,我们应该发挥想象。了解格列佛在小人国、大人国、飞岛国和慧骃国的奇遇,看到18世纪前半期英国社会的一些矛盾,从中发现英国统治阶级的腐败和罪恶。并看到作品对英国议会中毫无意义的党派斗争、统治集团的昏庸腐朽和唯利是图、殖民战争的残酷暴戾进行了揭露和批判;同时它在一定程度上歌颂了殖民地人民反抗统治者的英勇斗争。

两党仇恨很深。皇太子则两边讨好。

一次,皇宫失火。由于运水困难,格列佛撒了一泡尿浇灭了大火。这使皇后十分反感。加上海军大臣嫉妒他的功劳,财政大臣又怀疑他的妻子和格列佛私通,于是国王召开了一次密谋会,要给格列佛定叛国罪,并把他的双眼刺瞎。格列佛得知后,慌忙逃到不来夫斯古国。在那儿找到了一只小船,便乘船离去。他在公海上遇到一只英国商船。他便搭乘这只商船,于1702年回到伦敦。从而结束了他的第一次游历。

格列佛第二次出游是在1702年6月20日。于第二年6月到达布罗卜丁奈格岛。他和水手们到岛上找淡水,被一巨人追赶,格列佛躲在一块像森林一样的麦子地里。不一会儿,他看见有七个巨人向他走来,手执镰刀。前边那个巨人是个富农,其余的都是为他割麦的农民。

富农把格列佛带回家去。交给他的九岁女儿葛兰达克利赤照管。格列佛在巨人床上睡了一觉。村里的巨人们都把格列佛当作小怪兽,纷纷跑来看他。有人提议可以利用格列佛去赚钱。于是,主人便把他装在一个箱子里,带他到各城镇去展览。主人还让格列佛表演刀棒技艺,一时轰动了全国。后来,他被带进王宫,为王后和贵妇人演出。皇后很高兴,便从富农那里把他买了下来。这时格列佛舍不得离开富农女儿葛兰达克利赤,便向皇后提出一个请求:要把富农女儿留下当保姆。皇后答应了。

大人国是个半岛,它的一边和大陆相连。全国有五十一座大城,人口十分稠密。国王是个非常博学的人。他向格列佛询问欧洲的风俗、宗教、法律、政府和学术的情形。格列佛建议帮他制造火药和枪炮来巩固国防。国王大为反感,认

形象感受

主人公格列佛是一位外科医生,但他非常喜欢航海。他先后到过小人国、大人国、飞岛国、慧骃国四个国家,经历了很多磨难,也见到了很多新奇的事情。在格列佛身上充满了智慧、勇气和冒险的精神。

为发明这些杀人武器的人是"人类的公敌"。他要以理智和仁慈来治理国家。于是格列佛认为,"这位君主具有种种令人尊敬、爱戴和敬仰的品质:他具有卓越的才能,无穷的智慧,高深的学问,治理国家的雄才,也受到人民的拥戴。"

格列佛在大人国住了两年。有一次,他和国王出外旅行时,装他的箱子被老鹰叼到半空中,然后又掉到海里,幸好遇见一只英国海轮搭救了他。于是他在1706年6月回到了伦敦,结束了他的大人国旅行。

格列佛第三次出游到了飞岛国。那是在1706年8月5日,他乘坐大商船"好望号"到印度支那和马来亚一带航海。因受到海盗袭击,他被海盗放逐到一条独木舟上,幸好海浪把他送上了陆地。登岸后,他发现了一种奇异的现象:空中飞来了一座住满了人的岛屿,把太阳遮蔽了六七分钟。然后,那飞岛降落到地面,格列佛便趁机爬了上去。飞岛上的人面貌和服饰都很奇特。"他们的头不是向右偏,就是向左歪。他们有一只眼睛凹在里面,另一只眼睛直冲着天顶"。他们的外衣上装饰着太阳、月亮、星球的图形;他们的发音器官和听觉器官都很迟钝,要用一个吹胀了的尿脬拍击他的嘴和耳朵,他们才能说话和听话,否则他们会把刚刚发生的事忘记。

岛上的人总是惶惶不安,因为他们对天文很有研究,害怕太阳一天天接近地球,地球会被太阳吞食了。他们早上一遇见熟人,便首先问候太阳的健康。飞岛上住着国王和他的贵族们,还有些工匠、妇女和儿童。国王统治着飞岛外的大片领土和属国。如果臣民们不服从或进行叛乱,他便驾着飞岛飞临肇事地点的上空,轻则夺他们享受阳光与雨水的权利,重则用飞岛直接落到他们的头上,压碎一切房屋建筑和人畜。

格列佛在飞岛上遭到冷遇。他没住多久,国王便把他发遣到下界首都拉格多去。在这里,他结识了贵族孟诺第,参观了他的田庄,同时访问了国家科学院和学校。这里科学家们正兴致勃勃地进行各种可笑的研究:有的在埋头研究如何从黄瓜里提取阳光;有的想把粪便还原为食物;用猪耕地;还有的想利用蜘蛛织网,用风箱打气法治病等。在学校教育中,这里的人准备取消词汇,认为这样有益于健康。

格列佛离开拉格多后,到了飞岛另一属地巫人岛。这里的长官精通魔术,能把死去的鬼魂召唤前来。格列佛会见了亚历山大、凯撒、庞贝、荷马、亚理士多德等历史上的有名人物。后来,格列佛又游历了拉格奈格王国,这里的臣子谒见国王时要舔地板,国王把毒药撒在地板上杀死他不喜欢的大臣。在这里他还见到了长生不老的人,了解到长生不老并不是一件幸福的事。他乘船到了日本。1709年4月,他搭乘荷兰船回到英国。这次航行历时五年六个月,是时间最长的一次。

格列佛第四次游历是在1710年9月,他担任了商船"冒险家号"船长。当他航行到北美时,新招募来的水手劫夺船只,他被扔到一个荒岛上。格列佛上岸后,被一群类

名句精华

我见到的第一个人形容枯槁,双手和脸都像烟一样的黑,头发、胡子很长,衣衫褴褛,而且有几处被火烧焦了。他的外衣、衬衫和皮肤全是一种颜色。八年以来他都在埋头设计从黄瓜里提出阳光来,密封在小玻璃瓶里,在阴雨湿冷的夏天,就可以放出来使空气温暖。他告诉我,再过八年他毫无疑问可以以合理的价格供给长官的。

在另一个房间里,我非常高兴地看到一位设计家想出了一个用猪来耕地的方法。这个方法不用耕具、牲口和人力,只在一英亩的田地里,每隔六英寸,在深八英寸的地方埋上许多橡实、枣子、栗子和这种动物爱吃的其他榛子和蔬菜;然后把六百头或者更多的猪赶到田里去。几天以后为了找寻食物,它们就会把土全部掘起,不但适于下种,而且拉了满地的屎也上好了肥料。虽然经过实验,他们发现费用太大,也太费事,而且几乎得不到什么收成,但是大家都认为这种发明毫无疑问是大有改进的可能的。

我居然卑贱到这种程度,提出要召几个古代的英国农民来见见面。这些人风俗淳朴,衣食简单,做买卖公平交易,具有真正的自由精神,勇敢、爱国,他们的这些美德在过去曾经是很有名的。我把活人和死人一比,真是不无感慨。祖宗所有这一切纯朴本色的美德都被他们的子孙为了几个钱给卖光了;他们的子孙后代出卖选票,操纵选举,只有在宫廷才能学得到的罪恶和腐化行为,每一样他们都沾染了。

似猿猴的动物耶胡所包围。正在危急之际,来了一匹灰色的马,耶胡们害怕它,都跑散了。接着,又来了一匹栗色的马。它们"举动很有条理,很有理性"。马们把格列佛带回家去,并用一捆干草和燕麦来招待他。格列佛摇头表示他不吃这两样东西,马感到很奇怪。刚好,这时有一只乳牛经过,格列佛指了指乳牛的乳,于是马领会了,便用牛乳来款待他。

马的院子里有许多供它役使的耶胡。这些动物"脸又扁又宽,塌鼻子,厚嘴唇,咧着一张大嘴",样子怪难看的。马比较了格列佛和耶胡的形状,也把他叫做耶胡。格列佛感到很羞愧。格列佛向马主人谈起,在英国马是被人们用来骑坐和拉车的,马们听了很是气愤。

格列佛谈起了法律和金钱的用处。他说欧洲的耶胡们认为:"不管是用钱还是攒钱,钱总是越多越好,没有满足的时候,因为他们天性就是这样,不是奢侈浪费就是贪得无厌。富人享受着穷人的成果,而穷人和富人在数量上的比例是一千比一。"马对这点感到很费解。因为在马的国家里,虽然按马的毛色不同分贵贱优劣,但它们都很友爱,"仁慈和友谊"是这个国家的两种美德。它们不懂什么叫罪恶,它们共同遵守的格言是发扬理性,并以理性来治理国家。

格列佛感到"这些杰出的四足动物有许多美德,跟人类的腐化堕落对比一下,使我睁开了眼睛,扩大了眼界"。他愿意和这些"可敬的'慧骃'在一起过一辈子,对各种美德加以研究和实践"。"慧骃"们都很讨厌耶胡,认为他们生性恶劣,为了争夺一种闪光的石头(暗指财宝)彼此争吵不休,甚至引起内战。在马的代表大会上,"慧骃"们因发现灰色马养了格列佛这样的耶胡,它们责备灰色马,要它把格列佛放走。于是格列佛自制了一只小船,依依不舍地告别了马主人,离开了慧骃国。在海上,他遇见了一艘葡萄牙商船,于1715年12月返回英国。

格列佛前后四次游历奇遇,历时十六年零七个月。他把这些亲历的见闻记载下来,"唯一目的是大众的利益,所以不管怎样我也绝不可能感到失望"。

情感体验

《格列佛游记》留给读者最深刻的印象可能就是丰富多变的讽刺艺术了。在文中作者以漫画式的夸张技巧无限扩大了耶胡、勒皮他人和长生不老的人的可恶和怪诞的形象,以一本正经的严肃态度、细致逼真的细节描写刻画了小人国的生活和斗争,极为成功地反映出当时英国的现实。作者还用严肃认真的口吻叙述渺小无聊的事情,从而产生了强有力的反讽效果。另外,作者还很巧妙地把故事引入这些虚幻的童话般的世界里,借助了主人公的感受,揭露了现实,从而表现了文章的主旨。

鲁滨孙漂流记

小说主人公鲁滨孙生于英国约克城的一个"体面人家"。父亲要他过"安定和富裕"的中产阶级生活,但他从幼年起,脑子里便充满遨游四海的愿望。1651年,他私自离开了家庭,经过一番海上的历险到了伦敦,他从那儿购买了一些廉价的货物,假珠子、玩具、刀子、剪子、玻璃器皿等到非洲经商,和当地土人交换金沙、象牙等贵重物资,获得几十倍的利润。

当第二次往非洲经商时,他遇上了海盗,成了摩尔人的俘虏。他被带到摩洛哥西岸的萨利城,充当一个海盗头子的奴隶。但他尽量博得主人的欢心和信任。在一次奉命出海捕鱼时,他驾小艇逃跑了,还带走了海盗的小奴仆佐立。

鲁滨孙在海上航行了十天。遇到了一艘开往巴西的贩卖黑人的葡萄牙船。他要求搭乘这艘船,并把小奴隶佐立卖给了船主。抵达巴西后,他买了一块土地,经营起烟草和甘蔗的种植业来。这样,他过了四年平稳的生活。后来,他为了扩展种植园,又和人合伙到非洲去贩卖黑人。

他们的船航行在南美洲洋面,突然刮起一阵大风暴,海船被打翻了。他和海员乘小艇逃生,又被风浪吞没。海员们都葬身海底了,他只身被潮水推向岸边,流落到一个荒无人烟的海岛上。上岸后,他身上除了一把小刀、一支烟斗、一小盒烟叶外,别无他物

作者及作品简介

《鲁滨孙漂流记》作者是英国作家笛福(1659或1660—1731)。笛福生于伦敦,早年以写政论文和讽刺诗著称,反对封建专制,主张发展资本主义工商业。1719年发表了《鲁滨孙漂流记》,这是他的第一部小说。

《鲁滨孙漂流记》是一部流传很广、影响很大的文学名著,它表现了强烈的资产阶级进取精神和启蒙意识。这部小说是笛福受当时一个真实故事的启发而创作的。1704年苏格兰水手赛尔科克在海上与船长发生争吵,被船长遗弃在荒岛上,四年后被救回英国。赛尔科克在荒岛上并没有做出什么值得颂扬的英雄事迹,但笛福塑造的鲁滨孙却完全是个新人,成了当时中小资产阶级心目中的英雄人物,是西方文学中第一个理想化的新兴资产者形象。《鲁滨孙漂流记》是一部成功的现实主义小说。作者用生动逼真的细节把虚构的情景写得使人如同身临其境,使故事具有强烈的真实感。作品语言朴素生动,文字通俗易懂,虽然艺术上并不十分成熟,但它对英国小说的发展起了积极的作用,小说主人公鲁滨孙也因此成为欧洲文学史上一个著名的文学形象。

探究性阅读

《鲁滨孙漂流记》最吸引人的地方是主人公惊险、新奇、真实的个人经历，但是其深层的吸引力却是普遍存在的人类的孤独感在读者心中产生的共鸣。在读本书的时候，我们应该想到其实每个身处闹市的人都有孤独的感受，而流落荒岛的鲁滨孙正是我们每个人的知音，《鲁滨孙漂流记》只是一个幻想故事，但是每个人都在其中找到了自己的影子。

了。这时，天已黑下来了，他怕遭到野兽的袭击，便爬上一棵大树，度过了艰难的一夜。

鲁滨孙登上岛的山头，察看海岛四周的地势。他发现这是个孤岛，四周是茫茫的大海。除了在岛上生存下去，要找到别的出路是不可能了。他在山坡下选择了一个优良的地势，作为自己居住的地点。在这儿，既符合卫生条件，又可以防止烈日暴晒。为了防备野兽，他还砌了堵墙，外加木栅栏，用一架短梯搭在墙上出入，他把自己的住家叫做"城堡"。接着，他做了桌子和椅子，埋藏了火药。为了怕忘了年、月、日，他用刀子在一根木桩上刻上记号。然后他又细细比较了流落到荒岛来的坏处和好处。认为自己能在死里逃生，而且在破船上找到这么多有用的东西便是最大的幸运。他开始写起日记来。

荒岛上有不少的野山羊。鲁滨孙除捕食外，还饲养了一些，以便将来弹药用完后有牲畜可吃。在海岛的另一边，他发现了一片风光秀丽的坡地。那儿有许多椰子树、橘子树、柠檬树和橙子树。还有果实累累的葡萄。他怀着喜悦的心情眺望着，心想："这一切现在都是属于我的，我是这地方的无可争辩的君主，对这地方具有所有权。我还可以把它传给子孙，像一个英国的领主一样。"他把柠檬采摘回家，把葡萄挂在树上晒干，以作为雨季的食粮。他还在这里搭了个茅屋，四周同样围上木篱笆。他把这地方称作自己的"别墅"。

鲁滨孙进行农业耕种。但他没有犁翻地，也没有锄头。他便用木头劈成铲子模样掘地。麦子长出后，遭到山羊和鸟儿的糟蹋。他花了三星期的时间，把麦地围上篱笆，并把船上带来的一只狗拴在木桩上吓山羊。第一年，他打下了两斗大米、两

斗大麦。他又把这些粮食碾成面粉。他还烧制了瓦罐作炊器,使自己吃上了面包。另外,鲁滨孙还用羊皮做了一把伞以便雨天出入。他认为:"世界上一切好东西对于我们,除了拿来使用之外,没有别的好处。"

生活到第十五年,鲁滨孙在海边地上发现了一个野人的足印。他吓坏了。几天之内都没睡好,也不敢贸然外出。他害怕被野人吃掉。不久,他又在海滩上发现一堆被吃剩的人骨头,这使他更加忧虑,说明野人曾成群结队来过这荒岛上。

一天清晨,他看见海岸上有一片火光。在火光中,一群裸体的野人正围成一圈在跳舞,当他们跳累后,便开始宰食俘虏。幸好,这批野人没有深入到岛的内地来。当潮水退时,他们便驾着独木舟走了。鲁滨孙的生活不那么平静了。虽然他在一只失事的西班牙船上,得到一些生活补给,但他心里老是忐忑不安。一方面,他害怕野人;另一方面,他又想捕到一个野人来做他的助手。

有一回,海上来了五只独木船。大约有二三十个野人登了岸。这批野人又到岛上来举行人肉筵席。鲁滨孙自知不敌,躲在他的"城堡"里。但他做了充分的准备,给每把枪都上好了弹药,十分警惕地注视着。忽然,他看到一个被俘的野人挣脱了捆绑,向他所在的方向跑来。另一群野人在后面追赶。逃跑的野人游过了一条小河。这时,追赶的野人只有两人过了河,其余的都返回去了。鲁滨孙看到这是个好机会,他出其不意地迎了上去,掩护了逃跑的野人,把两个追来的野人打死了。

被营救的野人是个"眉目清秀、身材健壮的汉子,四肢长得又直又结实"。他对鲁滨孙感恩戴德。鲁滨孙给他起了个名字叫"星期五",以纪念在星期五这天搭救了他。鲁滨孙教他学英语,并差使他干农活,极力把他培养成一个对自己"有用的助手"。鲁滨孙还将宗教意识灌输给他,教他读《圣经》。三年后,星期五便成了"一个很好的基督徒"了。

形象感受

主人公鲁滨孙出身不好,文化程度不高。但他有较丰富的生活阅历。他有一股压抑不住的冒险的进取精神。流落荒岛后,他不是听天由命,坐以待毙,而是发挥自己全部才智,不断用自己的劳动改善伙食和居住条件,从无到有,从少到多,从粗到精,创建了自己的王国。总之,他的冒险精神和百折不回的顽强毅力给读者留下了深刻的印象。

星期五告诉鲁滨孙说，他家乡有十五个西班牙人。他们是在一次海船失事后逃上岸的，他们和当地居民相处得很好。于是，鲁滨孙准备到星期五居住的大陆去，他们一同挖制了一条大的独木船。正当这时候，海上又来了一批野人，要在岛上宰食俘虏，其中有一位是欧洲人。鲁滨孙见到自己的同胞被俘，怒火中烧，便和星期五一同前去营救。经过一番激烈的战斗，鲁滨孙等用火药枪等武器杀伤、打死二十一名野人。在野人欲宰食的俘虏中，没料到竟有一名是星期五的父亲（他是在一次野人部族的战斗中被俘的）。现在经鲁滨孙营救，使星期五父子重逢，他们高兴得手舞足蹈起来。

岛上有了新的居民。除星期五的父亲外，还有那位被营救的西班牙人。鲁滨孙感到："我不断地带着一种高兴的心情想到我多么像一个国王。第一，全岛都是我个人的财产，因此我具有一种毫无疑义的领土权。第二，我的百姓完全服从我，我是他们的全权统治者，他们的性命都是我救出来的。"他扩大了谷物种植面积。由于考虑到去星期五的家乡有危险，他便派星期五的父亲和那位西班牙人回去联络，准备把其余的西班牙人接到岛上来。然后，他们可以共同造一条大船，开往巴西去。

名句精华

于是我就像一个没有头脑的傻瓜一样进行造船的工作。我对于这个计划非常满意，再也不去研究一下它是否可以实行。其实我并不是没想到下水的困难，不过我对于自己的怀疑总是用这种愚蠢的答案挡回去："让我先把它做成了再说；做成之后，我担保一定可以想出个什么办法来解决它。"

我祈祷时，心情苦恼，精神负担很重，仿佛危机四伏，每夜都担心可能被野人吃掉似的。经验表明，平静、感激和崇敬的心情比恐怖和不安的心情更适于祈祷。一个人在大祸临头的恐惧下做祈祷，无异于在病榻上做忏悔祈祷，心情同样不安。这种时候是不宜作祈祷的，因为，这种不安的心情影响到一个人的心理，正如疾病影响肉体一样。不安是心灵上的缺陷，其危害性不亚于肉体上的缺陷，甚至超过肉体上的缺陷。而祈祷是心灵的行为，不是肉体的行为。

这时，我从惊恐中恢复过来，开始察看周围的情况。我发现洞不太大，周围不过十二英尺，但这完全是一个天然的洞穴，既不方，也不圆，不成什么形状，没有任何人工斧凿的痕迹。我又发现，在洞的尽头，还有一个更深的地方，但很低，只能俯下身子爬进去。至于这洞通向何处，我当然不得而知。当时我手头没有蜡烛，只好暂时不进去，但我决定第二天带上蜡烛和火绒盒进去。那火绒盒我是用一支短枪上的枪机做成的。另外，我还得带一盘火种。

星期五的父亲走后,岛上发生了另一件事。一条在附近海面经过的英国商船起了内讧。船上的暴徒劫了船长和大副,驾了一只小艇,朝鲁滨孙的小岛开来。他们准备把船长和大副扔到荒岛上,然后把商船开走。鲁滨孙便和星期五一同打死和打散了暴徒,营救了船长和大副,帮他们夺回了商船。这样他便没有再等星期五父亲和西班牙人回来,决定乘英国商船归国。临行前,他把岛上的产业交给了两个被他俘虏的暴徒。因为他们犯了劫持商船的罪,回英国要被吊死的,他们已无法回去了。鲁滨孙告诉他们如何在岛上生活,并要他们和将要来到的西班牙人共同合作,把岛屿经营好。

1686年12月19日,鲁滨孙离开了他苦心经营的海岛。刚好这天和他从摩尔人那里逃出的日子相同。他在岛上生活了二十八年两个月零十九天。次年七月,他回到英国。他的父亲已去世了。人们以为他已死在外面,没有给他留下任何财产。后来他到里斯本,去打听他在巴西经营的种植园的情况。结果是他的种植园十分兴旺发达,每年有一千镑的收入。合股人也很公正,知道他还活着,便给他寄了一笔钱来,并欢迎他到巴西去接收产业。

鲁滨孙从里斯本归国。因走旱路,在法国边境山地遇到了狼群,他和星期五及向导击毙了六十多条狼。回到英国,他结了婚,生了三个孩子,并卖掉了巴西的产业,成为巨富。

几年后,鲁滨孙的妻子死了,他的冒险心理又活跃起来。于是在1694年,他搭船外出航海,并回到了他开垦过的海岛。这里已有了新的发展,被星期五的父亲接来的西班牙人成了岛上居民的主体。他们几度和加勒比部族的野人作战,俘虏了一批男人和女人作为奴隶。现在岛上已有二十来个孩子了。鲁滨孙给他们留下了一批日用品,又把土地均分给每人一份,而他自己则保留了财产所有权。后来,他又给他们送去一条帆船、七个妇女和五头母牛。

情感体验

鲁滨孙独自一人流落到孤岛上,他的生活是艰辛的,但鲁滨孙最终征服了一切困难。从鲁滨孙的经历中,我们可以体验到一种不屈不挠的冒险精神,使人肃然起敬。鲁滨孙是一个永不知疲倦,永不安生的行动者。理智明达的他不屑守成,倾心开拓,三番五次抛开幸福之家,出海闯天下,他肯于劳动并且善于劳动,总是充分利用自己的头脑和双手奋斗着,历尽千辛万苦,一次又一次地创造出财富。总之,主人公身上所闪现的奋斗的火花很值得我们学习。

喧哗与骚动

故事发生在杰弗逊镇上的康普生一家。这个家庭曾经显赫一时，黑奴成群，如今已经没落，只剩下一幢破败的宅子，黑佣人也只剩下老妇人迪尔西和她的外孙勒斯特。康普生先生是1912年去世的。他在世时算是一个律师，但从不见他接洽业务，整天醉醺醺，发一些愤世嫉俗的空论，把悲观失望的情绪传染给大儿子昆丁。康普生太太冷漠自私，无病呻吟，拖累和折磨全家人。这个家庭没有丝毫的温暖。

班吉的故事。班吉是凯蒂的小弟弟，他是先天性白痴。1928年，他三十三岁了，但是智力水平还相当于一个三岁的孩子。他没有思维能力，脑子里只有感觉和印象，而且还分不清它们的先后，过去的事与当前的事都一起涌现在他的脑子里。1928年4月7日，是班吉三十三岁生日，他大部分时间是在年轻黑人勒斯特看护下东游西逛度过的，他们在曾经属于康普生家的场地上看人打高尔夫球，然后在场地来回寻找一枚丢失的二角五分钱硬币。晚餐时，班吉注意到杰生和昆丁在争吵，到了睡觉的时候，他看见有人从昆丁的卧室钻出来，沿着一棵树爬了下去。大部分时间里，班吉的头脑塞满了各种支离破碎的记忆。这些回忆大多数是关于童年和他姐姐凯蒂的经历：一会儿他的脑子里浮

作者及作品简介

《喧哗与骚动》作者威廉·福克纳（1897—1962），美国小说家，1949年获诺贝尔文学奖。其最著名的作品有描写杰弗逊镇望族康普生家庭的没落及成员的精神状态和生活遭遇的《声音与疯狂》（又译《喧哗与骚动》）；写安斯·本德仑偕儿子运送妻子灵柩回杰弗逊安葬途中经历种种磨难的《我弥留之际》；写孤儿裘·克里斯默斯在宗教和种族偏见的播弄、虐待下悲惨死去的《八月之光》；写一个有罪孽的庄园主塞德潘及其子女和庄园的毁灭性结局的《押沙龙，押沙龙》；写新兴资产阶级弗莱姆·斯诺普斯的冷酷无情及其必然结局的《斯诺普斯三部曲》（《村子》《小镇》《大宅》）等。

《喧哗与骚动》书名取自莎士比亚名剧《麦克白》的著名台词。一直被文学评论界推崇为意识流小说的杰出典范，这主要归因于作者对艺术手法的大胆创新，以及在揭示人物内心世界时表现出的精湛的意识流技巧。全书四个部分分别由康氏家族四个人物从各自不同的角度来讲述，作者依据不同人物的个性特征创造性地运用了多视角、时序颠倒、意识流等表现手法，显示了他在语言操作、技巧应用，以及谋篇布局等方面非凡独特的艺术才华。其中，对白痴班吉的意识流的描写最为出色。

探究性阅读

《喧哗与骚动》一书通过班吉的部分、昆丁的部分、杰生的部分,以及迪尔西的部分讲述了南方没落地主康普生一家的家庭悲剧,由此来探索美国南方大家族的没落、旧传统的解体,以及处在这一进程过程中的人们的矛盾和痛苦。康普生家族的毁灭实际上是一种内心的毁灭,良知、道德和荣誉的毁灭。因此,情节的发展以人物的内心意识为背景;毁灭的过程在四个不同人物的意识中反映出来。

现出他和凯蒂、昆丁在水边玩耍的情景;一会儿他的脑子里又浮现出黄昏时分他在院子里瞎逛,使正在和男朋友接吻的凯蒂大吃一惊;一会儿他的头脑又浮现出在凯蒂出嫁时他喝醉的感觉;一会儿他的脑海又浮现出自己被母亲改名的情景;一会儿他的脑海又浮现出凯蒂因失贞回家后默不作声,显得心慌意乱,他感到情况不妙,朝她猛扑过去,放声痛哭起来。

长子昆丁的故事。这是昆丁在哈佛大学自杀的那一天。昆丁和凯蒂儿时感情很好。作为没落的庄园主阶级的最后一代的代表,一种没落感始终追随着昆丁。他过分重视妹妹的贞操,把它与门第的荣誉甚至自己生与死的问题联系在一起。凯蒂的遭遇一下子使他失去了精神平衡。他去找凯蒂的情人达尔顿·艾密司斗殴,后者把枪递给他,他不但不敢开枪反而气急之下晕了过去。当他了解到凯蒂要与之结婚的丈夫赫伯特·海德是个在哈佛考试作弊被开除并还有其他种种劣迹的恶棍时,他极力劝阻凯蒂不要去结婚,但此时凯蒂已经没有选择的余地了。为了保全家庭的名誉,当他知道妹妹怀孕时,他甚至去向父亲承认他与妹妹犯了乱伦罪。他不喜欢乱伦,当然也没有这样做,可是长老会那套万劫不复的天谴的说教却深深地吸引了他。他寻思:

靠了这种手段，不用麻烦上帝，他自己就可以把妹妹和自己打入地狱，在那里，让她在永恒的烈火中保持白璧无瑕。面对家庭的衰落和妹妹的沉沦，他只得采用结束自己生命的办法，免得自己看到事态朝他更不喜欢的方向发展。表面上他是为妹妹而死，实际上则是为家庭的没有前途而亡。

凯蒂的大弟杰生的故事。随着金钱势力在南方上升，杰生顺应潮流，成为一个实利主义者，仇恨与绝望有时又使他成为一个没有理性、不切实际的复仇狂与虐待狂。小昆丁是凯蒂寄养在母亲家的私生女，而杰生却拿小外甥女小昆丁的私生女身份作把柄，对凯蒂敲诈勒索。因为他认为是凯蒂的行为使他失去了本应得到的银行里的职位。在他父亲去世后，他挑起了这摇摇欲坠的家庭的全副担子。他之所以这样做，倒不是因为他爱母亲，仅仅是因为他惧怕那个黑人女仆，他没法赶她走。杰生是个邪恶的代表，他恨凯蒂，恨小昆丁，恨关心凯蒂母女的迪尔西，总之，他恨周围的一切。他时时处处虐待外甥女小昆丁，借小昆丁不上学为由去"教育"她，实则是对她的不无色情动机的扭打。除了钱，他什么都不爱。他毫无心肝，处处占人便宜，却总是做出一副受害者的样子。他设法积下了近三千块钱，加上他窃取的外甥女的抚养费，共有近七千块钱。他不

形象感受

凯蒂是康普生一家的长女，她不把贞操当回事，与一个男子发生不正当的关系，有了两个月的身孕后，不得已嫁给了一个门当户对的青年。男方在婚后发现了隐情，在她生育后，把她逐出家门。她给女儿起名为昆丁，以纪念她哥哥，并把她留在了康普生家，自己则到大城市去闯荡。在小说中凯蒂是一个背叛家庭道德规范的形象，她是南方大家族没落的隐喻。

杰生为人势利，冷酷无情。仇恨和绝望有时又使他成为一个没有理性、不切实际的复仇狂和虐待狂。凯蒂使他失去了凯蒂丈夫应允给他的一家银行里的职位。为此，他恨凯蒂，连带着也恨凯蒂的私生女小昆丁，并把小昆丁的抚养费占为己有。虽然他仅仅是一个杂货店里的小伙计，但他顺应潮流，成为了一个实利主义者。他是一个贪婪、自私与残暴的人。

把这钱存进银行,而是把它藏在一只上锁的橱柜的抽屉里。康普生太太的冷漠与杰生的残酷,使小昆丁再也无法忍受在这个家庭中生活下去,在与一个流浪艺人私奔之前,她从窗子爬进舅舅的房间,用拨火棍撬开锁住的抽屉,取走了近七千元钱,而不是杰生向警察报案的两千八百四十元五角。1933年母亲死后,杰生永远摆脱掉弟弟和祖宅,也摆脱了那个黑人女仆。他把白痴弟弟送进了州政府的精神病院。杰生自己最后做了一个棉花商人。

迪尔西的故事。迪尔西是康普生家的黑人女仆,她勇敢、大胆、豪爽、温存、诚实,同情心永不枯竭似的从她身上涌流出来。她不畏惧主人杰生的仇视与世俗观念的歧视,勇敢地保护弱者。她同情凯蒂,因为凯蒂尽管有种种不能令人满意的行为,但本质上还是一个善良的女子。她照顾班吉,让自己的外孙尽心地服侍他。她处处保护凯蒂的私生女小昆丁,虽然有迪尔西的保护和关爱,小昆丁终于还是无法忍受这家庭中的颓败气氛和杰生的虐待,离家出走。在逃走之前,她从舅舅的寝室里取走了那大部分本应属于自己的钱,从此杳无音信。这件事使杰生火冒三丈,怒不可遏。他疯狂地驾车去追寻小昆丁,想追回他偷来的那笔钱。后来杰生也不敢再去追捕那个姑娘,生怕万一捉住了她,她会把自己侵吞抚养费的事情一五一十地说出来。在这部分中,还写了迪尔西一家去黑人教堂参加宗教活动。黑人牧师虔诚的布道深深感动了迪尔西,使她泪流满面。复活节中象征着涤罪和净化

名句精华

我把表给你,不是要让你记住时间,而是让你可以偶尔忘掉时间,不把心力全部用在征服时间上面。因为时间反正是征服不了的,他说。甚至根本没有人跟时间较量过。这个战场不过向人显示了他自己的愚蠢与失望,而胜利也仅仅是哲人与傻子的一种幻想而已。

我常常说,血液决定一切。如果一个人身上有那种血液,那是什么事情都做得出来的。我还说,如果您本来相信自己对她承担着什么义务的话,那么现在这种义务已经解除了。从现在起出了什么事只能怪您自己了,因为您明知道任何一个头脑清醒的人碰到这种情况都会怎么干的。我说,如果我得把一半的时间花在侦察别人的行动上,至少我也要找一个能给我酬劳的地方呀。

的宗教活动，体现了作者"人性的复活"的理想。

　　康普生家的女儿凯蒂其实是全书的中心。虽然书中没有以她为叙述者的一章，但书中一切人物的所作所为都与她息息相关。她命中注定要做一个堕落的女人，她自己也知道。她接受这样的命运，既不主动迎接，也不回避。她爱她的哥哥昆丁，尽管他是那样一个人。她不仅爱他而且爱他在对待家庭荣誉和在这一荣誉必将失去时，所流露出来的一个痛苦的先知和铁面无私的法官的品质。在对待她时，他的态度也是这样的。他以为自己爱她（其实是恨她），因为她是家庭自尊心的脆弱而必将碎裂的容器，又是使家庭

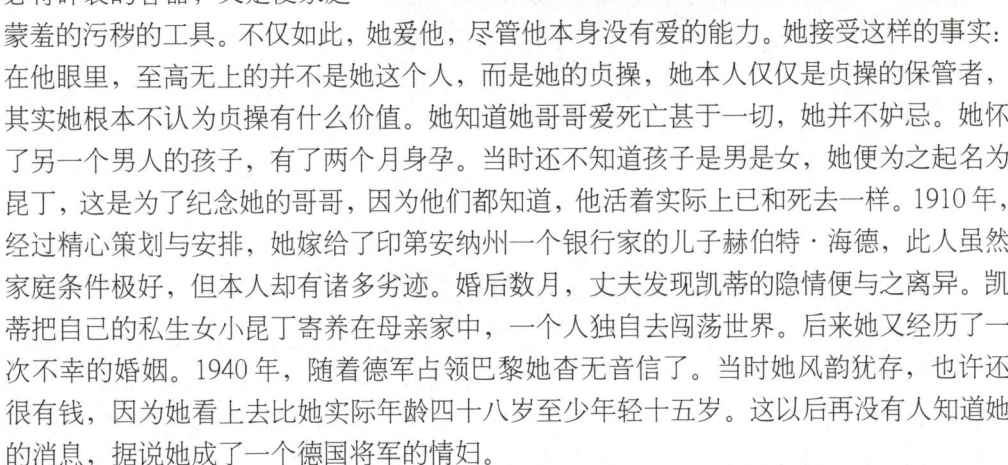

蒙羞的污秽的工具。不仅如此，她爱他，尽管他本身没有爱的能力。她接受这样的事实：在他眼里，至高无上的并不是她这个人，而是她的贞操，她本人仅仅是贞操的保管者，其实她根本不认为贞操有什么价值。她知道她哥哥爱死亡甚于一切，她并不妒忌。她怀了另一个男人的孩子，有了两个月身孕。当时还不知道孩子是男是女，她便为之起名为昆丁，这是为了纪念她的哥哥，因为他们都知道，他活着实际上已和死去一样。1910年，经过精心策划与安排，她嫁给了印第安纳州一个银行家的儿子赫伯特·海德，此人虽然家庭条件极好，但本人却有诸多劣迹。婚后数月，丈夫发现凯蒂的隐情便与之离异。凯蒂把自己的私生女小昆丁寄养在母亲家中，一个人独自去闯荡世界。后来她又经历了一次不幸的婚姻。1940年，随着德军占领巴黎她杳无音信了。当时她风韵犹存，也许还很有钱，因为她看上去比她实际年龄四十八岁至少年轻十五岁。这以后再没有人知道她的消息，据说她成了一个德国将军的情妇。

情感体验

　　《喧哗与骚动》对康氏家族四个中心人物进行了深刻而多角度的描述，每个人物都各具特色，但当你把他们放在一起时，便会发现他们有着一个共同的特点——一个家族的没落过程，也只有把中心人物糅在一起，南方大家族的没落才会生动而真切地展现在你的眼前。

童年

阿廖沙三岁时，失去了父亲，母亲瓦尔瓦拉把他寄养在外祖父卡什林家。外祖父家住在尼日尼——诺弗哥罗德城。外祖父年轻时，是一个纤夫，后来开染坊，成了小业主。阿廖沙来到外祖父家时，外祖父家业已经开始衰落，由于家业不景气，外祖父变得也愈加专横暴躁。阿廖沙母亲的到来引起了大舅米哈伊尔与小舅雅科夫的争斗，他们怕母亲来讨要嫁妆，闹着分家，一家人打成一团。在这个家庭里，阿廖沙初步认识到外祖父家弥漫着的相互仇恨的气氛，连小孩也为这种气氛所毒害。

阿廖沙一进外祖父家就不喜欢外祖父，害怕他，感到他的眼里含着敌意。大舅捉弄老裁缝格里戈里，让侄子把烧得滚烫的顶针放在格里戈里手边，不料却被外祖父无意中戴上，外祖父把孙子抽了一顿。一天，他出于好奇，又受表哥怂恿，把一块白桌布投进

作者及作品简介

作者高尔基（1868—1936），前苏联作家，社会主义现实主义文学的奠基人。

作品《童年》是一位无产阶级文学导师的生活自传的"童年部分"，但它绝不是一本儿童读物，"儿童视角"之于《童年》只是一个技术手段问题，它所展现的并不是儿童世界，而是一幅完完全全的小市民生活图画。高尔基通过童年阿廖沙告诉我们的是19世纪末俄罗斯底层市民生活及思想的真实：庸俗、自私、无聊、无奈、虔诚、怀疑、亵渎和无尽的困难，以及这一切灰色当中永远闪烁的爱的火花。

《童年》根本上是一部传统小说，用的依然是全知全能视角，少有现代派小说的痕迹。从阅读经验来看，该小说似乎是把一些小市民的故事压缩编织进一个少年的经历里，而各个故事之间的内在联系却很少，缺乏艺术的有机性、完整性。

但这并不是说《童年》不是一本优秀小说，由于成功运用了典型概括等艺术手法，由于以童年之心再现市民生活的庸俗、苦难，小说具有异常强烈的感染力，能使任何一个经过苦难的仁慈心灵唏嘘不止。在不算长的篇幅内，出场人物众多，却大都个性鲜明，"外祖母"的形象、"母亲"的形象，甚至凶恶、冷酷的"外祖父"的形象，具有典型性、代表性，又不失真实和丰满。在性格的生动性、完整性上，《童年》较后来的一些概念小说要高出千百倍。它能让人读后为"好人遭厄运"鸣不平，也会因"恶人"（如"外祖父"）身上存在的人性的复杂而顿生怜悯。

染缸里染成了蓝色,结果被外祖父打得失去了知觉,并且害了一场大病。打的过程中,所有的人都幸灾乐祸,连母亲也因害怕外祖父而不敢阻止,只有外祖母一人护着阿廖沙。打过阿廖沙后,外祖父来看他,给他讲起自己年轻时候在伏尔加河畔当纤夫时的情景,阿廖沙觉得外祖父像一朵云彩似的迅速地长大,由一个干瘦的小老头变成童话中的大力士。

从此,阿廖沙就开始怀着不安的心情观察周围的人们,不论是对自己的,还是别人的屈辱和痛苦,都感到难以忍受。他的母亲由于不堪忍受这种生活,便丢下了他,离开了这个家庭。但在这个污浊的环境里,也还有另外一种人,另外一种生活。这里有个乐观、纯朴的茨冈人,他成了阿廖沙最好的朋友,每次阿廖沙挨打时,他总把胳膊伸出去帮他挡着。每逢礼拜六,他带着阿廖沙做各种各样的游戏。他擅长跳舞,幻想着有一副好嗓子。阿廖沙非常爱他,但他却被两个舅舅强迫着扛沉重的橡木十字架去坟地,中间绊倒后,被十字架压在下面,因失血过多死掉了。此外还有正直的老工人格里戈里。

每逢节日的晚上,雅科夫就会弹吉他,奏出动人心弦的曲调。外祖母跳着民间舞,犹如恢复了青春。这一切使阿廖沙既感到欢乐又感到忧愁。在这些人当中,外祖母给阿廖沙的影响是最深的。茨冈人死后,阿廖沙更加依恋外祖母。睡觉前,跟外祖母开玩笑,外祖母给他讲上帝与小鬼的故事。

"外婆到来之前,我仿佛在昏睡,仿佛躲在黑暗中。她的出现唤醒了我,使我见到了光明,她把我周围的一切联结起来,把这一切编织成色彩缤纷的花边图案。她很快就成了我终生的朋友,成了我最贴心的人。她最理解我,也是我最珍爱的人,这是因为她对世界充满了无私的爱。这种爱使我感到充实,使我在艰

探究性阅读

作品通过对阿廖沙童年经历的描写,从侧面揭露了当时社会的现实状况。当时的俄国社会处于19世纪70—90年代,正是俄国大革命的前夕,整个社会处于沙皇的统治之下,人民流离失所。偷窃在村民中已形成一种风气,已经不算是罪恶,而且对于半饥半饱的小市民来说差不多是唯一谋生的手段。儿童无钱上学,沦落街头,靠捡破烂为生。从广义上讲,也正是这种民不聊生的社会环境造成了阿廖沙的个人悲剧。

难的岁月里充满了坚强的力量。"外祖母为人善良公正，热爱生活，相信善总会战胜恶。她知道很多优美的民间故事，那些故事都是怜悯穷人和弱者，歌颂正义和光明的。她信仰的上帝也是可亲可爱，与人为善的。而外祖父的上帝则与之相反，它不爱人，总是寻找人的罪恶，惩罚人。

一天晚上，家里突然失了火，家里人惊慌失措，外祖母却非常勇敢，用一只空袋子蒙着头，身上披着棉被，毫不畏惧地冲进火里，从里面抱出一只水桶大的盛满硫酸盐的瓶子，又镇定地指挥别人灭火。大火后，又忍着剧痛去接生孩子。

一开春，舅舅们就分了家。这是一段节奏平缓的日子，阿廖沙接触的人只有外祖父外祖母。外祖母向他讲述自己的身世。外祖母也是孤儿，母亲一贫如洗，而且是个残废，为了生活，外祖母跟随母亲四处流浪、乞讨，后来靠外祖母织花边维持生活。外祖父也讲起小时候与法国兵相处的事情。这段时间外祖父开始教阿廖沙识字。外祖父老病复发，动手打了外祖母，阿廖沙感到无法忍受。

宁静的日子很快被打破，两个舅舅为了分外祖父家产，联合起来到外祖父外祖母家闹事，尤其是大舅米哈伊尔，喝醉酒就闹事，整夜在房子周围转来转去，带来帮手把马林果丛和醋栗树统统拔掉，捣毁浴室，砸坏玻璃。一次拿粗大的木棒砸门，外祖父集合了两个房客及酒店老板的妻子对付他。外祖母的胳膊被舅舅打成骨折，阿廖沙无比仇恨舅舅。

接下来又是一段单调的日子，外祖母每天祈祷，外祖父也每天祈祷。阿廖沙认为外祖母的上帝仁慈、有同情心，外祖父的上帝却拒人于千里之外，让人望

形象感受

主人公阿廖沙三岁丧父，跟随悲痛欲绝的母亲和慈祥的外祖母到专横的、濒临破产的小染坊主外祖父家，却经常挨暴戾的外祖父的毒打。在外祖父家，他认识了两个自私、贪得无厌的、为了分家不顾一切的米哈伊尔舅舅和雅科夫舅舅，最后，母亲去世，外祖父把他赶出家门"到人间混饭吃去"。对比阿廖沙的童年，我们更应该珍惜现在的美好生活。

而生畏。阿廖沙喜欢外祖母的上帝，讨厌外祖父的上帝，故意抓住外祖父祈祷时的失误捉弄他。这时期阿廖沙经常同街上的孩子打架，因为这些孩子做出的恶作剧令他无法容忍。这时，为外祖父干了一辈子活的老匠人格里戈里因双目失明被舅舅解雇，沦落为乞丐，阿廖沙为此感到难堪。

外祖父突然卖掉原有房子在别处买了房子。在这里阿廖沙结识了许多人。有外号为"好事儿"的房客，有伪装成马车夫抢劫教堂的彼得伯伯，有奥甫相尼科家的三个孩子。阿廖沙与他们都建立了友谊，但同"好事儿"的关系最为密切。"好事儿"是一个整天忙着做实验的药剂师，对人生有透彻的感悟，经常指导阿廖沙观察生活中的细枝末节，教给他人生的道理。"在我看来院子里平淡无奇没什么值得留心的东西。但经他轻轻一推，或者三言两语指点一下，我所看到的一切就不同了，仿佛这些东西都具有独特的意义，因而给我留下的印象也就特别深。"但"好事儿"终因不被周围人理解而被外祖父赶走，阿廖沙非常生气但毫无

名句精华

收回眼光来，正对着窗户是一条小巷，巷子尽头是低矮的三圣教堂。秋雨冲洗过的一片矮矮的屋顶，早就又蒙上了厚厚的灰尘，挤挤挨挨的，像教堂门口的叫花子，所有的窗户都瞪着眼睛，大概和我一样，在等待着即将发生的什么事情。街上的行人不多，蟑螂般地挪动着。

有时候他背着手站在窗口，对着我这边发呆，却好像根本就没看见我似的，这很让我生气。他会突然三步两步地跳回桌子前，弯下腰像是在急着找什么东西。如果他是个有钱人，穿得好的话，也许我会望而生畏，可他穷，破衣烂衫的，这使我放了心。穷人不可怕，也不会有什么威胁，姥姥对他们的怜悯及姥爷对他们的蔑视，都潜移默化地让我认识到了这一点。

温暖的昏暗中，吸饱了阳光的树叶低垂了下来，青草也垂下了头，香甜的气息弥漫了开来。夜幕合上了，一种仿佛是慈母体中似的东西注入了我的胸怀，让我忘掉了一切……仰望深深的天空，时间久了，你自己就好像也升了上去，天地融合，慢慢地你就沉入了梦中。

办法。

母亲在一天早晨突然回来了,在几个城市待了很长时间又生了一个孩子后,走投无路的她又回到外祖父家。她的变化使阿廖沙心里感到十分沉痛。开始,她教阿廖沙认字读书,让他背许许多多的诗,但是,生活的折磨使她渐渐地变得漫不经心,经常发脾气,愁眉不展。外祖父强迫母亲改嫁,母亲拼命反抗,外祖父异常生气,将愤怒转嫁到外祖母身上,毒打外祖母,把针深深地插进外祖母头皮。阿廖沙为外祖母报仇,将外祖父最喜欢的圣徒像剪碎。

阿廖沙被母亲送进了学校,但不久因出水痘被迫休学在家。因发愁母亲的婚事,外祖母开始酗酒并向阿廖沙讲述父亲与母亲的往事。不久,母亲看上了一个学测量学的学生并坚持要嫁给他。阿廖沙不喜欢继父与新的祖母,不想让母亲改嫁但毫无办法。母亲改嫁后,阿廖沙继续与外祖父外祖母住在一起。母亲的再婚使得阿廖沙对周围的一切都失去了兴趣,竭力避开大人,想一个人单独生活。就这样经过了一个夏天思考之后,他终于增强了力量和信心。阿廖沙又回到学校,但老师不喜欢他,只有主教赏识他。他因拿了一卢布买童话书被母亲打了一顿。母亲婚后生活是不幸福的,她经常挨丈夫打。贫困和疾病吞噬着她的美丽。由于她心境不好,对阿廖沙常常表现出冷酷和不公平。

阿廖沙在家中感受不到温暖,在学校也受歧视和刁难。因此,在阿廖沙的心灵中,"爱"的情感渐渐被对一切的恨所代替。由于和后父不和,阿廖沙又回到外祖父家中,这时外祖父已经全面破产,他们的生活也越来越困苦。为了糊口,阿廖沙放学后同邻居的孩子们合伙捡破烂卖,同时,也感受到了友谊和同情。但这也招致学校的非难。他以优异的成绩读完了三年级,就永远地离开了学校课堂。

八月,母亲去世了,外祖父说阿廖沙不是奖章,不能老挂在他的脖子上。于是,阿廖沙便走向人间,外出谋生去了。

情感体验

童年是一个人最值得回忆、值得珍惜的美好时光,而小说《童年》却向我们展现了另外一种童年的生活。主人公阿廖沙的童年不是我们经常所看到和感受到的无忧无虑的童年,而是一个布满坎坷的童年生活,是阿廖沙在黑暗社会追求光明的奋斗历程。阿廖沙的童年很值得我们同情,但同情之余,我们更多的是感叹自己没有那样的遭遇,庆幸自己拥有一段美好的童年生活。因此,我们更要珍惜现在的幸福,执着求知、不怕困难、持之以恒,以积极的态度对待学习和生活!

钢铁是怎样炼成的

保尔·柯察金出身于贫困的铁路工人家庭，早年丧父，全凭母亲替人洗衣养家糊口。他当过学徒工，从小受过神父的侮辱和老板的压迫。他憎恨周围那些花天酒地的有钱人，厌恶老板及吃客们荒淫无度的生活。

十月革命爆发后，帝国主义和反动派迅速联合起来，妄图扼杀新生的苏维埃政权。保尔的家乡乌克兰谢别托夫卡镇也和其他地方一样，经历了外国武装干涉和内战的岁月。先是法国入侵，接着是波兰的武装干涉，同时还有国内的彼得留拉和哥萨克匪徒的反革命暴乱。红军解放了谢别托夫卡镇，但很快就撤走了，只留下老布尔什维克朱赫来在镇上做地下工作。朱赫来住在保尔家的时候，给保尔讲关于革命、工人阶级和阶级斗争的许多道理。朱赫来的启发和教育对保尔的思想成长起着决定性的作用。朱赫来不幸被白匪抓住，在押送途中，保尔冒着生命危险，从刺刀下救出朱赫来，自己却不幸被捕。在狱中，保尔受尽拷打，坚贞不屈。

作者及作品简介

《钢铁是怎样炼成的》作者奥斯特洛夫斯基（1904—1936）是前苏联作家。《钢铁是怎样炼成的》是作者在全身瘫痪，双目失明，不得不终日卧床的情况下以惊人的毅力和顽强的精神写成的。

这部小说源于作者的亲身经历，所以读来真切感人，如身临其境。小说的全部描写都围绕着主人公的成长展开。

在艺术上，《钢铁是怎样炼成的》不仅人物性格鲜明，而且绘声绘色地描绘了苏联革命和建设初期紧张激烈的典型环境，深刻剖析了人物的心理特点，冷静周密的客观叙述同昂扬的革命激情融为一体，既真切自然又富有诗意。

这部长篇小说最大的成就是塑造了一个无产阶级英雄形象。主人公保尔经历了种种考验，使他的意志更加坚强。这也是书名所具有的深刻意义。保尔这一形象之所以具有鼓舞人的力量，首先在于他有鲜明的个性和坚忍的毅力。其次在于他对共产主义事业坚定不移的信念。这是以往的文学作品中所没有的，即使在无产阶级文学中也是崭新的。这部小说作为经典的意义就是它给富于求索的人们以无穷的精神动力。

被错放的保尔释放后慌不择路，情急中跳进他曾在钓鱼时结识的林务官的女儿冬妮娅家中。由于上次钓鱼保尔救过冬妮娅，所以冬妮娅很喜欢他"热情和倔强"的性格，保尔也觉得冬妮娅"跟别的富家女孩不一样"。这次保尔在冬妮娅家住了好几天，他们产生了爱情。后来冬妮娅找到保尔的哥哥阿尔青，阿尔青送弟弟参加了红军。

保尔参军后当过侦察兵，后来又当了骑兵。保尔在战斗中浴血奋战，十分勇敢，还是一名优秀的共青团员和出色的政治宣传员。保尔很喜欢读书，特别爱读《牛虻》《斯巴达克斯》等作品，他一有空就给战士们朗读或讲故事。在一次激战中，他曾经一天向敌人发起17次冲锋，虽多处受伤，他仍然冲在最前列。一次，烧红的弹片灼伤了他的头，13天后才恢复知觉。他右眼失明，脑袋常剧痛难忍，那时，他才17岁。

保尔出院后，住在冬妮娅居住的亲戚家里。保尔的身体已不能再回前线，他立即投入了地方的各项艰巨的工作。他做团的工作、肃反工作，并直接参加艰苦的体力劳动。在修筑铁路的工作中，保尔表现了高度的政治热情和忘我的劳动态度。修筑铁路的工作极为艰难：秋雨、泥泞、大雪、冻土，大家缺吃少穿，露天住宿，还有武装土匪的骚扰，疾病的威胁。这时已升为省委委员的朱赫来看到他们的劳动热情，感动地说："他们真是无价之宝，钢铁就是这样炼成的。"

探究性阅读

这部长篇小说通过主人公保尔·柯察金的生活道路，反映了苏联革命和建设初期的广阔前景，揭示了苏维埃国家新的一代在紧张的革命风暴中锻炼成为无产阶级英雄人物的过程。保尔的坚强意志和坚定信念鼓舞千百万读者为了人类的进步事业而奋斗。保尔对生活积极乐观的态度激励了无数陷入困境的人们，使他们重新扬起理想的风帆。

在冬妮娅亲戚家居住时，保尔就和冬妮娅产生了裂痕，保尔对冬妮娅那种庸俗的个人主义越来越不能容忍，感情的破裂已不可避免。在修筑铁路时，

保尔又见到了冬妮娅，这时她已和一个工程师结婚。

保尔在铁路工作任团委书记时，与团委委员丽达在工作上经常接触，两人逐渐产生了感情。但在丽达的哥哥来看丽达时，保尔产生了误会，错把她哥当成了丽达的恋人，从而错过了与丽达相爱的机会。

在筑路工作快要结束时，保尔染了伤寒并引发肺炎，组织上不得不将保尔送回家乡小城去休养，半路上误传出保尔已经死去的消息。青春战胜了病魔。伤寒没有能夺走保尔的生命。保尔已经是第四次跨过死亡的门槛，又回到了人间。卧床一个月之后，苍白瘦削的保尔终于站起来，迈着颤巍巍的双腿，扶着墙壁，在房间里试着走动。母亲搀着他走到窗口，他向路上望了很久。

百花盛开的春天到来了。保尔开始考虑回基辅的问题。他已经康复到能够走路了，不过体内还潜伏着别的什么病。有一天，他在园子里散步，突然感到脊椎一阵剧痛，随即摔倒在地上。他费了好大劲，才慢慢挪到屋里。第二天，医生给他做了详细的检查，摸到他脊椎上有一个深坑，医生对保尔身体前景非常担心。

在家乡养病一段时间以后，保尔决定要离开家乡，回到那个大城市去，那里有他的朋友和心爱的人们，他又高兴了。然而，最吸引他的还是那些巨大的石头厂房和熏黑了的车间，机器，还有那滑轮的轻微的沙沙声。他向往那巨轮飞速旋转、空气中散发着机油气味的地方，向往那已经习惯了的一切。可是在这里，在这个僻静的小城里，保尔漫步街头，心里却有一种难言的怅惘。

临走时，保尔到烈士墓凭吊了战友，此时此景，他抒发了那段著名的内心独白："人最宝贵的是生命……"保尔病愈后又回到了工作岗位。

后来他参加了工业建设和边防战线的建设，并且

形象感受

保尔·柯察金从小受到神甫的侮辱和老板的压迫，严酷的底层生活使他具有一种自发的反抗精神。无论在残酷的革命斗争中，还是在极端困难的建设环境中，保尔克服了无数艰难困苦，表现了极大的智慧和坚强的意志。在病魔的无情打击下，他仍能从瘫痪和双目失明的巨大痛苦中重新开始战斗，在文学创作中找到光明和目标。保尔身上所体现出的对人生的追求、执着的拼搏奉献精神，以及对人生的坚定信念，是永远值得我们学习的。

入了党。在边境上庆祝十月革命节活动的时候,保尔被选为边境各村庆祝十月革命节委员会主任。在波杜布齐村开完庆祝大会之后,三个村子的男女农民五千多人,以军训营和乐队为前导,排成长达半公里的游行队伍,举着鲜艳的红旗,浩浩荡荡地走出村去,向边境前进。他们秩序井然,纪律严明,沿着界桩在苏维埃国土上游行,到那些被苏波国界分成两半的村庄去。边境上的波兰人从来没有见过这样的场面。边防军营长加夫里洛夫和保尔骑马走在最前头。他们背后,铜号奏出的乐曲声、风卷红旗的哗啦声和此起彼伏的歌声响成了一片。青年农民都穿着节日的盛装。少女们银铃般的笑声远远地传向四方。成年人表情严肃,老年人神态庄重。这股人流像一条大河,奔向目力所及的远方,国境线就是这条河的堤岸,他们寸步不离苏维埃的国土,没有一只脚跨过这条严禁逾越的国界。

但是,由于保尔在战争中受过多次重伤和暗伤,后来又生过几次大病,在一次车祸中,保尔不幸伤了右膝又做了手术,加上他忘我的工作和劳动,所以体质越来越差。从1924年起,他就已经失去了工作的能力,党

名句精华

他已经失去了最宝贵的东西——战斗的能力,活着还有什么用呢?在今天,在凄凉的明天,他用什么来证明自己生活得有价值呢?又有什么来充实自己的生活呢?光是吃、喝、呼吸吗?当一名力不从心的旁观者,看着战友们向前冲杀吗?

枪口轻蔑地直视着他的眼睛。他把手枪放到膝上,恶狠狠地骂了起来:"这算什么英雄,纯粹是冒牌货,老弟!任何一个笨蛋,随便什么时候,都会对自己开一枪。这样摆脱困境,是最怯懦、最省事的办法。生活不下去——就一死了之。对懦夫来说,也不需要更好的出路。你试过去战胜这种生活吗?你尽一切努力冲破这铁环了吗?你忘了在诺沃格勒—沃伦斯基附近,是怎样一天发起十七次冲锋,终于排除万难,攻克了那座城市吗?把枪藏起来吧,永远也不要对任何人提起这件事。"

人最宝贵的是生命。生命每个人只有一次。人的一生应当这样度过,回首往事,他不会因为虚度年华而悔恨,也不会因为碌碌无为而羞愧;临终之际,他能够说:"我的整个生命和全部精力,都献给了世界上最壮丽的事业——为解放全人类而斗争。"

组织让他长期住院治疗。保尔也曾有过死的念头,他想起了基辅无产阶级的领袖叶夫格妮亚·博什。这位久经考验的女地下工作者得了肺结核,丧失了工作能力,不久前自杀身亡。她在简短的留言中解释了这样做的理由:"我不能接受生活的施舍。既然成了自己的党的病患,我认为继续活下去是不必要的。"一个战士不愿再受临终前痛苦的折磨,谁能去责备他呢?但是,最终他还是打消了这一愚蠢的想法。

在疗养期间,保尔住到了母亲的朋友丘查姆家,逐渐与达雅产生了感情。这时他顽强地学习,增强写作的本领,保尔不断地帮助达雅进步。后来达雅当了市苏维埃代表,入了党,他们建立了幸福的家庭。

1927年,保尔已完全瘫痪,接着又双目失明。严重的疾病终于把这个火热的青年束缚在病榻上。在这种难以忍受的折磨下,保尔毕竟是一个坚强的无产阶级革命战士,他很快从低谷走了出来。这时的保尔也终于认识到他不爱惜身体的行为不能称之为英勇行为,而是一种任性和不负责任。对他来说,"左派"幼稚病是一个主要的危险。

保尔终于在肉体和精神都忍受着难以想象的痛苦的情况下又找到"归队"的力量。他决定开始文学创作。一个全身瘫痪、双目失明并且没有丝毫写作经验的人,开始了他的伟大工程。

保尔把全部精力投入了创作。他缓慢地写了一行又一行,写了一页又一页。他忘记了一切,完全被人物的形象迷住了,他第一次尝到了创作的痛苦,那些鲜明难忘的情景清晰地浮现在眼前,他却找不到恰当的词句表达,写出的东西苍白无力,缺少火一般的激情。

已经写好的东西,他必须逐字逐句地记住,否则,线索一断,工作就会停顿。母亲惴惴不安地注视着儿子的工作。

他克服了一切困难,先是用硬纸板做成框子写,后来是自己叙述,请人记录。在母亲和妻子的支持和帮助下,1934年优秀的长篇小说《钢铁是怎样炼成的》终于出版了!保尔拿起了新武器,开始了新的生活。

情感体验

虽然保尔·柯察金所生活的年代离我们已经很遥远,但保尔所代表的那种精神,仍然活在人们的心中。保尔那钢铁般的意志,身残志坚,敢于向一切困难挑战的英雄气度和大无畏精神,对于任何时代、任何一个力图有所作为的人同样需要。因此,我们要学习保尔的坚强,在日常生活中,在学习上遇到挫折时,忍耐一下、坚持一下,说不定不远处的尽头就是成功的彼岸。我们应该把保尔精神当成自己的道德标准和行为楷模。

高老头

故事发生在1819年。巴黎拉丁区的一所古旧、剥落的包饭客房——伏盖公寓。这是一个姓伏盖的老妇人开的,居住着七位房客:歇业商人高里奥,穷大学生拉斯蒂涅,外号叫"鬼上当"的伏脱冷,老姑娘米旭诺,被父亲抛弃的少女维多莉·泰伊番,死了丈夫的古的太太,以及退职小公务员波阿莱老人。

高里奥老头已经六十九岁了。早年经营面粉生意,1813年结束了买卖。他刚搬到伏盖公寓时,住着二楼最好的房间,每年付一千二百法郎的膳宿费。他"箱笼充实,里外服装被褥行头,都很讲究",每天早晨还得请理发师来给他梳洗扑粉。人们尊称他高里奥先生。连伏盖老娘也打起他的主意来。她想和高里奥结婚,把公寓盘出去,成为本区的一个显要的太太。

然而,高老头却把全部爱放在两个已出嫁的女儿身上,不受伏盖太太的诱惑。第二年,高里奥要求搬住三楼,膳宿费减为每年九百法郎。第三年,高里奥要求搬住四楼,

作者及作品简介

《高老头》作者巴尔扎克(1799—1850),是19世纪法国伟大的批判现实主义作家,欧洲批判现实主义文学的奠基人和杰出代表。

《高老头》以1819年底和1820年初为时代背景,以伏盖公寓和鲍赛昂夫人的沙龙为舞台,以高老头和拉斯蒂涅两个人物的平行而又交叉的故事为主要情节,真实地勾画出波旁复辟王朝时期法国社会的一幅剪影。

《高老头》的精心结构特别值得称道。错综复杂而又井然有序,跌宕起伏而不故弄玄虚。居于全书中心的是拉斯蒂涅的线索,中间插入伏脱冷和鲍赛昂夫人的故事,既丰富了作品的内容和色彩,又促进了拉斯蒂涅的思想发展。高老头的情节主要在首尾两处重写,当中时隐时现,脉络清楚,又不与拉斯蒂涅"抢戏",全书前半部,在平静的叙述中透露出未来的风暴;后半部则波澜迭起,步步推向高潮。伏脱冷被捕,鲍赛昂夫人离去,高老头病死,环环相扣,动人心弦,拉斯蒂涅的思想性格也在这戏剧性的变化中得以完成。高老头之死和鲍赛昂夫人的告别舞会交织在一起来描写,更收到了强烈对比的艺术效果。

探究性阅读

在《高老头》这部小说中，无论在上流社会还是在下层公寓，极端利己主义成为最高的，甚至是唯一的道德标准。在19世纪的贵族社会里金钱就像一只巨掌，牵动无数木偶，在社会舞台上各尽其能地进行着丑恶的表演，通过这些方面，小说深刻地揭露并批判了资产阶级极端的利己主义和人与人之间赤裸裸的金钱关系，辛辣地讽刺了虚伪的资产阶级道德，反映了波旁王朝复辟时期阶级关系的变化。

每月房钱降为四十五法郎。他戒了鼻烟，打发了理发匠，脸上也不扑粉了。他越来越瘦，腿肚子瘪了下去；从前因心满意足而肥胖的脸，不知打了多少褶裥；脑门上有了沟槽，牙床骨突了出来，老态龙钟，摇摇晃晃，面如死灰。开初，他的女儿来得很勤，后来却很少来了。当人们问他为何女儿不来看他时，他像被针刺一样。

伏盖公寓另一位房客拉斯蒂涅是一个读法律的大学生。他是一个有野心的青年。家境贫寒与巴黎豪华生活的刺激加强了他"对权位的欲望与出人头地的志愿"。起先，他没头没脑地用功，后来，他发觉女子对社会生活有极大的影响，便突然想投身上流社会，去"征服几个可以做他后台的妇女"。他通过祖姑母的介绍，攀上了阔亲戚特·鲍赛昂子爵夫人，并在这位表姐的家里认识了雷斯多伯爵夫人，没想到这位漂亮的伯爵夫人竟是高老头的大女儿。

第二天，他到雷斯多伯爵夫人家访问。他有意提起鲍赛昂子爵夫人是他的亲戚，为此，他受到热烈的欢迎。可是，当他说出他和高老头住在一起时，却引起伯爵夫妇的不快。他们把他冷冷地打发出来了。

拉斯蒂涅带着疑惑的心情，到表姐

鲍赛昂子爵夫人家求教。子爵夫人便把高老头和他的女儿的故事告诉了他。

高老头早年丧偶，他照看女儿长大。当女儿到达结婚年龄时，他把全部财产均分给她们作陪嫁，好让女儿攀上一门好亲事。大女儿好虚荣，嫁了贵族雷斯多；二女儿爱钱，嫁给银行家纽沁根。谁知不到两年，两个女儿只是要钱要东西时才去找爸爸，可是现在高老头已没钱了，他的两个女儿也不来了。

鲍赛昂子爵夫人告诉拉斯蒂涅，"社会又卑鄙又残忍"。她说："你越没有心肝，就越高升得快。你毫不留情地打击人家，人家就怕你。"同时，她还告诉拉斯蒂涅要想在巴黎社会出人头地，必须得到一个女子的青睐，她提议拉斯蒂涅可以去勾引高老头的第二个女儿但斐纳。最后，她还告诉拉斯蒂涅要善于作假。"倘使你有什么真情，就得像宝贝一样藏起。"心狠、女人、作假这三样便是子爵夫人告诉他的在巴黎社会晋升的法宝。

子爵夫人的一席话给拉斯蒂涅上了人生的第一课。他从子爵家里出来时，"感到在巴黎平步青云，找到了门路的快乐"。同时，也使他"看到了社会的本相：法律跟道德，对有钱的人全无效力，财产才是金科玉律"。他为了插足上流社会，写信给母亲和两个妹妹，要她们变卖首饰给他寄一千二百法郎来，因为他要这笔钱来置办衣物。他在信里威胁说，如果弄不到钱，

形象感受

高老头早年经营面粉生意发了财，他特别疼爱他的两个女儿，让她们打扮得珠光宝气，最后以价值巨万的陪嫁把她们嫁给了贵族子弟，使面粉商的女儿成了伯爵夫人；然而两个女儿像吸血鬼似的榨干他的钱财后，再也不许他登门，最后高老头死在一间破烂的小阁楼上，女儿们连葬礼都不参加。通过高老头的悲剧，使我们明白了当时建立在金钱基础上的"父爱"和"亲情"，以及赤裸裸的金钱关系。

拉斯蒂涅原为外省一个贵族青年，想来巴黎读大学重振家业。但目睹上流社会的挥金如土，他往上爬的欲望倍增，在鲍赛昂夫人和逃犯伏脱冷的引导下，开始为金钱而出卖正直，特别是见证了高老头的两个女儿对待父亲像榨干的柠檬一般以后，更坚定了向资产阶级野心家的道路走去的决心。通过这一形象，我们可以看到资本主义社会中金钱对人们灵魂的巨大腐蚀作用。

鲍赛昂子爵夫人出身名门贵族，是巴黎社交界的皇后，她自视甚高，根本不把资产阶级妇女放在眼里，但只因缺乏金钱而被情人抛弃，被迫退出巴黎上流社会，高贵的门第再也敌不过金钱的势力，后来她因同样的原因又一次被金钱出卖。她的遭遇告诉我们，贵族阶级除了失败之外不可能有更好的命运。

名句精华

像一切有志气的人，拉斯蒂涅发誓一切都要靠自己的本领去挣。但他的性格明明是南方人的性格：临到实行就狐疑不决，主意动摇了，仿佛青年人在汪洋大海中间，既不知向哪个方面驶去，也不知把帆挂成怎样的角度。他先是想没头没脑地用功，后来又感到应酬交际的必要，发觉女子对社会生活影响极大，突然想投身上流社会，去征服几个可以做他后台的妇女。

他便准备自杀。

伏盖公寓另一位房客伏脱冷是一个饱经世故的刑事逃犯，外号叫"鬼上当"。他懂得很多，阅历很广，有着嘻嘻哈哈爱嘲弄人的脾气。他看出了拉斯蒂涅想发财和往上爬的心思。他告诉拉斯蒂涅，在巴黎的社会里要走正直的道路，靠个人用功是行不通的。他向拉斯蒂涅提出一个在六个月里就能造成他幸福的计划。这就是要他去爱房客维多利小姐。因为她是百万富翁泰伊番的弃女。而泰伊番只有一个独生子。伏脱冷要他挑动他的一个朋友和泰伊番的儿子决斗，并把他杀死；泰伊番无人继承产业，必定回过头来承认女儿，这样拉斯蒂涅便可以当上百万富翁的乘龙快婿了；事成之后拉斯蒂涅只要给他二十万法郎作报酬。拉斯蒂涅对这份计划感到害怕和犹豫，于是，伏脱冷又向他指出："我现在向你提议的，跟你将来所要做的，差别只在于见血不见血。"

拉斯蒂涅陪子爵夫人上戏院，认识了高老头的二女儿但斐纳。她有金黄的头发，迷人的声调，身材窈窕，像燕子一样轻巧。第二天，拉斯蒂涅去拜访但斐纳。她刚好欠了一笔债，丈夫不肯给她归还，心情很烦躁。她要拉斯蒂涅去赌场帮她赌一下。结果拉斯蒂涅运气好，赢了七千法郎。但斐纳便把他赢来的钱偿还了债务。

从但斐纳家里出来，拉斯蒂涅又喜又恼。喜的是他钓上了一个巴黎最漂亮、最风流的女子；恼的是伏脱冷教他的发财计划全给推翻了。高老头看到拉斯蒂涅喜欢但斐纳，便自动出来给女儿拉皮条。

与此同时，伏脱冷已托人把泰伊番的独生子杀死了。泰伊番派人接维多利小姐回去。爱但斐纳呢，还是爱维多利小姐？拉斯蒂涅脑子里波涛起伏。最后，他选择了但斐纳，因为他想"这样的结合既没有罪过，也没有什么能教最严格的道学家皱一皱眉头的地方"。

房客米旭诺老小姐接受了警察局暗探的差使，刺探伏脱冷的身份。一天，她用麻药麻翻了伏脱冷，发现了他身上的囚犯的印记，原来伏脱冷是个刑事逃犯，于是他被捕了。

情感体验

在作品中，作者把两个女儿的阴险、虚伪和高老头的善良、纯朴，描写得淋漓尽致。从他们父女身上，我们可以真切地感受到当时社会为了金钱而不顾亲情，为了金钱而出卖正直的人类丑陋的一面。高老头的两个女儿只认钱不认父，在迷人的外表下藏着一颗丑陋的心灵。高老头在临死前和拉斯蒂涅说的一句话"钱可以买到一切，甚至能买到女儿。"相信会给每一个读者以深刻的启发。

但斐纳和丈夫吵嘴跑来找高老头。她告诉父亲，银行家向她提出一个交换条件：即他可以让妻子和拉斯蒂涅自由来往，但妻子不能向他要还陪嫁钱。小女儿的事未了，大女儿雷斯多夫人又来找高老头。她要父亲提供一万二千法郎的款子，以挽救其情夫将要遭到坐牢的危险。这时高老头已分文不剩了。于是，姐妹当着父亲的面吵起嘴来。高老头爱莫能助，感到十分伤心和痛苦。他歇斯底里地喊道，他一点法子也没有了，除非去偷、去抢、去杀人、去卖壮丁。

受了这场刺激，高老头中风病倒了。接着又是脑溢血。可是，在高老头患病期间，两姐妹都没有看望他一眼。但斐纳关心的是她即将参加盼望已久的鲍赛昂子爵夫人家的跳舞会；雷斯多夫人来过一次，但不是来看望父亲的病，而是她欠裁缝一千法郎的定钱，要父亲给她支付。高老头只好又卖掉自己的餐具、银耳环和抵押了年金。

高老头病危。临死前，他要再见女儿一面。可是两个女儿都推三阻四不来。雷斯多夫人和丈夫怄气不来；但斐纳说夜里参加跳舞会着了凉不来。高老头眼泪汪汪，这时他才明白他和女儿的关系是建立在金钱上面，他有钱就受到女儿的尊敬和亲热；钱没了，就像个被榨干的柠檬的空壳一样被扔到街上。他又一次歇斯底里地喊道："社会、世界都靠父道做轴心的；女儿不爱父亲，不是天翻地覆了吗？"

高老头出殡时，没有一个女儿女婿去送葬。他们只派了两架打着爵徽的空车跟在棺柩的后面。棺木是由一个学医的大学生皮安训向医院廉价买来的，送葬费由拉斯蒂涅卖掉了一块金表支付。整个殡葬冷冷清清。拉斯蒂涅在高老头棺木下土时，伤心起来，他瞧着墓穴，埋葬了他青年人的最后一滴眼泪。然后，他看着塞纳河两岸慢慢亮起的灯火，他气概非凡地说了句："现在咱们俩来拼一拼吧！"他为了表示向社会挑战，晚上便上银行家太太但斐纳家去吃晚饭了。

蝇王

未来世界，一场原子战争正在进行。疏散儿童的飞机中弹起火，驾驶员不得不把一群儿童暂时撂在一个荒无人烟的珊瑚岛上。12岁的拉尔夫是英国海军司令的儿子，他在岛上的灌木丛里发现了戴眼镜的小胖子"猪崽"。他们相互介绍了

自己的名字和家庭情况之后，对困守孤岛产生了不同的想法。猪崽知道原子弹夺去了亲人们的生命，所以没有人会来拯救他，而拉尔夫认为小岛是他摆脱成人约束的自由天地。他们在海草里发现一只大海螺。在猪崽的建议下，拉尔夫吹响了螺号。分散在小岛各地的孩子们闻声后纷纷聚集拢来，其中有杰克带领的身穿制服的唱诗班。

这群孩子的年龄都在6岁至12岁，现在没有一个大人在身边，孩子们只得自己料理自己，谋求生存。为了在荒岛上建立文明的秩序，拉尔夫提议大家选举首领。杰克认为自己是唱诗班的领唱兼首领，能唱升C调，理所当然该当首领。可是孩子们觉得拉

作者及作品简介

《蝇王》作者威廉·戈尔丁（1911—1994），英国小说家。1934年发表了处女作——一本包括29首小诗的诗集（麦克米伦当代诗丛之一）。1940年参加皇家海军，亲身投入了当时的战争。1945年退役，到学校教授英国文学，并坚持业余写作。1954年发表了长篇小说《蝇王》，获得巨大的声誉。1955年成为皇家文学会成员。1961年获牛津大学文学硕士学位，同年辞去教职，专门从事写作。1983年获诺贝尔文学奖。

戈尔丁是个多产作家，继《蝇王》之后，他发表的长篇小说有《继承者》《品契·马丁》《自由堕落》《塔尖》《金字塔》《看得见的黑暗》《航程祭典》《纸人》《近方位》《巧语》等。其中《航行祭典》获布克·麦克内尔图书奖。

"象征"是《蝇王》的显著特色。首先是背景的象征。这体现在书名《蝇王》和书中人物名称的设置上，蝇王在英国是有其固定的文化象征意义的，那就是恶和阴暗的意思；而书中主要人物的取名则来自巴伦坦的《珊瑚岛》，这同样也是一部描写小孩的孤岛小说，不同的是文明战胜并且同化了野蛮，理性征服了非理性，人性是向善的。

其次是人物的象征。英国文学批评家伊文斯就称《蝇王》是一部关于恶的本性和文明的脆弱性这样的哲学寓言式的小说。书中的人物都是有着特定的象征意义的，或者说，书中的人物只不过都是一个抽象的符号。

再次是细节和道具的象征。运载孩子们的飞机，猪崽的眼镜及后来出现的军舰等象征的是科学，但不幸的是飞机被炸毁，眼镜被打碎，这些代表的是人类的文明和理性，但是这些文明非但不能拯救人类，却往往加速人类走向灭亡的命运。

探究性阅读

在小说《蝇王》中作者运用现实主义的叙述方法编写寓言神话,承袭了西方伦理学的传统,着力表现了"人心的黑暗"这一主题,整部小说主要构建了人性与兽性、善与恶、理性与非理性,以及文明与野蛮的矛盾冲突;冲突的结果则显现出文明和理性的脆弱性,即在人类的欲望和野蛮面前,文明则显得如此的不堪一击。整部书中蕴含着作者对人性的讽刺。

尔夫身强力壮,还有一只神秘莫测的海螺,于是大多数孩子投了拉尔夫的票。拉尔夫当了头领,立刻想到应该安慰落选的杰克,于是让他继续带领唱诗班,专管打猎,为孩子们提供食品。

新的生活开始了。这里虽然没有房屋,没有炊烟,没有船只,没有大人,但是拉尔夫要大家相信,船迟早会出现,他们迟早会得救。为了引起过往船只的注意,孩子们在山顶平台上把柴枝堆得高高的,然后借用猪崽的眼镜使太阳光聚焦点燃篝火。杰克自告奋勇,负责永保篝火不灭。他把唱诗班分成小组,昼夜轮流在篝火旁值班。正当大家为燃起篝火而兴高采烈的时候,猪崽却抱怨拉尔夫先做的不做,他认为大家该做的第一件事是在海滩上盖起窝棚。夕阳下坠,大家马上意识到黑夜即将来临。拉尔夫羞愧地接受批评,孩子们立刻七手八脚地搭起了窝棚。

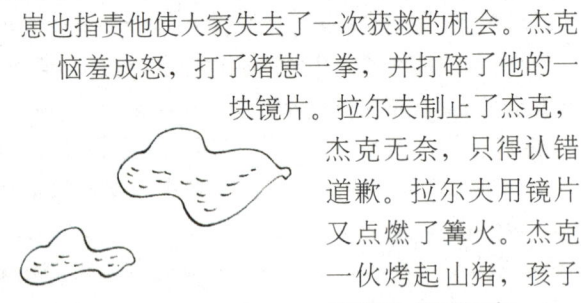

孩子们渐渐习惯了从黎明到黄昏的缓慢生活节奏,他们忘却外界,忘却希望,从未放弃自己的职责。拉尔夫虽然也和别的孩子一样贪玩,但他对获救依然抱有希望。一天,他发现地平线上升起一缕轻烟,断定有船只驶过海面。可是他回头往山顶一望,却发现篝火早已熄灭。他发狂似的爬上山顶,却不见值班的孩子。他用目光四下搜寻,发现杰克一伙扛着一头死猪走来。杰克正要讨功,却被拉尔夫训了一顿,猪崽也指责他使大家失去了一次获救的机会。杰克恼羞成怒,打了猪崽一拳,并打碎了他的一块镜片。拉尔夫制止了杰克,杰克无奈,只得认错道歉。拉尔夫用镜片又点燃了篝火。杰克一伙烤起山猪,孩子们狼吞虎咽起来。

杰克越来越狂妄自大,他不服拉尔夫的领导,执意另立山头,自成部落。他们一伙模仿野蛮人,在脸上身上涂上各种颜

形象感受

拉尔夫是社会理性的象征。他是书中的主角，勇敢坚强而又有号召和领导的才干，同时他又颇富有民主精神，他手持的海螺则成了民主的旗帜，他始终都保持着理性，力主保存火堆争取获救，他扮演的是民主政治家的角色。但是，他的内心同样也有着阴影和黑暗，在风雨雷电交加的夜晚，他毕竟不由自主地参与了对西蒙的迫害，而且他最终也未能把这个孤岛上的群体引向光明。这无疑都表明了建立在社会理性基础上的民主是多么的脆弱无力。

猪崽是科学理性的象征。就其社会身份来说，他事实上是属于科技知识分子一类的，有着很强的科学理性精神，猪崽始终都能坚持科学和民主。他向往着成人的世界，在孤岛上，每遇到困难时，他总想着要是有成人那就好了，而事实上成人的世界却更不太平。猪崽最后是抱着海螺死的，他至死都坚信民主的力量（海螺是民主的象征）是强大的，这无疑又在讽喻人类社会，同时暗示了科技知识分子的命运和处境尴尬的社会地位。

杰克代表着人性的恶，其实也就是人的兽性、人类的非理性。杰克是教会唱诗班的领队（这对基督教是一个讽刺，暗示了基督教的原罪说），他高大却非常专制，有着很强的欲望（主要是权力欲望），他始终都在争夺领导权，但始终得不到信任，因为他明显不具有理性精神，他只凭本能非理性一味地要打猎，而不考虑是否要寻求得救，最终在所谓野兽的威胁下，他掠夺了领导权，实行了专制统治。简单说，这是人类的恶魔，人自身永远的敌人。

色，过起蛮荒时代的原始生活。他们围猎山猪，砍下猪头，把它血淋淋地挂在支起的木桩上。猪头引来了营营乱飞的苍蝇，于是成了狰狞的蝇王。杰克从拉尔夫处偷了火种，在自己的营地生火烤肉，并且围着蝇王狂跳乱舞，做起围猎游戏。他们失去了理智，把弱小的西蒙当作怪兽围打。西蒙被折磨而死，尸体被抛向大海，随海水飘流而去。

杰克为了弄到点火的镜片，袭击了拉尔夫的营地，揍了猪崽，抢走了他的眼镜。拉尔夫等孩子去找杰克评理，但是桀骜不驯的杰克不听好言相劝，竟然动起武来。杰克一伙从山上撬下巨石，巨石滚到猪崽面前，砸碎了他手中的螺号，也把他撞下崖壁。猪崽的头颅砸在礁石上，血浆四溅，尸体也被浪涛卷走。

杰克冷酷无情，举起长矛向拉尔夫狠命掷去。矛锋擦破了拉尔夫肋骨上的皮肉，但是他已不觉得疼痛，只有恐惧笼罩着他的心头。杰克一伙发疯似的向他冲杀而来，拉尔夫本能地拔腿就逃，越过无头的死猪，冲入浓密的树林。杰克被死猪挡了一下，就下令回寨，改日再抓拉尔夫。

拉尔夫在树林里找到一个浓荫覆盖的洞穴，钻了进去。他静静地躺在洞里，不敢贸然露面；直到

名句精华

孩子们渐渐习惯了从黎明到黄昏的缓慢生活节奏，他们忘却外界，忘却希望，从未放弃自己的职责。

夕阳西下，他才摸到密林边沿，四下察看，发现杰克的喽啰在悬崖顶上守卫。山上飘来烤猪的香味，使拉尔夫倍感饥肠辘辘。他悄悄走入一片果树林，填饱肚皮后，又来到海滩，却不敢孤身一人在空荡荡的窝棚过夜。所有的孩子迫于杰克的淫威，都已离他而去，拉尔夫成了孤家寡人。他唯一的希望是杰克一伙在吃饱喝足之后会良心发现。

于是，他朝杰克的寨子走去。途中，他看到一只插在竖杆上的猪头，仿佛在对他狞笑。拉尔夫感到无比的愤怒，猛地打落猪头，拔出竖杆，权且用它作为防身的长矛。当他从值班的小孩口中得知杰克明天还要追捕他时，终于明白与"野人"们实在无理可讲，气馁地找了一个洞穴过夜。

拉尔夫一觉醒来，耳边不断传来围捕的呼喊。现在只有坚守洞穴了。他手持长竿，随时准备抵挡来犯者。外边传来一阵"放！放！放"的呼声，紧接着就是巨石像水车轮子似的隆隆滚来。原来杰克一伙用石头开路，渐渐逼近洞穴。有人猛力拨开茂密的树叶，伸进一枝长矛。拉尔夫惊恐万状，不顾一切地用长杆对洞外猛刺，受伤的来犯者痛苦不堪地呻吟起来。

不久，林子里冒起了浓烟。杰克一伙显然改变了策略，大团

情感体验

在小说中，作者戈尔丁选择了"孩子"作为小说的主人公，这是颇有意味的。孩子不仅是人类走向成熟的起始阶段的象征，而且孩子的视角因为没有受到人世沧桑的污染，所以最纯净、最直接。孩子也最容易看到一些事物的真相，而成年人却往往熟视无睹。其次，作者还选择了"孤岛"这一特殊却又典型化的场景，无疑是对人类生存环境的一个寓言。在孤岛上演绎的，是一部并不完整的人类文明的进化史。

大团的烟火向拉尔夫扑来。他只得紧贴地面，穿过矮林，向树林中的一块空地爬去。他捅倒一个挡路的小"野人"，又盲目地乱窜乱钻，然而，大火却越烧越近。他拼命地夺路奔跑，忘记了伤痛、饥饿和干渴，任凭恐惧驱赶着自己朝开阔的海滩飞奔而去。突然，他的双腿被树桩绊倒，他跌跌撞撞地爬起来，举起了投降的双手。

他浑身哆嗦，好不容易挣扎着抬起头来，惊异地发现自己面前站着一位海军军官。在军官身后的海滩边停泊着一艘快艇，原来是树林里的大火引起了快艇上人们的注意。军官望着狼狈不堪的拉尔夫和不声不响地围成半个圆圈的小追捕手，心里不免纳闷，但他很快就意识到这里也在打仗。

拉尔夫默默地望着军官，他回想起这几天的恐怖生活，禁不住号啕大哭，悲恸几乎要撕裂他的身躯。在他的影响之下，其他的孩子也一个个哭泣起来。在这群蓬首垢面、满身污秽的孩子中，拉尔夫的悲哀最深。他痛哭童心泯灭，他痛哭人性凶残，他痛哭死于非命的小伙伴。海军军官被一片哭声包围，既动了恻隐之心，却又不知如何是好。他转过身去，目不转睛地望着远处的快艇，而更远处，在他望不到的地方，原子战争的烈火仍在蔓延。

堂吉诃德

　　小说主人公堂吉诃德是蛰居在拉曼却村的一个穷乡绅，读骑士小说入了迷，决心恢复骑士道，模仿古代骑士去周游天下，打抱不平。这位堂吉诃德先生先后一共三次出巡。

　　堂吉诃德第一次出门是单枪匹马，为时两天。头一天，他在大路上看到一家客店，把它当作了堡垒，他又把店主当成了堡垒长官。他想起自己是个未受封的骑士，便要求"堡垒长官"给他封赠。这位店主看出堂吉诃德有点疯傻，便赶快满足了堂吉诃德的要求。

　　第二天，他听从"长官"的劝告，决计回家一趟，因为他必须置办行装，还要找个仆从。在一座林子里，他看到一个十五岁左右的牧童被绑在树上，主人一面骂他丢了羊，一面用皮带狠命地抽打他。堂吉诃德路见不平，便拔刀相助，上前搭救了牧童，并警告和恐吓了那富农一番。然后，他扬长而去。等堂吉诃德走远后，那位富农又把孩子绑上，更加没命地抽打起来。

　　堂吉诃德的朋友理发师和神甫，认为堂吉诃德的疯狂行为是受了骑士小说的毒害。他们把大部分的骑士书都扔到院子里，放把火烧了。

　　堂吉诃德第二次出外当游侠是在十五天之后。他劝说了一个农民桑丘·潘沙做仆从。堂吉诃德允许将来封他做海岛总督。桑丘家里很穷，正想出去碰碰运气，加上当仆从是赚工钱的，他便答应了。

作者及作品简介

　　《堂吉诃德》作者塞万提斯（1547—1616），文艺复兴时期西班牙伟大的作家。

　　《堂吉诃德》采用讽刺夸张的艺术手法，把现实与幻想结合起来，现实主义的描写在小说中占统治地位。作者以史诗般的宏伟规模，以农村为主要舞台，出场人物以平民为主，人数近七百之多，在这广阔的社会背景上，描绘出一幅幅各具特色又互相联系的社会画面，对西班牙的社会百态、人情习俗、当代重大的事件都有所反映。作者塑造人物虚实结合，否定中有歌颂，荒诞中有寓意，并采用讽刺夸张对比的方法。小说结构以主仆游侠历程为主线，穿插一些各自独立又与主题相联系的故事作为补充，加深了主题的深度和广度。

探究性阅读

《堂吉诃德》这部作品的社会意义远远超出对骑士小说的嘲讽和抨击。读者在阅读本著作时,不应只是停留在堂吉诃德那些可笑的行为上,而应该跳出对骑士的表面描写,做更深层的探索,联系到欧洲中世纪历史,从整个故事的叙述中了解16世纪末到17世纪初西班牙的封建社会现实,以及正在走向衰落的西班牙王国的各种矛盾,体会作者对贵族阶级荒淫无耻的谴责,对人民疾苦的深切同情。

他遇见的第一件事是郊野里有三四十架风车。堂吉诃德却把它当作三四十个巨人,把风车的翅翼看成是巨人的胳膊,要向前厮杀。刚好这时起了一阵风,那风车把他的长枪折做了几段,堂吉诃德连人带马都被摔了出去。

第二天,堂吉诃德遇见了一帮行人,后面还有一辆马车,车上是一位要到塞维利亚去的贵妇人。堂吉诃德把走在前面的两个戴面罩、撑阳伞的修士当成劫持公主的强盗。他提起枪冲了上去。结果他的剑击中了仆从的脑袋,车上的贵妇人便连忙恳求堂吉诃德饶了她仆从的生命。堂吉诃德乐意地答应了。这样,他便赢得了出游以来的第一次胜利。桑丘佩服得五体投地。

后来堂吉诃德遇见一队被押送到海船上服苦役的犯人。由于同情他们的遭遇,杀散了押送人,把犯人全放了。可是,他和其中一个最凶的犯人希内斯冲突起来:堂吉诃德要犯人把他行的善事,去报告他的意中人杜尔西内妮,但希内斯不干。结果堂吉诃德挨了犯人一顿揍。为了躲避巡逻队的追究,堂吉诃德不敢走大路,他和桑丘走进了一座深山。在这里,他们遇见了一个叫卡迪纽的青年。卡迪纽因爱人陆莘达被花花公子堂费南铎夺走,悲观失望,躲进深山过着野人一样的生活。堂吉诃德受了启发,决定自己也要为意中人受苦,在深山过过修炼的生活。他打发桑丘回家去。这突如其来的决定使桑丘大为诧异,但他要改变主人的意见是根本不可能的。

桑丘往回走。他在客店里遇见了同村的神甫和理发师。他把堂吉诃德入山修炼的事告诉他们。他们便在一起商议如何把堂吉诃德弄回家。在山里,他们首先遇见了那位失恋青年卡迪纽。接着,又遇见了一个女扮男装的姑娘多若泰。这是个从家里逃出来的年轻漂亮的女子。原来,花花公子堂费南铎诱骗了她,先是答应要娶她,后来,堂费南铎看上了陆莘达,便把她抛弃了。这时，神甫也把自己到山里来的目的及搭救堂吉诃德的事讲了出来，要他们一同寻找他的朋友。多若泰说扮演落难女子她更合适些。神甫和理发师听了都很高兴，便叫她扮成一位公主，伪称她的王国被奸贼篡夺了，请求堂吉诃德前去帮她复国。他们都扮作公主的随从。事情进行得很顺利，他们在山里找到了堂吉诃德。他也满口应许了"公主"的请求，认为这是他作为一名骑士义不容辞的职责。于是他便离开了这座深山。

堂吉诃德一行借宿在一家旅店里。客店里来了一伙客人，押送着一个戴面罩的姑娘。这姑娘便是陆莘达。她被堂费南铎强迫结婚的那天，原想自杀，后因晕倒，堂费南铎在她身上搜到了刀子和绝命书，婚礼便没有进行下去。她被救醒后，逃进了修道院。可是，堂费南铎又把她找到了。现在，他正在从修道院中把她押解回家。多若泰认出了堂费南铎，便向前求情，要他成全陆莘达和卡迪纽的婚事。最初，堂费南铎不肯。后来，他拗不过众人一致的劝说，终于同意了。这样一来，堂费南铎和多若泰也言归于好了。

次日，客人们要各自分开了。他们想了一个处置堂吉诃德的办法：半夜里，人们冲进他的住房，把他捆绑起来，装进一个木笼子里，然后把他放在牛车上，使他相信他已着魔了。然后，由神甫和理发师把他押送回家。从而堂吉诃德结束了他的第二次游侠活动。

堂吉诃德第三次出游是在相

形象感受

堂吉诃德的性格是复杂的。他一方面脱离现实，终日耽于幻想，对自己的力量缺乏足够的估计，屡遭失败；另一方面，他的动机纯真善良，立志铲除世间的恶魔，反对压迫，锄强扶弱，充满了无私无畏的精神。凡是骑士以外的问题，他的议论清醒而深刻，明确而富有哲理。是一个令人可笑、可悲而又可敬的人物形象。堂吉诃德这一性格上的矛盾，反映出作者的人文主义思想与西班牙现实之间的矛盾。

桑丘·潘沙虽然处于仆人的地位，却与堂吉诃德相辅相成。主人耽于幻想，仆人处处求实；主人急功近利，仆人胆小怕事。他在当总督时断事公平合理，为官清廉正直，为百姓做了许多好事。他的政绩充分说明了他所具有的智慧和才能，作者通过这个人物体现了对民主精神的追求。

名句精华

他说罢一片虔诚向他那位杜尔西内娅小姐祷告一番，求她在这个紧要关头保佑自己，然后把盾牌遮稳身体，托定长枪飞马向第一架风车冲杀上去。他一枪刺中了风车的翅膀；翅膀在风里转得正猛，把长枪绞作几段，一股劲把堂吉诃德连人带马直扫出去；堂吉诃德滚翻在地，狼狈不堪。桑丘·潘沙赶驴来救，跑近一看，他已经不能动弹，这一次把他摔得太厉害了。

"慈悲就是上帝现在对我发的慈悲。"唐吉诃德说，"外甥女，我刚才说，他的慈悲盖过了世人所有的罪孽。他恢复了我的理智，使我不再受任何干扰。过去，我老是读那些该死的骑士小说，给自己罩上了无知的阴云。现在，这些阴云已荡然无存。我已清楚那些书纯属胡说八道，只是深悔自己觉悟太迟，没有时间去研读一些启迪心灵智慧的书来补救了。外甥女啊，我发现自己死期已至，尽管我一生都被别人当成疯子，我在死时却不愿如此。孩子，去把我的好朋友神甫、加尔拉斯果学士和尼古拉斯师傅叫来吧，我要忏悔和立遗嘱。"

隔一个月之后。他打听到萨拉果萨城要举行一年一度的比武大会的消息。他想到那里去赢得荣誉，便和桑丘暗暗商量了一阵子，又瞒着家人出游了。有一天，堂吉诃德在林子里遇到一对正在游猎的公爵夫妇。他们对堂吉诃德荒唐的事迹早有所闻。当他们知道眼前出现的就是堂吉诃德和他的仆从时，便想捉弄他们一番。

公爵夫妇为满足桑丘的夙愿，假意把他封作海岛总督，让他到自家的一块领地去上任。临行时，堂吉诃德郑重其事地对桑丘进行了一番训诫，要他"上应天意，下顺人情"，在任职内尽量实行"宽恕"，因为"仁爱比公正更光荣伟大"。交代他生活上要勤俭、朴素、清洁、不要贪睡。桑丘一一接受了，认为这些都是"金玉良言"。

桑丘带着陪同总管去上任。这位总管是受命来捉弄他的。在桑丘到达那天，总管便布置了一批居民去告状。以各种难断的诉讼作难这位"总督大人"，但桑丘却把事情剖析得清清楚楚，决断得公正不阿。这使人们大出所料。办完案，桑丘被送到一个富丽的官邸。饭厅里摆好了一桌供王公享用的盛馔。桑丘一进门，喇叭便"嘀嘀嗒嗒"地吹奏起来，四个小厮上来给他倒水洗手。桑丘又饥又累，入席便要用饭。他身旁站着一个手拿鲸鱼骨棍子的人，每当桑丘要动手去吃一盘菜时，他便把棍子迅速一指，上菜的小厮连忙上来把菜撤了下去。这样反复了十来遍，菜被撤光了，桑丘一口也没吃上。他气得直问，这是搞什么名堂？那拿鲸鱼骨棍子的人说，他是他的医生，他应

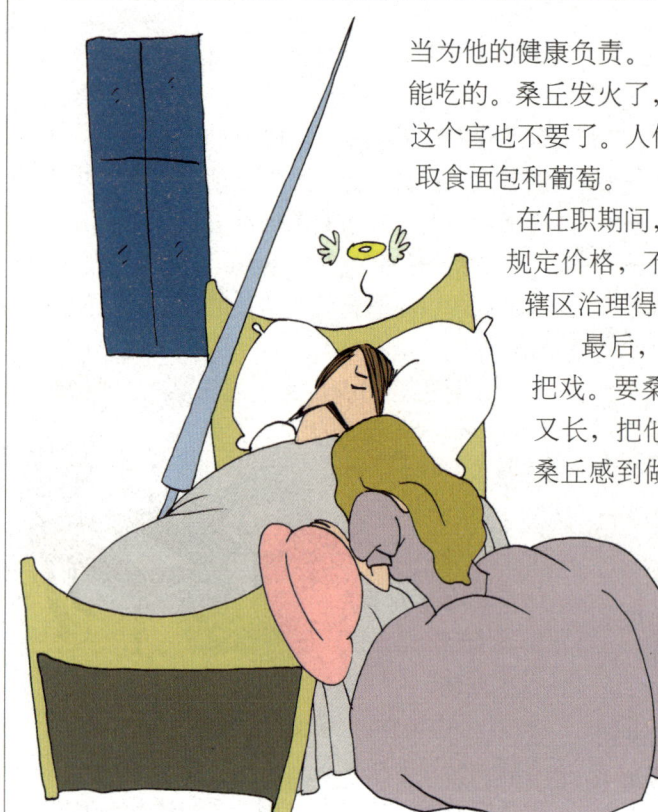

当为他的健康负责。"总督大人"想吃的菜,正是他不能吃的。桑丘发火了,他说他做总督连饭菜都吃不上,这个官也不要了。人们见他发了这么大的脾气,才让他取食面包和葡萄。

在任职期间,桑丘廉洁奉公,亲自制定法令,规定价格,不准贩卖粮食,严禁淫荡歌曲,把辖区治理得井井有条。

最后,总管导演了一场"外敌"入侵的把戏。要桑丘穿着铠甲去打仗。那铠甲又窄又长,把他折磨得半死。"外敌"平息后,桑丘感到做总督真是不容易。他说:"我生来不是总督的料……一个人最好干自己的老本行。"于是,他弃官逃走了。他回到公爵住地,对公爵说:"我光着身子进去,如今还是个光身;我没有吃亏,也没有占便宜。我这个官当得好不好,那里有见证,可以让他们说。我解决了疑难,宣判了案件,经常饿得要死……"

萨拉果萨城比武会逼近了。堂吉诃德主仆辞别公爵动身。路上,他想去拦截一队斗牛群。结果真是不堪设想,堂吉诃德主仆都被牛群冲倒,还遭到践踏,差点没送命。末了,来了个"白月骑士",他指名要和堂吉诃德决斗,而且他们双方商定:谁输了,便让对方发落。结果"白月骑士"把堂吉诃德撞下马来,把他斗败了。"白月骑士"罚他回家去,一年之内不准外出。原来这个"白月骑士"不是别人,正是同乡参孙·加尔拉斯果学士化妆的。堂吉诃德不知就里,只好遵从约定,灰心丧气地往家走。

堂吉诃德回到家,发了高烧,一连躺了六天,起不了床。最后他已奄奄一息了。终于,他理智清醒过来,他表示"对骑士小说已经深恶痛绝"了,叮嘱他的外甥女要"嫁个从未读过骑士小说的人",否则便要取消给她的财产继承权,然后他死了。

情感体验

《堂吉诃德》记载了堂吉诃德种种令人感到可笑的行为,每一个读者都会对其不切实际的行为而哈哈大笑,然而,笑过之后你会觉得堂吉诃德悲剧的背后蕴藏着耐人寻味的寓意。堂吉诃德骑士不仅仅具有令人发笑的地方,更有令人敬佩之处:他嫉恶如仇,总是正面向他的"敌人"发起不屈不挠的冲锋。堂吉诃德临终前的一番话似是所谓的清醒却更像是他对现实的一种妥协,这其中包含了一切的辛酸与凄凉,讽刺与无奈。

巴黎圣母院

1842年1月6日，巴黎人正在欢庆"愚人节"。在格雷勿广场上，吉卜赛美貌少女爱斯梅拉达的精彩表演引起人们的阵阵喝彩。但是，在密集的人群中，有一张中年人的阴沉面孔发出了几句不祥的咒语。这个人便是巴黎圣母院的副主教克洛德·弗罗洛。他自幼接受教会的熏陶，信仰虔诚，博学多识。他生活清苦，常以一副冷漠的面孔出现在公众面前。16年前，他出于怜悯收养了一个畸形的弃儿，取名卡西莫多。卡西莫多把他视为唯一的亲人，对他感恩戴德，唯命是从。卡西莫多长大后，做了圣母院的敲钟人。

一天，弗罗洛在广场上发现了迷人的爱斯梅拉达，他身上潜伏的淫欲就像一头沉睡多年的野兽突然苏醒了。他完全失去了自制。他感到要么占有她，要么置她于死地，否则难得安宁。就在"愚人节"的那天晚上，弗罗洛指使卡西莫多拦路抢劫爱斯梅拉达。弓箭队队长法比斯闻声赶来，捉住敲钟人，解救了爱斯梅拉达。随后，爱斯梅拉达来到流浪人和乞丐集散地，在那里她从乞丐王手上救了穷诗人甘果瓦的性命，并和他结为表面上的夫妻。

第二天，卡西莫多被罚在格雷勿广场的绞台上受刑，他看见了人丛中的弗罗洛，心里一喜，但是这个当年收养他的义父却慌忙逃避了他的眼光。按照刑罚规定，卡西莫多

作者及作品简介

作者维克多·雨果（1802—1885），是19世纪法国著名的诗人、小说家、文学评论家和政论家，也是诗歌的革新者、浪漫派戏剧的创建者，法国人民最喜爱的作家之一。

小说《巴黎圣母院》成功运用了对照原则：爱斯梅拉达身上体现了真、善、美的完整统一，道貌岸然的弗罗洛则代表了淫欲和邪恶；丑陋的卡西莫多忠诚、勇敢，英俊的弗比斯却愚蠢、无情，人物本身的对照有助于挖掘人物的心灵。而卡西莫多的丑美统一尤其具有美学价值和伦理意义。作品的浪漫主义还表现在历史背景的独创性上：愚人节上演神秘剧的古风，数量可观的乞丐形成的国中之国，巴士底狱的阴森恐怖及雄伟神秘的巴黎圣母院，使15世纪末法国风貌得以完美再现。而把卡西莫多与美轮美奂的圣母院融为一体，赋予一座石头建筑物以灵性，赋予一个残疾人以惊人的美的心灵，这更是雨果浪漫主义想象最经典、最成功的例证。作品巧妙的构思，离奇的情节，传奇的人物，充满了现实生活中不可能有的巧合、夸张和怪诞及作者起伏跌宕的大手笔使《巴黎圣母院》成为世界浪漫主义文学史数一数二的小说珍品。

被绑在绞台的轮盘上受了沉重的鞭打。他口渴难熬,愤怒地吼叫:"给我水喝!"在人们无动于衷的哄笑声中,爱斯梅拉达走了出来,她把怀中的水葫芦温柔地送到犯人干裂的嘴边。台下的群众都被感动了,大声叫好。唯有荷兰塔里的女修士连声诅咒着:"可恶的吉卜赛女人!可恶!可恶!"

卡西莫多受完刑罚,依然回圣母院当敲钟人。几个星期过去了,爱斯梅拉达在巴赫维广场跳舞,卡西莫多倚在圣母院钟楼欣赏她的舞蹈,他的眼中露出了温柔可爱的目光。卡西莫多是一个被人遗弃的孤儿,由于他的畸形而受到世人的嘲弄,他对人类充满了仇恨。爱斯梅拉达以德报怨的行动感化了他,从此,他对她怀有了无限的感激之情和纯真的爱慕之意。弗罗洛自从拦路抢劫爱斯梅拉达失败后,一直没有放弃占有她的淫欲。爱斯梅拉达同往常一样,出现在街头巷尾。她的名义丈夫甘果瓦每天跟着她,帮助她收集卖艺的钱币。卫队长弗比斯给爱斯梅拉达留下了深刻的印象,他不光是她的救命恩人,还是她爱情崇拜的偶像。

探究性阅读

作者在《巴黎圣母院》里以色彩浓烈的浪漫主义笔调出色地描写了巴黎城市的壮丽图景和中世纪阴暗生活的风貌,把读者带进了一个充满绚烂色彩和奇特音响的世界。作者还以不少的篇幅描绘了巍峨壮观的巴黎圣母院,用生动细致的描写把它拟人化,俯视和见证了历代的生活和眼前的这个悲剧。《巴黎圣母院》是对反封建、反教会的意识的体现和对人民群众的赞颂。小说通过教士的阴险卑鄙、宗教法庭的野蛮残忍、贵族的荒淫无耻和国王的专横残暴,反映了当时社会的罪恶。

一个偶然的机会,爱斯梅拉达在街上跳舞,被正在姑妈家做客的弗比斯认出,他招呼她到姑妈家表演。爱斯梅拉达带着她的可爱的小山羊到了弗比斯姑妈家。姑妈家的一个小姐用糖果把小山羊引到房子的一角。她好奇地解下了羊儿脖子上的小袋,把它打开,把里面的东西倒在地板上。那是一个字母表,每个字母分别插在一块小黄杨木上。羊儿用蹄子熟练地去拨字母,一会儿便排成了一个单词,人们惊奇地发现那是一个人的名字——弗比斯。这一切被玩弄女性的老手弗比斯全然看在眼里，他知道了这个美丽的吉卜赛女郎心中的秘密。在送爱斯梅拉达出门的时候，他约她晚上在小旅店幽会。弗比斯把与女郎幽会的秘密告诉弗罗洛的弟弟。弗罗洛很快知道了这个消息，他妒火中烧，乔装打扮来到小旅店。当法比斯搂着爱斯梅拉达正要行乐的时候，弗罗洛从房中蹿出，抽出匕首，插进了弗比斯的胸膛。弗罗洛逃走了。吉卜赛女郎刺杀卫队长的消息很快传遍了全城。爱斯梅拉达被逮捕了。她屈打成招，被法庭判处绞刑。

爱斯梅拉达被关在漆黑的地牢里，她像只可怜的苍蝇，虚弱得连一块最小的砖石都搬不动。一天夜晚，穿着黑袈裟的弗罗洛秘密来到地牢，他毫不掩饰地向爱斯梅拉达表达了他的爱意和内心

形象感受

爱斯梅拉达，一个摄人心魄的美女，为了生存，她不得不毫无顾忌地在大庭广众面前展示她绝美的形象，这样，她不可避免地遭到了侵袭，并最终被这种侵袭所毁灭。她对诗人甘果瓦的救助，以及她对敲钟人卡西莫多的同情，更显示出她具有高尚的心灵美。所以，爱斯梅拉达就是这种美和善良的化身。

弗罗洛是小说中反面人物的代表，他的丑恶行径和卑鄙手段让人深恶痛绝。他为了得到爱斯梅拉达的身体，设计了一个又一个阴谋，但最终未能得逞，最后被善良的卡西莫多杀死。可见，坏人是不会有好结果的。

的痛苦，建议带她一起逃走。少女用痛骂拒绝了他。

第二天行刑，爱斯梅拉达被押到马赫维广场作死前祈祷。伤已痊愈的法比斯坐在姑妈家的楼上冷漠地看着被押的少女，不敢出面证明她的无罪。这时，卡西莫多从教堂冲出来，挥拳打倒行刑的刽子手，把少女高举肩头，逃进了教堂，并用可怕的声音叫道："圣地！"看到这一壮举，群众中爆发出了一阵欢呼，他们被卡西莫多的热情感动了。卡西莫多救了一个判了死罪的犯人，两个极端不幸的人是如此互相拯救，互相帮助！

卡西莫多保护着爱斯梅拉达，当弗罗洛深夜潜入爱斯梅拉达的住房时，遭到卡西莫多痛打。卡西莫多得知少女爱弗比斯，便把一切痛苦藏在心里，为她寻找卫队长，求他去见见少女。负心的法比斯却不屑一顾，策马而去。卡西莫多宁可受爱斯梅拉达的虐待也不愿看见她痛苦，他对她说："我们那边有一些很高的钟楼，一个人如果从那儿掉下去，还不到地面就会跌死；如果你愿

名句精华

通常，巴黎在白天散发出营营声，那是城市在低声曼语，夜里那是城市在呼吸；现在，这是城市在唱歌。因此，请你注意倾听这钟乐，想象整体音响扩散五十万人的款款倾诉、河水永恒的哀怨、风声无尽的叹息、天边山丘上如同巨大管风琴奏鸣的那四座森林的遥远而庄重的四重奏，你在想象半浓淡画中那样，从中心钟乐声里消除那些过于嘶哑，过于尖锐的声音。然而，请你说说世上是否还有什么声音更为丰富，更为快乐，更为金光闪闪，更为使人晕眩，胜似这钟乐齐鸣，超过这音乐的熔炉，超过这么多高达三百尺的石笛同时铿然发出成千上万乐音，胜似一座浑然成为整个一支管弦乐的城市，超过这首暴风骤雨般的交响曲。

当原始人的记忆力不堪负担，当人类的记忆的积累已经太沉重、太混乱，仅凭光秃秃的瞬息即逝的言辞，就有可能在传递途中丧失一部分的时候，就以最为明显可见、最为经久不变、最为自然的方式，把它记载于地面上。每一传统都凝结为一座建筑文物。

意我从那儿掉下去，你甚至不须讲一个字，只要一眨眼就够了。"

不久，国会再次判决爱斯梅拉达的死刑，乞丐王国的广大群众闻讯后义愤填膺，他们在乞丐王克罗班的率领下，深夜攻打圣母院，搭救他们的姊妹。耳聋的卡西莫多不明真相，在教堂里奋勇抵抗进攻的民众。弗罗洛趁混乱之际，和甘果瓦潜入教堂，以帮助逃走为名，骗出了爱斯梅拉达。少女再次落入弗罗洛的魔掌，她抓住甘果瓦的衣袖请求他的救助，但甘果瓦只忙着抚摸她的山羊，他并没有疯狂地爱着那吉卜赛女郎，而差不多是更爱她的羊儿。

躲在巴士底狱里的国王路易十一原以为平民暴动是攻击法院执事，暗自幸灾乐祸。当他知道暴动的真正目的是反对国王时，便下令镇压暴动："把平民杀尽！把女巫绞死！"于是，乞丐王国腹背受敌，圣母院门前尸横遍野，血流成河。

国王的军队在追捕爱斯梅拉达。在逃亡途中，甘果瓦离开了爱斯梅拉达。少女被甘果瓦的朋友，这个身穿黑衣的蒙面人（实际

是弗罗洛）拉到了格雷勿广场上的绞架前，弗罗洛扯去面巾，露出了原形，指着石头竖起的绞架，再次威逼爱斯梅拉达说："在它和我中间任你选择一个。"爱斯梅拉达至死不从，并要公布他的罪恶。弗罗洛无耻地说："人家不会相信你的话的——那只能在一件罪过上再加上一个诽谤的罪名。"他将少女交给荷兰塔的女修士看管，自己去叫搜捕的军警。看见眼前的爱斯梅拉达，女修士不由得想起了自己丢失的女儿。当她们双方拿出各自保留的一只小而精巧的绣鞋时，女修士发现爱斯梅拉达就是自己15年前丢失的女儿。正在母女相认、悲喜交集的时候，弗罗洛所叫的军警赶来了。爱斯梅拉达因呼唤正在现场搜捕的法比斯，暴露了隐蔽的目标，被刽子手从女修士怀里拖走。母亲奋力抢救女儿，刽子手把她推倒在绞台下，头部着地身亡。

太阳升起来了，所有巴黎城中的建筑物顶，都像同时着了火一般绯红。穿白衣服的爱斯梅拉达，脖子上套着一个绳结，在空中摇晃。弗罗洛在圣母院楼上伸长脖子端详着这蜘蛛捕苍蝇的图画，他的脸上迸发出了一个魔鬼的笑容，一个不会是人类所能有的笑。悲痛的卡西莫多一面看见被绞死的少女，一面看见了那笑容，他向副主教猛扑过去，愤怒地把他推下了教堂顶楼。弗罗洛像一块掉下的瓦片一样，跌到街石上，没了人形。

两年以后，有人在蒙特佛贡地窖的藏尸所里，发现两具连在一起的尸骨。其中一具是个畸形的男尸，他的颈骨上没有一点断痕，可见他并不是被绞死的，而是自己来到这里死去的。人们想把他和他抱着的那具女尸分开，尸骨便化作了灰尘。

情感体验

故事中的人物向我们展示了发人深思的悲惨后果，从中我们不但可以看到当时黑暗社会的本质，而且还能明白很多深刻的人生道理：一个人的外表并不决定一切，内心才扮演着比外表更重要的角色；人活在世界上，要有积极的人生理想、奋斗目标，不能随波逐流、浪荡荒废，在任何时刻，都要有人格尊严，能明确自己的任务。不能因为放纵自己而被污浊了有责任的心灵。这些道理将使我们受用一生。

欧也妮·葛朗台

葛朗台是法国索漠城一个最有钱、最有威望的商人。这座城市盛产葡萄酒,因此,酒桶的市价很不坏。1789年法国大革命时,葛朗台已经是个富裕的箍桶匠了。他认得字,能写会算,四十岁娶了木板商的女儿为妻室;买下了区里最好的葡萄园;他向革命军承包葡萄酒,捞了不少钱。

拿破仑执政时期,他当上区长,还得到拿破仑颁发的荣誉团十字章。1806年,他又从岳母、外婆、外公处得到三笔遗产,成为州里"纳税最高"的人物。在收成好的年景,可以出产七八百桶的葡萄酒,他还有十三处分种田,一百二十七阿尔邦草原。他由原来只有二千法郎的商人变为拥有一千七百万法郎的大富翁。

葛朗台精明狡猾,他搞投机买卖,预计得"像天文学家一样准确";论起他的发财本领,"葛朗台先生是只老虎,是条巨蟒:他会躺在那里,蹲在那里,把俘虏打量半天再扑上去,张开血盆大口的钱袋,倒进大堆的金银,然后安安宁宁地去睡觉,好像一条蛇吃饱了东西,不动声色,冷静非凡,什么事情都按部就班的。"在做交易时,他讨价

作者及作品简介

《欧也妮·葛朗台》是欧洲批判现实主义文学的奠基人和杰出代表——巴尔扎克创作的《人间喜剧》中的一部杰出作品。

整部作品结构严谨,明暗并举,从索漠城的社会生活这条明线与巴黎人们豪华奢靡的生活状态这条暗线,两个不同层次和相同历史背景的城市,深刻揭露了资本主义极端腐化和必然走向灭亡的社会现实,有力鞭挞了资本主义上层社会的贪欲。

托尔斯泰是以揭示人物"心灵的辩证法"著称的心理描写大师,巴尔扎克的心理描写则以简洁生动见长。如小说借助为觊觎葛朗台的钱财,法律公证人克罗旭一家和银行家台·格拉桑一家,在欧也妮生日那天齐集葛朗台府上,争向欧也妮献媚求宠这一细小情节的描写,就淋漓尽致地揭露了克罗旭、台·格拉桑和葛朗台尔虞我诈,钩心斗角的复杂心理状态。

还价，装口吃，把对方弄得晕头转向而陷入他的圈套，结果他让别人吃亏了，自己讨得了便宜。

由于吝啬和爱财，葛朗台在家庭生活中是个锱铢必较的人物。他指挥一切、命令一切，亲自安排一天的伙食。连多用一块糖，多点一根蜡烛也不许可。他的妻子像奴隶般地顺从。为了省钱，全家的衣服都由妻子、女儿缝制。她们整天做着女红，女儿已二十三岁了，葛朗台根本还没想到过要给她相亲。

家里杂务由女仆拿侬包办，她"像一条忠心的狗一样保护主人的财产"。她身躯高大，像个掷弹兵，雄赳赳的脸上生满了疙子。

经常出入葛朗台家门的客人有两家六个人：公证人克罗旭一家（公证人、神甫克罗旭和他们的侄子特·篷风）和银行家台·格拉桑一家（格拉桑夫妇和他们的儿子阿道夫）。这两家人上葛朗台家来，目的是葛朗台的独生女儿欧也妮。这一切，老奸巨猾的葛朗台都看在眼里。他知道他们为了金钱和陪嫁，才争夺他的女儿。于是他将计就计，利用女儿作为钓饵来"钓鱼"，以便从两边捞到好处。

葛朗台在巴黎的同胞兄弟因无钱偿还债务，破产了，他准备自杀。临死前，他打发儿子查理来投奔伯父。查理二十二岁，比欧也妮小一岁。他是个俊俏的后生和花花公子。他带了"巴黎最漂亮的猎装，最漂亮的猎枪，最漂亮的刀子，最漂亮的刀鞘。他也带了全套最新奇的背心"来到伯父家。

欧也妮自出生以来，没有离开过索漠城一步，她整天只知道缝袜子，替父亲补衣裳，在满壁油腻的屋子里生活。家里也难得来生客。初次见到这样一位标致的堂兄弟，弄得她神魂颠倒。她认为查理是从"天上掉下来的妙人儿"。他那光亮而蜷曲有致的头发散出一阵阵的香气。她尽量闻着、嗅着，觉得飘飘然。他那漂亮的精美的手套，她恨不得去摸它一下。她也羡慕查理的小手、皮色、面貌的娇嫩与清秀。查理的来到使公证人和银行家都忧心忡忡起来。他们担心欧也妮会被堂兄弟查理夺去。

欧也妮高大健壮。她没有一般人喜欢的那种漂亮。但她的美是一

探究性阅读

《欧也妮·葛朗台》这部小说描写了资产阶级暴发户发家的罪恶手段，作品深刻揭露了资产阶级贪婪的本性和资本主义社会的罪恶。作品并不是单纯地塑造葛朗台这样一个举世闻名的吝啬鬼形象，葛朗台本身固然就是一个人的悲剧，但更多的是为了体现欧也妮的悲剧，欧也妮原本美好的形象更能促使我们追究其悲剧的根源，更充分地体现出拜金主义的罪恶，从而更深刻地揭示了当时人们对金钱的贪婪和病态般的欲望。

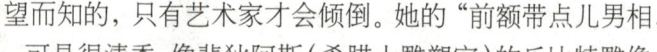

望而知的,只有艺术家才会倾倒。她的"前额带点儿男相,可是很清秀,像斐狄阿斯(希腊大雕塑家)的丘比特雕像。贞洁的生活使她灰色的眼睛光芒四射"。恬静、红润的脸上放着光彩,像一朵盛开的花。她对堂弟表现出异常的关心。她瞒着父亲尽量招待堂弟喝得好些,并把自己的私蓄掏出来待客。葛朗台却不愿意多花钱。他要女仆拿侬用乌鸦做汤招待侄儿。拿侬说乌鸦是吃死人的。葛朗台说:"我们便不吃死人了吗?什么叫遗产?"

葛朗台从弟弟来信中,得悉弟弟破产了,把儿子托给他监护。然而,葛朗台不愿承担什么义务,更不愿把查理这个包袱背在身上。他打算立刻把查理打发到印度去。可是,当天夜里,他又转了个念头,表示要挽回亡弟的名誉。只是这事要做得自己不花一个子儿,又博得了"有义气的哥哥"的好名声。

于是,葛朗台有生以来举行了第三次请客。客人自然又是公证人和银行家两家。因为有求于人,葛朗台又装口吃。他结结巴巴地说:他要清理弟弟在巴黎的债务,不被宣告破产,但必须把债权证件抓在手里。公证人克罗旭表示愿意到巴黎去办这件事,但来往旅费要葛朗台出。银行家则表示不要葛朗台付旅费,他可以到巴黎去照办。葛朗台自然是赞同银行家的主张,并且感到满心喜悦。在银行家上巴黎后的第三天,葛朗台让查理签了一份放弃父亲遗产继承权的声明书,然后要他填写一份申请出国的护照,把他打发到印度去。

欧也妮偷看了查理写给朋友的信件,更加引起她对破产堂弟的同情。她把自己全部积蓄六千法郎送给堂弟作盘缠。查理回赠给他一个母

形象感受

葛朗台是一个守财奴的形象,"看到金子,占有金子,便是葛朗台的执着狂",金钱已经使他异化。他为了财产竟逼走侄儿,折磨死妻子,剥夺独生女对母亲遗产的继承权,不许女儿恋爱,断送她一生的幸福。葛朗台的一生让我们看到了资本主义社会中人与人之间赤裸裸的金钱关系。

欧也妮拥有巨大的财富,但她身上人类自然品质却并未被金钱所吞噬,她一点也不把黄金放在心上。成堆的黄金是捆绑她的锁链,使她隔绝于人世。她的"罪过"是她尚未习惯于用黄金来为非作歹,也没有学会为了金钱而出卖感情。她的一生,对于金钱左右着一切的社会来说,是另一种形式的控诉,她是一个被金钱吞噬的无辜的牺牲品。

名句精华

这一席话使欧也妮感到昏晕。在她心中刚开始冒头的遥远的希望，曾忽然间像鲜花般怒放，由朦胧而具体，可现在眼看被湮成一团的鲜花统统给割断了，散落在地。从昨晚起，促使两心相通的种种幸福的丝丝缕缕，把她的心拴到夏尔的身上；那么说，今后将要由痛苦来支撑他们了。难道妇女的命运，受尽苦难比享尽荣华更显得崇高吗？父爱的火焰怎么会在父亲的心头熄灭了呢？夏尔犯了什么大罪？百思不解！

大凡守财奴都不信来世，对于他们来说，现世就是一切。这种思想给金钱统帅法律、控制政治和左右风尚的现今这个时代，投下了一束可怕的光芒。金钱驾驭一切的现象在眼下比任何时代都有过之无不及。机构，书籍，人和学说，一切都合伙破坏对来世的信仰，破坏这一千八百年以来的社会大厦赖以支撑的基础。现在，棺材是一种无人惧怕的过渡。在安魂弥撒之后等待我们的未来吗？这早已被搬移到现在。以正当和不正当手段，在现世就登上穷奢极欲和繁华享用的天堂，为了占有转眼即逝的财富，不惜化心肝为铁石，磨砺血肉之躯，就像殉道者为了永恒的幸福不惜终生受难一样，如今这已成为普遍的追求！

亲留给他的镶金首饰盒。他们私订了终身。欧也妮表示一定要等他回来，查理也表示了同样的决心。然后，他便启程到印度去了。

葛朗台每逢新年，都有把玩女儿积蓄的习惯。1820年新年到了，他见女儿的积蓄不翼而飞，便严加追问。欧也妮只好承认她把钱送给了堂弟。于是葛朗台大发雷霆。他把女儿锁在房里，只给她面包和冷水。无论谁来讲情，他都置之不理，"他顽强、严酷、冰冷，像一座石头。"为此，妻子被吓病了。

公证人克罗旭以利害关系劝葛朗台和女儿讲和。他说，如果葛朗台的妻子一旦死了，欧也妮可以以女儿的身份继承母亲的遗产，而他们夫妇的财产是从未分过的。葛朗台害怕了，才把女儿放出来。

有一天，欧也妮母女正在欣赏查理赠送的首饰盒，恰好被葛朗台撞见了。他看到首饰盒上的金子，眼睛里发出亮光，把身子一纵，向首饰盒扑去，"好似一头老虎扑上一个睡着的婴儿"。他把首饰盒抓在手里，准备用刀子把金子挖下来。欧也妮急了，她声称如果父亲敢碰盒上的金子，她便用这把刀子自杀。父女争执起来。直到葛朗台的妻子晕过去,他才住手。此后，葛朗台的妻子的病便一直没有好过。1822年10月，这位可怜而懦弱的太太死了。葛朗台通过公证人让女儿签署了一份放弃母亲遗产继承权

的证件,把全部家产总揽在手里。

1827年,葛朗台已经八十二岁了。他患了疯瘫症,不得不让女儿了解财产管理的秘密。他不能走动,但坐在转椅里亲自指挥女儿把一袋袋的钱秘密堆好。当女儿将储金室的房门钥匙交还他时,他把它藏在背心口袋里,不时用手抚摸着。临死前,他要女儿把黄金摆在桌面上,他一直用眼睛盯着,好像一个才知道观看的孩子一般。他说:"这样好叫我心里暖和!"神甫来给他做临终法事,把一个镀金的十字架送到他唇边亲吻,葛朗台见到金子,便做出一个骇人的姿势,想把它抓到手。这一下努力,便送了他的命。最后他唤欧也妮前来,对她说:"把一切照顾得好好的!到那边来向我交账!"他死了。

欧也妮已三十岁了,还未尝过人生的乐趣。葛朗台死后,她变得富有了,但她仍是孤单一人。对她来说财富并不是一种安慰,她需要的是温暖和爱情。七年来,她一直盼望着查理归来。她把他留给她的首饰盒,当作随身的宝物。可是,他去后连个音讯也没有。

查理在印度发了财。他从事人口贩卖、放高利贷、偷税走私,什么都干。只要能发财,他心狠手辣,贪婪到了极点。真不愧为葛朗台的子孙!他和各种肤色的女子鬼混,早把堂姐忘得一干二净了。1827年,他带着百万家财,搭船返回法国。在船上,他认识了一个贵族特·奥勃里翁侯爵。侯爵有一位奇丑而嫁不出去的女儿(长得像只蜻蜓)。查理为了高攀,竟和侯爵小姐订了终身。他写信给欧也妮,并寄还六千法郎的赠款,外带二千法郎的利息。

欧也妮被查理无情的行为吓呆了,精神上受到极大的刺激。最后,她答应嫁给公证人的儿子,初级裁判所所长特·篷风,但只做形式上的夫妻。因特·篷风只为了钱才追求她,她可以把钱给他,而情感上则让她自由。几年后,特·篷风当了法院院长。可是当他当选为索漠城议员的第八天,他死了。欧也妮三十三岁守了寡,她用一百五十万法郎偿清了叔父的债务,让堂弟过着幸福、有名誉的生活。她自己则幽居独处,过着虔诚慈爱的生活,并"挟着一连串的善行义举向天国前进"。

情感体验

葛朗台是一个典型的守财奴,他称雄一世,积累了万贯家财,一文也带不进坟墓,除了一种虚幻的满足感,可以说一无所获。这就告诉我们金钱固然给人带来权势,却不能给人带来幸福。至少,在人类的感情领域,金钱是无能为力的,因为真诚的感情永远不会沾上铜臭的味道。只有人性已经异化,完全为贪欲所支配的人,才会将金钱视为人生的最高需要。

匹克威克外传

独身的老绅士匹克威克是一个"名流",又是一个"学者",而且还是以他的姓氏命名的一个社团——匹克威克通讯社的创办人。为了增长见识,开阔眼界,他决定带着三个同事:特普曼先生、文克尔先生、史诺格拉斯先生,到远离伦敦的地方去游历。他们准备把自己的行程,对人物和风俗的观察,全部奇遇,以及有关景物等全部如实记录下来,随时向伦敦的匹克威克通讯社汇报。

他们第一个旅行目标是洛彻斯特。在马车上,匹克威克先生询问了马车夫很多问题,匹克威克先生把每一个字都记进了笔记簿,打算把它汇报给社里,作为一个卓绝的实例,证明马在困难的境遇之下生命力的顽强。但是却被马车夫误当为密探,于是遭到一群人的围攻。幸亏一个叫金格尔的青年出面替他们解围,金格尔正好也要去洛彻斯特,因此他们结伴同行。到达目的地后,他们订了一间单用的套房,看了卧室,叫了菜,在饭桌上人们都有了醉意。特普曼非常想参加旅馆的舞会,但一直拿不定主意,金格尔怂恿他,

作者及作品简介

查尔斯·狄更斯(1812—1870)是英国批判现实主义的创始人,最伟大的小说家之一。《匹克威克外传》是作者十四部长篇小说中的第一部,也是代表作之一。

长篇小说《匹克威克外传》一书奠定了他在文坛上的地位,此后,狄更斯又发表了《雾都孤儿》《大卫·科波菲尔》《双城记》《远大前程》《董贝父子》等一系列著作,成为举世闻名的英国作家。

狄更斯在《匹克威克外传》中充分表达了他的道德理想——人道主义精神,或称"圣诞精神"。匹克威克就是这种精神的化身,匹克威克这个形象所以能成为英国文学中的一个不朽的典型,除天真、热心、善良外,他还嫉恶如仇,有很强的原则性。

《匹克威克外传》的情节大体上有四条线索:房东巴德尔太太状告匹克威克毁弃婚约;山姆·维勒的父亲同骗吃喝的伪善牧师史得金斯的纷争;俱乐部几位成员的爱情故事;匹克威克和山姆·维勒主仆同流氓金格尔的冲突。全书以最后一条线索贯穿始终,金格尔因受到匹克威克的道德感化最后改邪归正,形象地宣扬善良战胜邪恶的道德信条。

最后特普曼趁文克尔喝醉酒的机会，抢来文克尔的礼服让金格尔穿上一起参加旅馆里的舞会。在舞会上，金格尔拼命向一个女子献殷勤，深爱这个女子的医生被激怒了，脸上显出一种凶恶相，愤然把帽子向头上一推，并提出要与金格尔决斗。金格尔和特普曼先生上楼后回到卧室里，并把借来的礼服还给一无所知的文克尔。第二天，穿着礼服的文克尔被误认为是昨晚的挑衅者，文克尔的惊讶在脸上是如此之真实和明显，但由于种种的因素考虑，文克尔作出了决定，他在匹克威克通讯社的名誉是第一位的。他向来被推崇为在一切娱乐和技艺方面的崇高的权威者，无论是进攻的，防御的或是无所谓的；假使他在这第一个实地试验上就退缩起来，而且当着他的伟大领袖的面退缩起来的话，他的声名和地位将要永远消失了。何况，他记得常常听到这类事情的门外汉的猜测之辞，说是由于副手们之间的谅解和安排，手枪是极少真正上了子弹的；再者，他想到，假使他叫史诺格拉斯做他的副手，并且在他面前把危险活灵活现地描写一番，那史诺格拉斯也许会把事情告诉匹克威克领袖，而匹克威克呢，当然会立刻报告地方当局，这样就可以防止他的拥护者被杀害或是打成残废。他这样想着，回到咖啡间，表白了他愿意接受医生的挑战。后来幸亏有人发现了这个错误，才避免了一起流血事件。

翌日，匹克威克一行结识了华德尔一家。并应邀到华德尔家的马诺庄园做客。难以驾驭的马给他们添了不少麻烦，四人只得弃马步行，直到黄昏才风尘仆仆，狼狈不堪地赶到马诺庄园。主人请他们第二天外出打猎，一心想在众人面前显露自己好枪法的文克尔偏偏一枪打伤了同伴特普曼。华德尔先生的妹妹自愿照料伤员，其余人都去看板球赛了。凑巧又碰到了金格尔，并把他带回了马诺庄园。金格尔巧舌如簧，竟勾引有钱的老处女华德尔小姐跟他私奔。匹克威克先生在这狼狈和混乱的情形之下，脸上显出平静而富有哲学意味的表情——虽说由于用力而涨得有点发红——用手臂紧紧地抱住他们的胖主人

探究性阅读

在小说中，作者对匹克威克和他的俱乐部成员一行出游途中的许多令人忍俊不禁的滑稽故事进行了精彩的描述，而且以喜剧的手法对法官、律师、法庭、监狱、议会、选举等作了深刻的揭露和无情的嘲讽。小说中对于田园生活的描写带有理想的浪漫色彩，是作者一心向往而又不受封建压迫和资产阶级剥削的人间乐园，反映作者心目中古老的美好的英格兰，而对于尔虞我诈的城市生活的讽刺和谴责，正表现了作者对当时社会制度弊端的认识和愤懑。

的宽阔的腰,以此来使他的感情能够平静下来,这时,在房里的所有的妇女把胖主人又抓、又拖、又推地弄出了房间。他刚刚松手,男仆进来说小马车已经驾好了。怒气冲冲的主人和匹克威克先生立刻上车跟踪追去。一对情人被追上后,金格尔高高兴兴地放弃了华德尔小姐而获得一百二十英镑。

返回伦敦后,匹克威克先生与房东巴代尔太太商量雇用精明能干的山姆做仆人的事。由于他文雅亲切,竟被巴代尔太太误认为是向她求婚,闹了个大笑话。

后来,匹克威克等人去了伊顿斯威镇。这个镇上有"蓝党"和"浅黄党"。蓝党利用一切机会反对浅黄党,同样浅黄党也利用一切机会反对蓝党;因此,只要在公共集会上,在市政厅,在市场上,蓝党和浅黄党碰了头就会议论纷纷和吵吵闹闹。这两个强大的党派应该各自都有自己的机关报和代表,这肯定是相当的重要和必不可少的,因此这市镇上有两种报纸——《伊顿斯威尔新闻报》和《伊顿斯威尔独立报》,前者拥护蓝党的主义,而后者肯定是维护浅黄党立场。这天正逢国会议员竞选,两派的报纸互相攻击,大泼污水,把全镇搅得不得安宁。投票时,全镇选民过于兴奋和发狂,乃至许多人毫无知觉地躺在人行道上。

选举后的第三天,匹克威克应邀到亨特尔夫人家参加早宴,意外地又发现了骗子金格尔,听说金格尔在设法拐骗女子寄宿学校的一位有钱小姐时,他冒雨躲藏在寄宿学校的花园里,想营救那位无辜的女孩,谁知反中了金格尔的陷阱,

形象感受

匹克威克是平民的化身。他天真、幼稚、不懂生活,说话多而行动笨,讲究礼节而待人宽厚,总是好心肠办傻事,到处吃亏出洋相,常被人误解,甚至屡遭坏人利用,在世事现实面前经常碰壁出洋相,但"仁慈博爱"终不改,居然感动了骗子金格尔,使之重新做人。他是作者有意塑造成的仁慈和博爱的典型,客观上他具有小人物的品格。

被寄宿学校当局抓住,差点被当作坏人惩办。

有一天,法院送来一张传票让匹克威克大为惊讶,有人告他毁弃婚约。原来是伦敦的巴代尔太太受两个黑心律师的挑唆,由他们出面说匹克威克答应和她结婚,向他索赔七百五十英镑。匹克威克又急又怒,声明:即便入狱,也不愿意无道理地付半点罚金。

随后,匹克威克等按计划去了巴斯。在巴斯,遇到了两个医科学士艾伦和索耶。艾伦想把自己的妹妹埃拉白拉嫁给自己的好朋友索耶,但小妹坚决不同意。文克尔先生听说埃拉白拉不肯嫁索耶而另有所爱时十分欣喜,因此前这位小姐曾对他表示过好感。匹克威克先生精心安排这一对情人花园幽会,他俩互诉衷肠,决心不顾家人的反对私下结婚。

匹克威克找索耶密谈,逐渐索耶的脸上展开了开朗的甚至愉快的表情。最后,他手里拿着瓶子,说他非常悲伤,因为自己害自己做了傻瓜,现在他提议为文克尔先生和文克尔太太的健康和幸福干杯,他对于他们的喜事非但不妒忌,并

名句精华

这位穷究不凡的罕普斯德池的水源以及由于他的铁特尔拜学说而轰动了科学界的大人物,正冷静地坐在那里,像冰冻的冬天里罕普斯德的深水,也像伏在一只土钵深处的一条孤独的铁特尔拜。当他的拥护者高呼"匹克威克"时,使这位著名的人物兴奋不已,于是慢慢地爬上他的座椅,对他自己所创办的社团发表演说的时候,这情景又是何等的有趣。

他的狭小的黑色裤子上,到处露出发光的补丁,说明了它的时间之长;裤管紧紧扎在一双补丁的鞋子上,好像要想掩饰那肮脏的白袜子,然而袜子还是清清楚楚地看得见。长长的黑头发蓬乱地露出在高统的旧呢帽下面的两边;在手套筒子和上衣袖口之间,可以看到他的光光的手腕。他的脸孔瘦削而憔悴;但是整个的人洋溢着一种形容不出的神气——洋洋得意的厚颜无耻和充分的泰然自若。

而在这一切中间,站着匹克威克先生:容光焕发地微笑着,那是任何男子、妇女或小孩的心都情不自禁要喜爱的,他自己是大伙儿中间最快乐的一个啊;他和同一个人一再握手,而当自己的手空闲的时候,就愉快地搓着;每逢人家有欣慰或好奇的表示,他就赶忙上去迎接,用他的快乐的神色鼓舞着每一个人。

要第一个祝贺。艾伦也抓过黑瓶子就喝那祝贺酒,喝得太快了,而且酒性很烈,以至于把他的脸几乎弄成跟瓶子一样的黑。最后,黑瓶子轮流在各人手里转,直到空了为止,而握手和互相道贺络绎不绝。

匹克威克正忙着替朋友张罗婚事,自己却因拒付"罚金"而被关入伦敦监狱。幸亏仆人山姆的精心安排,才未在狱中吃多大的苦头。不久巴代尔太太也被关进监狱,原来两个黑心的律师要加害匹克威克先生不成,恼羞成怒,迁怒于巴代尔太太。

事到如此,大家劝匹克威克自认倒霉,付了"罚金"消灾免事。一心想成全文克尔与埃拉白拉婚事的匹克威克先生这才接受大家的劝告付了"罚金"。出狱后,匹克威克先生说服了艾伦,又去找老文克尔。但老文克尔十分固执,不但没有应允这门亲事,还要中断文克尔的经济供给,取消他的继承权。直至老文克尔见到埃拉白拉后才改变了自己的态度,承认了儿子的婚姻。

就在此时,华德尔先生也带着女儿艾米丽来找匹克威克,说艾米丽与史诺格拉斯一直相爱着。匹克威克大喜,欣然促成了这门亲事。

流氓金格尔慢慢地受到匹克威克的感化,终于改邪归正。而匹克威克先生经历了两年的社会调查后,决定带着忠仆山姆隐居在伦敦郊区,安度幸福的晚年。这位与人为善的老绅士受到人们的尊重,他的许多故事也是人们的谈资。

情感体验

《匹克威克外传》是一部具有丰富而深刻内容的严肃文学作品。它扎根于现实生活,书中尽管宣扬善良终归战胜邪恶的道德理念,但看不到抽象的说教,作者的道德理念渗透到多姿多彩的艺术世界,使作品的思想性和艺术性达到高度的统一。走进《匹克威克外传》,就如走进一幅又一幅丑态百出的肖像画和风俗画,狄更斯怀着对下层人民的深切同情,描绘了都市和乡镇生活,为读者展示了极其广阔的社会画面。

复活

卡秋莎·玛丝洛娃是一个农妇的女儿。母亲在女地主索菲亚姊妹的牛奶场上工作,父亲是流浪的吉卜赛人。玛丝洛娃三岁时母亲死了,女地主把她收养下来。十六岁时,她爱上女地主的侄儿、年轻的贵族聂赫留朵夫。两年后,聂赫留朵夫去服兵役,因顺路经过姑母家,在姑母家住了四天。他和玛丝洛娃发生了肉体关系。临别,他塞给玛丝洛娃一百卢布,便到部队去了。

一次,玛丝洛娃打听到聂赫留朵夫要经过庄园附近的车站。玛丝洛娃决定赶到车站去见他。那是个阴雨、凉风的秋夜。由于天色漆黑,她迷失了方向。可是,待她赶到车站时,火车已经开动了。

玛丝洛娃周身被雨水淋湿,筋疲力尽地回到家里。从这天起,她思想起了很大变化,认识到自己和贵族少爷有着不可逾越的鸿沟。当聂赫留朵夫的姑姑知道玛丝洛娃怀孕后,便把她从家里赶了出去。她为了生活,只好去给人家当女仆。生下的孩子也死了。最后,她沦落到基达叶娃妓院,成了妓女。

十年后,一个西伯利亚商人司蔑尔科夫到妓院寻欢作乐。茶房卡尔金庚和当过使女的勃契诃娃,见商人有钱便起了谋财害命的念头。他们把一包药粉交给玛丝洛娃,要她放到商人茶杯里,骗她说是安眠药。结果商人被药死了。案发生后,茶房和使女贿赂律师,把罪责全栽在玛丝洛娃的身上。

作者及作品简介

《复活》作者列夫·托尔斯泰(1828—1910),19世纪俄国最伟大的作家,出生于贵族家庭。《复活》是他长期思想、艺术探索的总结,也是对俄国社会批判最全面、深刻、有力的一部著作,成为世界文学不朽名著之一。

《复活》主要采用对比的手法,提示社会的不公平:无辜的人反而受尽凌辱,过着苦难的生活;而有罪的人却逍遥法外,骄奢淫逸,大大加强了作品的揭露和批判的力量。而细致的心理描写,以及在朴素的叙述中包含的辛辣讽刺,使之更加有力。

小说情节起伏跌宕,人物刻画入木三分。以托翁晚年炉火纯青的老辣笔法,比其任何其他作品都更为深刻地反映了男性与女性在"灵与肉"之间的痛苦挣扎。

探究性阅读

《复活》通过男女主人公的遭遇淋漓尽致地描绘出一幅幅沙俄社会的真实图景：草菅人命的法庭和监禁无辜百姓的牢狱；金碧辉煌的教堂和褴褛憔悴的犯人；荒芜破产的农村和豪华奢侈的京都；茫茫的西伯利亚和手铐脚镣的政治犯。作者以最清醒的现实主义态度对当时的全套国家机器进行了激烈的抨击，揭露了沙皇专制官僚制度的反人民的本质及教会的丑恶罪行。

法院开庭审判玛丝洛娃的案件。聂赫留朵夫作为贵族代表参加陪审。在审讯过程中，法官们只忙于自己的私事，对案件审理却心不在焉。

聂赫留朵夫在陪审员席上认出了玛丝洛娃。这使他十分震惊。他回想起勾引玛丝洛娃的经过，认为自己是造成她不幸的罪人。他在诱奸玛丝洛娃后，曾一度受过良心的苛责。但当他想到上流社会的人都这么干时，他便心安理得了。现在他和贵族柯尔查庚一家正打得火热。人们在议论他要娶柯尔查庚的小姐玛丽娅了。然而，他并不打算结婚。他正和某县的一个贵族首领的妻子私通。

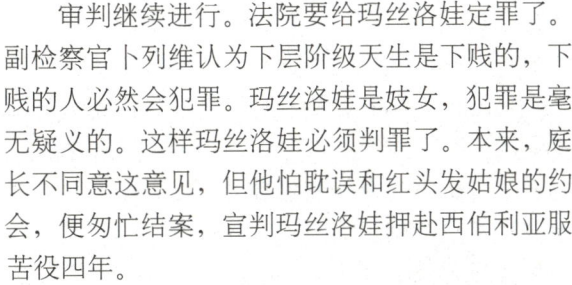

审判继续进行。法院要给玛丝洛娃定罪了。副检察官卜列维认为下层阶级天生是下贱的，下贱的人必然会犯罪。玛丝洛娃是妓女，犯罪是毫无疑义的。这样玛丝洛娃必须判罪了。本来，庭长不同意这意见，但他怕耽误和红头发姑娘的约会，便匆忙结案，宣判玛丝洛娃押赴西伯利亚服苦役四年。

玛丝洛娃被押回监狱，犯人们对玛丝洛娃都给予同情的问候。聂赫留朵夫认为法庭做出了不公平的判决。他去找律师法纳律，准备把案件告到高级法院。同时，他还去找检察官，承认自己曾勾引过玛丝洛娃，要求去探狱，并准备和玛丝洛娃结婚来弥补自己的过错。他宣称说，今后自己不再当陪审员了，因为法庭"所有的审判不但没有益处，而且不道德"。

在狱中，聂赫留朵夫见到了玛丝洛娃，要求她宽恕他，并把自己要和她结婚的决定告诉她。但玛丝洛娃不能饶恕他的过去。聂赫留朵夫吃了闭门羹，但他想为了对得起良心，即使玛丝洛娃不愿和他结婚，他也要跟她一道去流放。她走到哪儿，他便跟到哪儿。他开始批判自己所走过的生活道路，感到寄生生活的可耻，要和自己的阶级决裂。

为了作好上西伯利亚的准备，聂赫留朵夫回到自己的田庄——库兹明斯果耶村。他在田庄上实行改善农民生活的措施。他把田地用贱价（比同县农民在地主那里租到的土地要便宜三成）出租给农民，改变农民对地主的依赖关系。然后，他又到巴诺佛（他从姑姑那里继承来的田庄）访问，亲自和农民交谈，了解他们生活情况，同情他们的贫困和处境。他赞同美国人亨利·乔治的课税制的办法，认为"土地不能成为什么人的财产，它跟水、空气、阳光一样不能买卖，凡是土地给与人类的种种利益，所有的人都有同等享受的权利"。在这里，他同样把土地租给农民，并进一步把农民交纳的资金当作公益金或税款供给农民自己使用。他召集农民代表商谈。开初，农民半信半疑，他们不敢相信地主的这份好心。经聂赫留朵夫再三解释，最后他们接受了。

聂赫留朵夫把在巴诺佛找到的

形象感受

玛丝洛娃是地主家的养女兼使女，天真无邪，有着一颗单纯的心灵，但是她却遭受了被欺凌、被侮辱最后被迫沦落为娼妓的生活境遇。玛丝洛娃的遭遇将当时俄国底层人民的生活情景赤裸裸地展现在我们面前，体现了贵族阶级对于农奴的压迫。

聂赫留朵夫是一个贵族青年，早年与玛丝洛娃发生了爱情。聂赫留朵夫经历了军旅生涯后，精神上受到了污染，以致后来对玛丝洛娃做出了无法弥补的丑恶行为。在多年后，聂赫留朵夫良心深受谴责，为了"赎罪"，他开始了对玛丝洛娃的"救助"。最后精神上得到了"复活"。从聂赫留朵夫身上我们可以透视出俄国政治社会生活中的各种阴暗面。

一张姑姑家的合家照片,带给了玛丝洛娃,上面有她和聂赫留朵夫的像;并告诉她,他要上彼得堡走一趟,大理院将要对玛丝洛娃的上诉案件进行审理了。同时,他还帮助玛丝洛娃从监狱转到监狱医院去工作。

聂赫留朵夫到彼得堡后,住在姨妈家。姨夫伊凡·密海罗维奇伯爵是前任国务大臣。聂赫留朵夫通过他的介绍,去拜访了几个有势力的人物。其中有大法官渥尔夫、上诉委员会的委员佛罗比奥夫男爵、官办教会负责人托波罗夫。但这些上层官僚们,同样只顾自己的私利,不管犯人的死活。通过访问,聂赫留朵夫清清楚楚地看到:"这些官吏,从他姨妈的丈夫、大法官、托波罗夫算起,直到各部会的办公桌前面坐着的那些漂亮、干净、庄重、自以为了不起的大人先生们为止,虽然明明看见这种局面使得无辜的人受苦,却一点也不介意,所关心的只不过是镇压和祛除所有的危险分子罢了。"

玛丝洛娃上诉案被大理院以理由不充分驳回。聂赫留朵夫离开彼得堡,把这坏消息告诉玛丝洛娃。这时,玛丝洛娃已离开了监狱医院。她被人诬告与医务助理员勾搭,而被赶回狱中。聂赫留朵夫再次向她表示:自己决心跟她上西伯利亚去。

玛丝洛娃又重新爱上了聂赫留朵夫,而且爱得那么深,不知不觉间她完全依照他希望她做的去做了:戒了烟酒,不再卖弄风情。但她又想到这种结合,对他是一种不幸。她不能接受所爱的人为她做出的牺牲。

押赴西伯利亚的犯人起程了。那是个天气炎热的七月,有的犯人

名句精华

人们认为神圣而重要的并不是这个春天的早晨,也不是上帝为造福众生而赐下的这个世界的美丽,那种使人趋于和平、协调、相爱的美丽;人们认为神圣而重要的却是他们硬想出来借以统治别人的种种办法。

尽管好几十万人聚集在一块不大的地方,而且千方百计把他们居住的那块土地毁坏得面目全非,尽管他们把石头砸进地里,害得什么植物都休想长出地面,尽管出土的小草一概清除干净,尽管煤炭和石油燃烧得烟雾弥漫,尽管草木伐光,鸟兽赶尽,可是甚至在这样的城市里,春天也仍然是春天。

经不起烈日照晒,当场中暑倒毙了。聂赫留朵夫一路为犯人恶劣的处境四处奔波说情,他几乎成了犯人的袒护者。同时,在他运动下,玛丝洛娃被调到政治犯行列中。在这个队伍里既安静又和平,也不再受男人的纠缠。玛丝洛娃感到政治犯都是些"可爱的好人",并知道了他们跟平民站在一边,反对上层阶级。她认识了一个叫西蒙松的政治犯。这是个腼腆、谦虚而又意志力极强的人。他在大学毕业后,加入民粹派,任过乡村教师,并"公开抨击他认为虚伪和不公正的事情"。为此,他被捕了。不久,西蒙松爱上了玛丝洛娃。这时,玛丝洛娃必须在西蒙松和聂赫留朵夫之间做出选择。她感到:聂赫留朵夫是出于慷慨,又由于过去发生的事情,才向她求婚。可是西蒙松却在她现在的境遇里爱她,只因为爱她而爱她。于是,她接受了西蒙松的爱。

聂赫留朵夫靠彼得堡朋友副检察长塞列宁的帮助,把玛丝洛娃的案件由服苦役改判为在西伯利亚近处流放。他把消息告诉给玛丝洛娃。这时,有一种需要家庭和孩子的想法涌上他心头。然而,玛丝洛娃已决定跟西蒙松走。她不愿意"毁了"聂赫留朵夫的生活。聂赫留朵夫再次遭到拒绝,但他没有痛苦的感觉。他已尽了自己最大的努力和牺牲去爱她。他付出了足够的代价来补偿自己的过失。于是,他心平气和地在狱旁椅子上睡了一个又香又甜的觉。最后,玛丝洛娃和西蒙松走了。聂赫留朵夫被留了下来。他在福音书里找到了五条生活准则:对上帝要虔诚、不起誓、要忍辱、爱敌人、勿反抗。他认为人们如果遵循这五条法则,并不断悔过自新,便可以"获得最大的幸福,地上的天国也会建立起来"。他开始过一种全新的精神生活。他的灵魂得救了。

情感体验

看完这本书后,在我们心中产生的冲击是当时贵族社会那一味追求个人享乐、自私自利到丧心病狂的程度。作品中主人公的刻画都是现实中的典型,他们的性格既是复杂的,又是完整的,思想的变化也都是合乎情理的,这是一种人性的对抗。这本书有光明有黑暗,贵族的自私自利是当时社会的黑暗体现,而那些不被恶势力打败,坚守自己原则的人物则是光明的象征。在这种黑暗与光明的斗争中,我们可以深刻地体会出前者是自己必须引以为戒的,而后者才是自己应该学习的。

老人与海

桑提亚哥老人已经八十四天没有捕到一条鱼了。最初,一个年轻的孩子曼诺林和他一起分担噩运,但在过了四十天倒霉日子之后,孩子的爸爸让孩子到另一条船上干活去了。从那个时候起,桑提亚哥只是一个人干活。每天早晨他划着小船到有大鱼出没的墨西哥湾流去,每天晚上他总是两手空空地回来。

孩子喜欢并且可怜这个老渔人。曼诺林要是自己没有挣到钱,就会乞讨或偷窃以保证老人有足够的食物和新鲜的鱼饵。老人谦卑地接受孩子的好意,谦卑中带有某种隐而不露的自豪感。晚餐时(吃的是大米饭和黑蚕豆),他们总会谈论在运气好的日子里一起捕获的大鱼,或是谈论美国的棒球赛和伟大的狄马吉奥。夜间,老人一个人躺在自己的小棚屋里,梦见非洲海滩上的狮子,几年前他航海去过那个地方。他不再梦见自己死去的老婆了。

在第八十五天,老人在寒冷的黎明前的黑暗中,把小船划出了港口。在把陆地的气息抛在身后之后,他放下了钓丝。他的两个鱼饵是孩子给他的鲜金枪鱼,还有把鱼钩遮盖起来的沙丁鱼。钓丝垂直地下到暗黑的深水里。

太阳升起时,他看到别的一些船只都头朝着海岸,在海上看来海岸像是一条接近地

作者及作品简介

《老人与海》作者厄内斯特·海明威(1899—1961),当代美国著名小说家。1952年,发表了中篇小说《老人与海》。

小说主要采用写实的手法,作者用纯客观的态度,不动声色地叙述了捕鱼行动的始末。作者好像提着一架轻便摄影机随同老人出海,运用各种镜头,摄下捕鱼全过程,包括极细微的动作,视角有限,但清晰度极高。作者通过描写老人各种感官直接感受到的东西,并忠实地把这些感受传达给读者,让读者也惊喜地感到手指上大鱼咬钩时钓绳轻微的颤动,闻到咀嚼生鱼恶心的腥味,听到大鱼临死前跃出水面后跌下去的巨大轰鸣,最终置身摄人魂魄的人鱼搏斗的场面之中。

在海明威明净如水的写实文字里,老人、大鱼、大海及整个捕鱼经过,都具有寓言象征的意味。海明威在运用象征时十分小心,极有节制,但有他的特色。他生怕别人一眼看透他的寓意,他把寓意深藏在画面之下,让它朦胧到若有若无、难测深浅的地步。这种写实与象征的结合,正是冰山原理在写作手法上的重要体现。

探究性阅读

作品描写了桑提亚哥老人为了达到目的不怕困难、挫折,为了捕鱼历尽千辛万苦,从而歌颂了老渔夫非凡的毅力和坚忍的决心。这部小说表现的是一种奋斗的人生观,即使面对的是不可征服的大自然,但人仍然可以得到精神上的胜利。也许结果是失败的,但在奋斗的过程中,我们仍然可以看到一个顶天立地的大丈夫的形象,进而告诉我们人在失败中要不失尊严,应该勇敢而不妥协。

平线的绿带子。一只盘旋的军舰鸟给老人指明了海豚追逐飞鱼的地方。但是鱼群游得太快、也太远了。这只猛禽又在盘旋了,这次老人瞧见金枪鱼在太阳光下跃起。一条小金枪鱼咬住了他艉缆上的鱼钩。老人在把颤动的金枪鱼拉上船板以后,心想这可是一个好兆头。

快到中午时,一条马林鱼开始啃起一百米深处的那块鱼饵来了。老人轻轻地摆布那条上了钩的鱼,根据钓丝的分量他知道那准是一条大鱼。最后他猛拉钓丝把鱼钩给稳住了。但是,那条鱼并没有浮出水面,反而开始把小船拖着往西北方向跑。老人打起精神,斜挎在肩膀上的钓丝绷得紧紧的。他虽然孤身一人,体力也不如从前,但是他有技术,他懂得许多诀窍。他耐心地等待鱼累乏下来。

日落之后,寒意袭人,老人冷得发抖。当他剩下的鱼饵中有一块被咬住时,他就用自己那把带鞘的刀把钓丝给割断了。有一次那条鱼突然一个侧身,把老人拉得脸朝下跌

了一跤,老人的颊部也给划破了。黎明时分,他的左手变得僵硬并抽起筋来了。那条鱼还是一直往北游,一点陆地的影子都瞧不见了。钓丝又一次猛地一拉,把老人的右手给勒伤了。老人肚子饿得发慌,就从金枪鱼身上割下几片肉,放在嘴里慢慢嚼着,等着太阳出来晒暖他的身子和减轻手指抽筋的痛苦。

第二天早上，这条鱼蹦出了水面。老人瞧见鱼的跃起，知道自己钓到了一条未见过的最大的马林鱼。一会儿鱼又往下沉去，转向了东方。在炽热的下午，老人节省地喝起水壶里的水。为了忘掉划破的手和疼痛的背，他回想起过去人们如何称他为"优胜者"和他如何在西恩富戈斯地方一家酒馆里和一个大个子黑人比手劲。有一次一架飞机嗡嗡地从头上掠过，向迈阿密飞去。

黄昏之际，一条海豚吞食了他重新放上鱼饵的小钩子。他把这条"鱼"提到了船板上，小心不去拉动他肩上的钓丝。

休息一会儿之后，他切下几片海豚肉并且把在海豚胃中发现的两条飞鱼留了下来。那天夜里他睡着了。他醒来时觉得当这条鱼跳起时钓丝就滑过他的手指。他缓慢地把钓丝放松，尽力想把这条马林鱼拖乏。在这条大鱼放慢跳跃时，他把划破的双手放在海里洗，并且吃了一条飞鱼。日出时，这条马林鱼开始打起转来了。老人感到头晕目眩，但他尽力把大鱼在每转一圈时拉得更近一些。他虽然几乎筋疲力尽，终于还是把自己的捕获物拉得和小船并排在一起并用鱼叉猛击这条马林鱼。他喝了一点水，然后把马林鱼捆绑在他那条小船的头部和尾部。这条马林鱼比船还长两英尺。哈瓦那港从来没有见过捕到这么大的鱼，他扯起有补丁的船帆开始向西南方向驶去，心想这下要发财了。

一个小时以后，他瞧见了第一条鲨鱼。这是一条凶猛的尖吻鲭鲨。它飞快地游了过来，它蹿上来得那么快，全然不顾一切，嗅到了血腥气的踪迹，就顺着

形象感受

桑提亚哥具备硬汉的一般特性。在与大鱼搏斗时，正是凭着人的聪明才智、自我尊严、人在自我意识上的全部优越感，老人在物质和精神上压倒了对手。最后，失败的结局将老人逼到一个死角，理性又奋起自卫，在死角上找到最后一个支撑点："人可以被毁灭，可就是打不败。"从理性的角度看，老人不但战胜了大鱼，战胜了失败，也战胜了自己身上的弱点，在更高一层意义上显示出性格的力量。

名句精华

　　他是个独自在湾流中一条小船上钓鱼的老人，至今已去了八十四天，一条鱼也没逮住。头四十天里，有个男孩子跟他在一起。可是，过了四十天还没捉到一条鱼，孩子的父母对他说，老人如今准是十足地"倒了血霉"，这就是说，倒霉到了极点，于是孩子听从了他们的吩咐，上了另外一条船，头一个礼拜就捕到了三条好鱼。孩子看见老人每天回来时船总是空的，感到很难受，他总是走下岸去，帮老人拿卷起的钓索，或者鱼钩和鱼叉，还有绕在桅杆上的帆。帆上用面粉袋片打了些补丁，收拢后看来像是一面标志着永远失败的旗子。

　　老人消瘦而憔悴，脖颈上有些很深的皱纹。腮帮上有些褐斑，那是太阳在热带海面上反射的光线所引起的良性皮肤癌变。褐斑从他脸的两侧一直蔓延下去，他的双手常用绳索拉大鱼，留下了刻得很深的伤疤。但是这些伤疤中没有一块是新的。它们像无鱼可打的沙漠中被侵蚀的地方一般古老。他身上的一切都显得古老，除了那双眼睛，它们像海水一般蓝，是愉快而不肯认输的。

　　他记不起他是什么时候第一次开始在独自待着的当儿自言自语了。往年他独自待着时曾唱歌来着，有时候在夜里唱，那是在小渔船或捕海龟的小艇上值班掌舵时的事。他大概是在那孩子离开了他、他独自待着时开始自言自语的。不过他记不清了。他跟孩子一块儿捕鱼时，他们一般只在有必要时才说话。他们在夜间说话来着，要不，碰到坏天气，被暴风雨困在海上的时候。没有必要不在海上说话，被认为是种好规矩，老人一向认为的确如此，始终遵守它。可是这会儿他把心里想说的话说出声来有好几次了，因为没有旁人会受到他说话的打扰。

小船和那鱼所走的路线游去。鲨鱼飞速地逼近船艄，鲨鱼的头露出水面，背部正在出水，老人听见那条大鱼的皮肉被撕裂的声音，这时候，他用鱼叉朝下猛地扎进鲨鱼的脑袋，那儿正是脑子的所在，老人直朝它扎去。他使出全身的力气，用糊着鲜血的双手，把一支好鱼叉向它扎去。鲨鱼翻了个身，老人看出它眼睛里已经没有生气了，跟着它又翻了个身，自行缠上了两道绳子。鲨鱼在水面上静静地躺了片刻，老人紧盯着它。然后它慢慢地沉下去了。

　　不久又两条铲鼻鲨嗅到了血腥味，它们很兴奋，始终在逼近。老人系紧帆脚索，卡住了舵柄。然后他拿起上面绑着刀子的桨。他尽量轻地把它举起来，因为他那双手痛得不听使唤了。他紧紧地把手合拢，让它们忍受着痛楚而不至缩回去，老人注视着鲨鱼游过来。

　　它们来的方式和那条灰鲭鲨不同。一条鲨鱼转了个身，钻到小船底下不见了，它用嘴拉

扯着死鱼。另一条飞快地游来,朝鱼身上被咬过的地方咬去。它褐色的头顶,以及脑子跟脊髓相连处的背脊上有道清清楚楚的纹路,老人把绑在桨上的刀子朝那交叉点扎进去,鲨鱼放开了咬住的鱼,身子朝下溜,临死时还把咬下的肉吞了下去。

另一条鲨鱼正在咬啃那条鱼,弄得小船还在摇晃,他一看见鲨鱼,就从船舷上探出身子,一桨朝它戳去。但鲨鱼的皮紧绷着,刀子几乎戳不进去。这一戳不仅震痛了他那双手,也震痛了他的肩膀。但是鲨鱼迅速地浮上来,老人对准它扁平的脑袋正中扎去,但它依旧紧锁着上下颚,咬住了鱼不放。

> **情感体验**
>
> 这是一部不足百页的作品,却能让一代代人一读再读。小说中的老人为了生存,更主要是为了维护职业和个人的荣誉与尊严,他坚毅、勇敢,能够临危不惧,与死亡相搏,他的这些品质主要体现在捕鱼的过程当中,在此过程中老人用自己的行动证明了"什么是一个人能办到的,什么是一个人能忍受的"。不但捍卫了人的荣誉与尊严,也表现了人的精神不败。其实我们在做人和学习时,不也同样需要这样的精神和毅力吗?

当第三条鲨鱼出现时,他把刀子向鲨鱼戳去,结果把刀给折断了。日落时又有一些鲨鱼游过来了,游来的鲨鱼多得成了群。在暮色中,他听着鲨鱼一次一次在啃咬马林鱼的尸体。老人此时想到的只是掌舵,和他自己极度的疲乏。那些鲨鱼把他打败了。他知道除了大马林鱼的空骨架之外,那些鲨鱼是什么也不会给他留下的。

当他划进小港,让小船冲上沙滩时,岸上的灯火都已灭了。在朦胧之中,他只能分辨出那条马林鱼白色的脊背和竖着的尾巴。他拿着桅杆和卷起的船帆,往岸上爬去。有一次他在重压下跌倒了,他耐心地躺在地上,积蓄力气。等他进了自己的棚屋时,他一头倒在床上就睡。

那天早上晚些时候,孩子发现他时,他还躺着。这个时候,一些渔民聚在那只小船的周围,对这条从头到尾长有十八英尺的大马林鱼啧啧称奇。当曼诺林拿着热咖啡回到老人的棚屋时,老人醒了。他告诉孩子可以把他那条鱼的长吻拿走。曼诺林要老人休息,把身体养好,以便日后再一起出去捕鱼。整个下午老人都在睡觉,那孩子就坐在他的床旁边。老人正在梦见那些狮子呢。

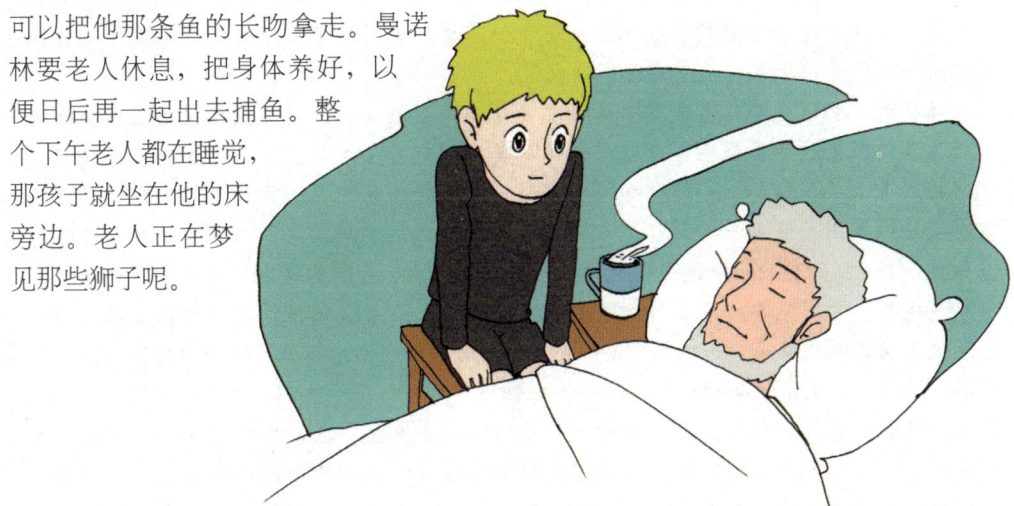

安娜·卡列尼娜

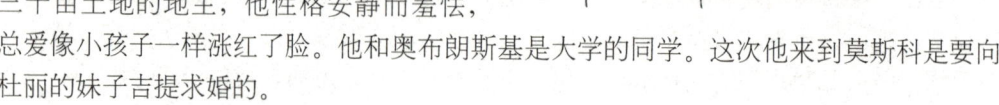

主人公安娜·卡列尼娜是世界文学史上最优美丰满的女性形象之一。她以内心体验的深刻与感情的强烈真挚,以蓬勃的生命力和悲剧性命运而扣人心弦。

奥布朗斯基公爵是个爱装饰的美男子。他已经有五个孩子了。因和英国家庭女教师恋爱,和妻子杜丽吵翻了。这时他的一个朋友康斯丹丁·列文从乡下到莫斯科。这是个有三千亩土地的地主,他性格安静而羞怯,总爱像小孩子一样涨红了脸。他和奥布朗斯基是大学的同学。这次他来到莫斯科是要向杜丽的妹子吉提求婚的。

吉提是薛杰巴兹基公爵的第三个女儿,她在交际场中很出风头。彼得堡的花花公子、皇室的侍从武官渥伦斯基正在追求她。她也爱他。她想象和渥伦斯基结合将会有幸福的远景,但她又感到列文对她的爱更诚实。母亲要她嫁渥伦斯基,父亲则更中意列文。最后,吉提自己选择了渥伦斯基。

作者及作品简介

《安娜·卡列尼娜》作者列夫·托尔斯泰(1828—1910)是俄国文学史上最伟大的文豪之一,自幼接受典型的贵族家庭教育,但随着年岁的增长,他渐渐对俄国上流社会的生活和环境感到厌倦,而本能地同情农民。

《安娜·卡列尼娜》通过写安娜追求爱情而失败的悲剧,列文在农村面临危机而进行的改革与探索这两条线索,描绘了俄国从莫斯科到外省乡村广阔而丰富多彩的图景,先后描写了150多个人物,是一部社会百科全书式的作品。小说艺术上最突出的特点是首次成功地采用了两条平行线索互相对照、相辅相成的"拱门式"结构,并在心理描写上细致入微、精妙绝伦。小说中那大段的人物内心独白,无疑都是现实主义描写的典范。

《安娜·卡列尼娜》是由两条主要的平行线索和一条联结性次要线索构成的,整体上反映了农奴制改革后"一切都翻了一个身,一切都刚刚安排下来"的那个时代在政治、经济、道德、心理等方面的矛盾。其一:安娜—卡列宁—渥伦斯基;其二:列文—吉提;其三:道丽—奥勃朗斯基,次要线索巧妙地联结两条主线,在家庭思想上三条线索相互对应、参照,勾勒出三种不同类型的家庭模式和生活方式。作者以这种建筑学而自豪,圆拱将两座大厦连结得天衣无缝,"使人觉察不出什么地方是拱顶"。

探究性阅读

在小说《安娜·卡列尼娜》中，托尔斯泰并没有简单地写一个男女私通的故事，而是通过这个故事揭示了俄国社会中妇女的地位，以及封建家庭关系的瓦解和道德的沦丧，并由此来鞭挞它的不合理性。进而，描绘出资本主义势力侵入农村后，地主经济面临危机的情景，揭示出作者执着地探求出路的痛苦心情，无情地展示了俄国贵族资产阶级社会思想道德的极端腐化堕落。作者通过安娜的爱情、家庭悲剧寄寓了他对当时动荡的俄国社会中人的命运和伦理道德准则的思考。

渥伦斯基的整个容貌和风姿，从他的剪得短短的黑发和新剃的下颏一直到他那宽舒的、崭新的军服，都是又朴素又雅致的。他既有教养又有钱。他到莫斯科车站接母亲，安娜和渥伦斯基的母亲是同车由彼得堡来的。安娜来调解兄嫂的争吵。渥伦斯基在安娜面前把两百卢布捐赠给了被火车轧死的路警的妻子。

薛杰巴兹基公爵家举行盛大的舞会。吉提打扮得很漂亮。她想象着今天渥伦斯基要正式向她求婚了。安娜也被邀参加了舞会。在吉提眼里，安娜·卡列尼娜是那样的出众，不仅如此，安娜内心还有"另一个复杂多端，诗意葱茏的更崇高的世界，那世界是吉提所达不到的"。在舞会上，吉提发现渥伦斯基和安娜异常地亲热，这使她感到很苦闷。

安娜因不愿看到吉提的痛苦，劝慰了兄嫂一番，便提前回彼得堡去了。渥伦斯基知道后也追踪而去。在彼得堡车站，由安娜介绍，他认识了她的丈夫卡列宁。卡列宁是彼得堡官场的头面人物，有着显赫的位置，是一个"完全醉心于功名"的人物。

渥伦斯基到彼得堡后，住在同僚比特立兹奇中尉家，他参加一切能与安娜会面的上流社会的舞会和宴会，并向她表白了自己的爱情。从而引起上流社会的议论。

卡列宁根本不懂什么是倾心相爱的感情。他是个基督徒，他认为：他和安娜的结合是神的意志。他责备妻子行为有失检点，要她注意社会的舆论，明白结婚的宗教意义，以及对儿女的职责。安娜认为卡列宁是虚伪的。他并不在乎妻子和人相好，"而是别人注意到才使他不安"。和渥伦斯基的相识，在安娜心中唤醒了从来没有体验过的、沉睡的爱情。

一次在古拿斯诺·塞洛举行赛马大会上，渥伦斯基是赛

形象感受

安娜·卡列尼娜是一个具有资产阶级个性解放思想的贵族妇女。她渴望自由真挚的爱情；她与丈夫卡列宁决裂；不顾上流社会的威胁、利诱和非难，跟渥伦斯基在一起。她以自己的方式追求个性的解放和真诚的爱情，但由于制度的桎梏，她的命运只能以失败而告终。安娜·卡列尼娜是资产阶级妇女解放的先锋，是作者对腐化堕落的城市贵族资产阶级社会的批判与揭露。

列文是一个重视贵族传统和向往家长制生活的庄园地主，他对资本主义侵袭下俄国农村的急剧变化感到十分恐惧不安，孜孜不倦地想找出一条避免资本主义"新灾难"的途径。列文在改革失败后，便陷入了人生虚无和悲观绝望的境地，后来，他又越来越倾向宗教感情，并在理想化的宗法制农民费克尼奇那里领悟到了"生命的意义"——"为上帝、为灵魂活着"，要"爱人如己"。列文及其生活道路，主要表现了作者对理想化的宗法制小农社会的向往和探求。

马选手之一。在比赛开始时，渥伦斯基跑在最前头，但由于骑术上的失误，把马脊骨折断了。他从马上摔了下来。安娜情不自禁地大叫了一声。卡列宁认为这有失体统，便提前退场把她领走了。在回家的路上，安娜再也忍受不住卡列宁的平静与伪善，公开承认了她和渥伦斯基的关系。

列文遭吉提拒婚后，感到羞愧，回到乡下从事他的农业计划和写作农业著作。而吉提也因渥伦斯基的背信弃义，气病了。她的父母带她出国旅行。回国后，她搬到姐姐杜丽的田庄——厄古梭华居住。这里距列文的田庄很近。但列文自尊心很强，并不来看她。列文想调整劳动者与土地的关系，把土地租给农民耕种，即以租佃关系代替旧的工役制，他反对资本主义在俄国的发展。为此，他决定到西欧去进行一番考察，以便撰写他的农业改革的论文。

安娜因分娩病危，拍电报给卡列宁，要他回家。卡列宁感到高兴，他希望妻子死掉。可是安娜并没有死，生了个女孩，这是她和渥伦斯基的。她在病床上要求卡列宁饶恕她。卡列宁饶恕了她，还饶恕了正在他家里的渥伦斯基。由于一种"宽恕敌人"的念头，使他心里感到快慰。他主动叫渥伦斯基留在安娜身边。

由于卡列宁的令人吃惊的宽厚行为，渥伦斯基感到卡列宁崇高、正直，而自己则卑劣、渺小；并想到安娜和卡列宁会重新和好的。他在苦闷中开枪自杀了，但没死。伤好后，他会见了安娜。这时，他们的爱情变得更加炽热起来。于是，渥伦斯基离开了军队，安娜离开了家。他们一同到国外旅行去了。

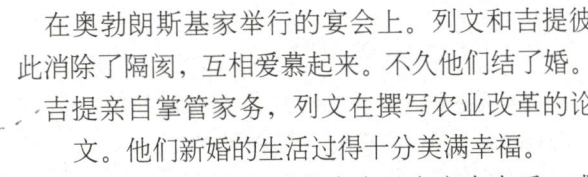

在奥勃朗斯基家举行的宴会上。列文和吉提彼此消除了隔阂,互相爱慕起来。不久他们结了婚。吉提亲自掌管家务,列文在撰写农业改革的论文。他们新婚的生活过得十分美满幸福。

卡列宁自妻子离家出走后,感到人人都轻蔑他、嘲笑他。只有老朋友莉蒂亚伯爵夫人主动来给他料理家务。不久,卡列宁得到沙皇政府颁发给他的一枚亚历山大勋章,于是他感到一切晦气都消失了。

安娜和渥伦斯基在欧洲旅行了三个月。在这期间,安娜感到很幸福,但她是以失去名誉和儿子的代价换来的。归国后,她没有回家,而是住在旅馆里。这时她十分思念自己的儿子。她想象儿子面对父亲的冷冰,得不到温暖。于是她在儿子谢辽沙生日那天,偷偷去看望他。天真无邪的谢辽沙不放妈妈走,安娜从谢辽沙书房出来,撞见了卡列宁,但他低着头,让她过去了。

渥伦斯基被社会舆论和重新踏进社交界的欲望所压倒。他坚持要和安娜分居,避免和她单独见面。同时,还禁止安娜参加社交活动和看戏。安娜对渥伦斯基的行为感到意外。在一次社交晚会上,安娜受到卡尔塔索夫夫人的公开羞辱。回来后,渥伦斯基便抱怨和责备起安娜来,说她不听从他的劝告。

名句精华

妇人们唱着歌渐渐走近列文,他感到好像一片乌云欢声雷动地临近了。乌云逼近了,笼罩住他,而他躺着的草堆,以及身旁的草堆、大车、整个草场和辽远的田野,一切都好像合着那狂野而快乐的,掺杂着呼喊、口哨和拍掌的歌声的节拍颤动起伏着。列文羡慕她们这种健康的快乐;他渴望参与到这种生活的欢乐的表现中去。但是他什么都不能做,只好躺着观看倾听。当农民们和歌声一道从视线和听觉中消失的时候,一种由于自己很孤独,由于身体不活动,由于他的愤世嫉俗而引起的沉重的忧郁之情就袭上列文的心头。

当她穿过人群往头等候车室走去的时候,她逐渐回想起她的处境的全部详情和犹疑不决的计划。于是希望和绝望,又轮流在她的旧创伤上刺痛了她那痛苦万状的、可怕地跳动着的心灵深处。坐在星形沙发上等候火车的时候,她厌恶地凝视着那些进进出出的人(对她说来,他们全都是讨厌的)。

情感体验

从《安娜·卡列尼娜》一书中我们可以明白,幸福、牢固的家庭应该建立在两个人的个性和对责任的认同上。同时还可以体会到当时农奴制刚刚改革这一特殊时期的情景,以及因此由这一变革引起的一系列矛盾,从而了解这一时期在政治、经济等方面所存在的矛盾,以及资本主义开始入侵农村经济的情形。

他们搬到渥伦斯基的田庄上居住。田庄经过一番整顿,设备很完美,有育婴室、医院、马厩,一切都带有英国风味。渥伦斯基要安娜和卡列宁正式离婚,安娜答应了。但她又担心儿子将来会看不起她。他们的感情已不像以前那么融洽了。安娜要想尽各种办法去博得渥伦斯基的欢心,而渥伦斯基正是欣赏她这一点。

奥勃朗斯基邀列文去看他的妹妹安娜。列文被安娜的风姿所吸引,认为安娜身上有一切好东西:"智慧、温柔、端丽,还有诚实的品性",是一个非同寻常的女人。回家后,他把自己的印象和会面的情形告诉给妻子听。吉提感到气愤和嫉妒。

奥勃朗斯基受安娜委托去向卡列宁提出离婚的要求。卡列宁拒绝了。他认为他不能违反基督教和神的意志。同时,他又告诉奥勃朗斯基:谢辽沙已长大,在他亲自教育下,已学会了对母亲的憎恨。

安娜要求渥伦斯基把爱情集中在自己的身上,可是渥伦斯基对她越来越冷淡。他常上俱乐部去,把安娜一人扔下。安娜要求渥伦斯基说明:假如他不再爱她了,也请他老实说出来。结果,渥伦斯基大为恼火。另一次,安娜追问渥伦斯基,他的母亲是否要为他说亲事,两人又发生了口角。他们整整闹了一天的别扭。晚上,安娜称病,渥伦斯基没有去看她,使她感到灰心,她想到了死。第二天,渥伦斯基要到母亲那里去,安娜向他暗示:"你会后悔的。"但渥伦斯基却采取"置之不理"的办法。

安娜见渥伦斯基走了,叫仆人去追他回来,自己要向他承认错误,但火车已开了。安娜准备自己坐车去找他。她想象着渥伦斯基现在正和他母亲及他喜欢的小姐谈心呢。她回想起她和渥伦斯基的这段生活,渥伦斯基已明白地表示出对她厌倦了,爱她的热情也过去了。……她跑到车站,在候车室里,她接到渥伦斯基的来信,告诉她今晚十时他才能回来。于是安娜决定"不让你折磨了",她投向火车,卧轨自杀了。

卡列宁参加了安娜的葬礼,并把安娜生的女孩带走了。渥伦斯基受到良心的谴责,他以志愿兵的身份报名去塞尔维亚和土耳其作战,但愿求得一死。

列文的生活过得很平静、幸福。

悲惨世界

米里哀先生是法国南部地区狄涅的主教。1815年10月初,一个刚出狱的犯人冉阿让路过狄涅城,谁也不肯收留他过夜。主教米里哀先生却收留了他,并称他为兄弟。

冉阿让出生在一个贫农的家里。他从小失去了父母,为养活孀居的姐姐的七个子女,他在万不得已的情况下,砸破了面包店的玻璃,拿了一块面包,于是被法院判处五年徒刑。后来他曾几次越狱逃跑,结果都被捉回。刑罚由五年增加到十九年。

主教家那张床太舒服了。冉阿让睡到半夜醒了过来,便再也不能入睡了。他看到主教家六副发亮的银器,于是他偷了古银器逃跑了。可是,他没跑多远,便被警察逮住。清晨,他被押来见主教,但出乎他意料的是主教却说那些被偷的银器是他情愿送给冉阿让的。警察以为抓错了人,便把冉阿让放了。最后,主教轻声地对冉阿让说:"不要忘记,您拿了这些银子,是为了去做一个诚实人用的。"冉阿让的心灵受到了强烈冲击,从此决定重新做人。

作者及作品简介

《悲惨世界》作者雨果(1802—1885),是19世纪前期积极浪漫主义文学运动的领袖,法国文学史上卓越的资产阶级民主作家。其代表作是:《巴黎圣母院》《悲惨世界》等长篇小说。

《悲惨世界》是以真实的事件为蓝本而创作的,当时一个贫苦农民因偷了一块面包被判五年苦役,出狱后又因黄色身份证而不能就业,这深深触动了雨果,他花了十七年的时间完成了这部巨著。这部作品结构庞大,枝叶繁复,全书共有五大部分:《芳汀》、《珂赛特》、《马吕斯》、《卜吕街的儿女情和圣丹尼街的英雄血》及《冉阿让》。

《悲惨世界》在反映现实生活方面达到了很高的成就,这里有惊心动魄的历史事件、巴黎的贫民窟、修道院、法庭、监狱、资产者的沙龙、大学生居住的拉丁区,构成广阔而典型19世纪法国的社会画面;小说的人物也是典型的。但占主导地位的是浪漫主义风格,雨果倡导的美丑对照原则在人物塑造、场景描写等多方面广泛地得到运用;作者善于用夸张的手法塑造不同寻常的人物,用虚构的偶然因素来推动情节的发展;同时小说还充满着浓郁的抒情气氛,使整部小说弥漫着浪漫主义气息。

探究性阅读

《悲惨世界》围绕的中心问题是穷苦人民悲惨的命运和处境,可以说它描写的是主人公冉阿让的悲惨生活史。它的价值不在于对当时法国的社会关系有怎样深刻的剖析,而在于对那个造成穷苦人无法生活的黑暗制度的愤怒控诉,特别是对资产阶级社会法律和道德的有力控诉。小说揭示了当时资本主义社会中工人的悲惨命运和艰难处境,以及当时吃人的资本主义制度是怎样因贫困使男人潦倒、因饥饿使妇女堕落、因黑暗使儿童羸弱的。

平民女子芳汀爱上了一个大学生多罗米埃。但多罗米埃占有芳汀后,便把她抛弃了。芳汀生下了一个女孩叫珂赛特。她在巴黎无法维持生活,便把女儿寄养在客店的德纳第夫妇家里。然后,她回家乡进了一家工厂当女工。

芳汀故乡海滨蒙特猗是个轻工业城市。人们仿照英国黑玉和德国烧料的制法,生产一种先进的工艺品。但由于原料贵,生产水平很低。1815年末,来了一个自称是马德兰的人。他改革了工艺的生产,使工艺生产兴旺发达起来,他自己也成了一个大富翁。到了第五年,他担任了海滨蒙特猗的市长。这位马德兰正是苦役犯冉阿让。

暗探沙威接受了巴黎警察厅的任务,被安插到海滨蒙特猗警察局工作,暗中访察马德兰市长的来历和他真实的面目。

芳汀在马德兰工厂当女工,隐匿了自己的过去,但她的秘密被一个长舌妇人维克杜尼昂夫人知道了,她向车间女管理员告密。管理员遵照马德兰先生在招收工人时提出的条件,把芳汀当作"不诚实的女人"解雇了。从此,芳汀连女儿的寄养费也无法按月寄去。最后,沦落为妓女,而且还得了肺病。

一位绅士在街头侮辱芳汀,芳汀回骂了几句,刚好被警察沙威看见了,他要判芳汀六个月监禁。马德兰市长出来解围,命令沙威放了她,并把她接到自己家里养病,替她还清了一切债务,还准备把她多年分离的女儿接来。

可是,正在这时发生了一桩意外的事。一位叫商马第伯伯的穷人,因偷了人家制酒的苹果被捕了。监狱看守把商马第看作了冉阿让。

另两个被判终身监禁的囚犯也断定商马第就是冉阿让。这样沙威多年要侦察的冉阿让竟在监狱里了。

这时，马德兰市长思想斗争十分激烈，因为他就是冉阿让。最后，他选择了去投案，搭救那个蒙受不白之冤的人。他到阿拉斯法庭上公开了自己原来的身份，于是商马第伯伯得到了释放。

沙威奉命逮捕冉阿让。冉阿让要求宽限三天，等他去把芳汀孩子接来和芳汀团聚后再进监狱，但沙威不肯，他抓住冉阿让衣领，穷凶极恶地骂冉阿让是土匪、贼、苦役犯。为此，重病的芳汀被吓死。之后，冉阿让被捕，直至1823年11月，他爬上战船阿利雍号的桅杆上搭救一个水手时，装着失足落水的样子，泅水逃走了。

冉阿让把珂赛特带往巴黎，在一个荒僻的地段，租了间房子住了下来。在那里他总是拣那些最偏僻的胡同走，经常和珂赛特一道。他把钱施舍给叫化子。一次当他把钱塞给一个老乞丐时，他认出这乞丐竟是化了装的沙威。冉阿让被沙威发现后，连夜带着小珂赛特逃跑，脱离了险境。

巴黎一个叫吉诺曼的老人有两个女儿，大女儿五十岁还未出阁；二女儿嫁给了拿破仑手下的一个军官乔治·彭眉胥，吉诺曼绅士原不同意这门亲事，因他自己是个保皇党人。王政复辟后，他称女婿为"匪徒"，并和他们断绝了往来。不久，他二女儿死了，遗下一个孩子叫马吕斯。吉诺曼老人便蛮不讲理地把外孙夺走了。

马吕斯从小受到保皇主义观点的熏陶。他一直认为父亲并不爱他。1827年，一天父亲病得很重，当他赶到维尔农时，父亲已死了。他留给马吕斯一份遗书，遗书上说，在滑铁卢战场上，他因作战勇敢，拿破仑曾亲自封他为男爵，而王政复辟后，王室否定了他用鲜血换来的爵位，但他认为马吕斯继承他的爵位是当之无愧的。同时，他要马吕斯记住，在那次战役中，有个叫德纳

形象感受

冉阿让是一个本性善良的劳动者，但是社会的残害、法律的黑暗、现实的冷酷使他盲目对社会进行报复，以致犯下了真正使他终身悔恨的错事，而这种悔恨又导致一种更深刻的觉悟，成为他精神发展的全新起点，最终促使他的精神人格上升到了崇高境界。他的传奇一生充分体现了劳动人民各种优秀的品质。

警察沙威毕生的理想就是维护法律的尊严，决不放过任何一个违反法律的人，于是他老是如幽灵一样跟着冉阿让，随时随地注意冉阿让的一言一行。最后冉阿让救了沙威一命之后，使得沙威陷入了深深的矛盾之中。沙威是统治阶级法律与意志的代表，但是，在他身上也闪耀着人道主义的光芒。

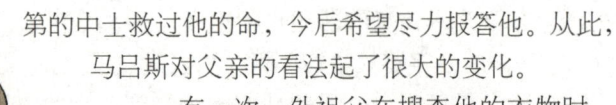

第的中士救过他的命,今后希望尽力报答他。从此,马吕斯对父亲的看法起了很大的变化。

有一次,外祖父在搜查他的衣物时,发现了马吕斯经常佩戴在胸前的父亲的遗书。老绅士大发雷霆,马吕斯顶撞了他几句,还冲着外祖父的面高喊打倒封建王朝的口号。吉诺曼气得发抖,把马吕斯从家里赶了出去,不许他再踏进家门。

那时正是1831年间,巴黎一批青年反对封建的波旁王朝,拥护共和政体,成立了一个秘密组织叫"ABC朋友社"。其中主要人物有安灼拉、公白飞、让·勃鲁维尔、赖格尔等。马吕斯流落到街头后,认识了赖格尔,并由赖格尔引进,结识了"ABC朋友社"的人们,参加了他们的讨论会,在那里他听到了许多新奇的观点。

马吕斯在卢森堡公园经常看到一个白发老人和一位年轻姑娘坐在靠椅上交谈。原来这便是冉阿让和已成人的珂赛特。马吕斯被珂赛特美貌所吸引,有一次还暗暗地跟踪到他们住处。冉阿让以为马吕斯是密探,过了不几天,他和珂赛特搬家了。

马吕斯租住在一幢叫戈尔博的老屋里,他的隔壁住着房客容德雷特一家人。原来这便是破产了的客店老板德纳第,他从孟费眉搬到巴黎来了,过着诈骗的生活。有一天,德纳第叫女儿在教堂里向一位慈善家恳求布施,那慈善家见她可怜,便买了衣物带了他美丽的女儿来拜访德纳第一家。马吕斯认出这位慈善家和他的女儿,正是那个白发老人和年轻姑娘。

名句精华

人类社会是否有权使它的成员在某种情况下接受它那种无理的不关心态度,而在另一种情况下又同样接受它那种无情的不放心态度,并使一个穷苦的人永远陷入一种不是缺乏(工作的缺乏)就是过量(刑罚的过量)的苦海中呢?贫富的形成往往由于机会,在社会的成员中,分得财富最少的人也正是最需要照顾的人,而社会对他们恰又苛求最甚,这样是否合乎情理呢?

他正陷入这种思想紊乱的时刻,在他的脑子里有一种看不见的、来来去去的东西。他的旧恨和新仇在心里翻来倒去,凌乱杂沓,漫无条理,既失去它们的形状,也无限扩大了它们的范围,随后又仿佛忽然消失在一股汹涌的浊流中。他想到许多事,但是其中有一件却反反复复出现,并且排除了其余的事。

由于房内很黑，冉阿让没能认出这个孟费眉的恶棍。德纳第却认出了冉阿让，他要求冉阿让代他付六十法郎的房租，冉阿让答应了，但他身边只有五法郎，约定晚上六时，他亲自把钱送来。

　　德纳第把冉阿让的二度光临，当作进行绑架和诈骗的好机会，他串通了地下黑帮，准备了作恶的凶器……这一切都被马吕斯看在眼里，他决定要搭救冉阿让父女，最后他到警局去报告，接待他的恰好是侦探沙威。沙威交给马吕斯一支手枪，要他在墙洞里观察事情的进展，在紧急时鸣枪警告，他会带警察包围那所房子。

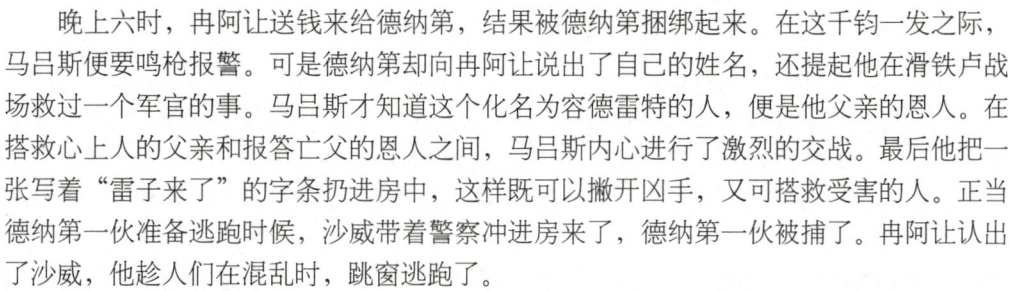

　　晚上六时，冉阿让送钱来给德纳第，结果被德纳第捆绑起来。在这千钧一发之际，马吕斯便要鸣枪报警。可是德纳第却向冉阿让说出了自己的姓名，还提起他在滑铁卢战场救过一个军官的事。马吕斯才知道这个化名为容德雷特的人，便是他父亲的恩人。在搭救心上人的父亲和报答亡父的恩人之间，马吕斯内心进行了激烈的交战。最后他把一张写着"雷子来了"的字条扔进房中，这样既可以撤开凶手，又可搭救受害的人。正当德纳第一伙准备逃跑时候，沙威带着警察冲进房来了，德纳第一伙被捕了。冉阿让认出了沙威，他趁人们在混乱时，跳窗逃跑了。

　　1832年6月，共和主义者在巴黎举行起义。马吕斯是这次起义的领导人之一。冉阿让也参加了战地救护工作。这时，充当政府奸细的沙威混入了街头堡垒，被起义者抓获，交给冉阿让去执行枪决。冉阿让却以德报怨，把这个害了他一生的暗探偷偷地放跑了。

　　马吕斯在战斗中受了重伤。冉阿让把他从下水道里救了起来，不幸的是，他们遇上了沙威，但这次沙威却一反常态，放走了冉阿让和马吕斯。由于沙威此举严重失职，在极度矛盾中，沙威跳塞纳河自杀了。

　　马吕斯爱上了珂赛特，和外祖父吉诺曼也和好了。但当马吕斯知道冉阿让的身世和一生的遭遇时，却认为他是一贯犯法的坏人，和珂赛特离开了他。后来，马吕斯从德纳第那里了解到冉阿让一生所做的好事，才懊悔对老人的粗暴态度，和珂赛特又回到冉阿让身边。这时冉阿让已卧病在床，奄奄一息了。

情感体验

　　作品以冉阿让向资产阶级社会强加在他头上的迫害、向不断威胁他的资产阶级法律作斗争为内容，他的全部经历与命运，都具有一种崇高的悲怆性。但同时我们也可以从《悲惨世界》感受到作者所推崇人道主义，无论是芳汀、珂赛特，还是冉阿让等其他社会下层人物的不幸与苦难都渗透着作者真诚的、无处不在的人道主义同情。其目的就是说明："仁爱"感化是改造社会的一个重要途径。

百年孤独

霍·阿·布恩迪亚是西班牙人的后裔，住在远离海滨的一个印第安人的村庄。他后来与乌苏拉结婚。由于害怕像姨母与叔父结婚那样生出长尾巴的孩子，乌苏拉每夜都穿上特制的紧身衣，拒绝与丈夫同房，因此遭到邻居阿吉拉尔的耻笑，霍·阿·布恩迪亚杀死了阿吉拉尔。从此，死者的鬼魂经常出现在他眼前，鬼魂那痛苦而凄凉的眼神使他日夜不得安宁。他们只好离开村子，外出寻找安身之所，

经过了两年多的奔波，来到一片滩地上，由于受到梦的启示决定定居下来。后来又有许多人迁移至此，建立村镇，这就是马孔多。布恩迪亚家族在马孔多的历史由此开始。

霍·阿·布恩迪亚是个极富创造性的人，他从吉卜赛人那里看到磁铁，便想用它来开采金子。看到放大镜可以聚焦太阳光，便试图研制出一种威力无比的武器。他从吉卜赛人那里得到航海用的观仪和六分仪，通过实验认识到"地球是圆的，像橙子"。他不满于自己所过的贫穷落后的生活，向妻子抱怨说："世界上正在发生不可思议的事情，咱们旁边，就在河流对岸，已有许多各式各样神奇的机器，可咱们仍在这儿像蠢驴一样过日子。"因为马孔多隐没在宽广的沼泽地中，与世隔绝，他决心要开辟出一条道路，把马孔多与外界的伟大发明连接起来。

他带一帮人披荆斩棘干了两个多星期，却以失败告终。他痛苦地说："咱们再也去不了任何地方啦，咱们会在这儿活活地烂掉，享受不到科学的好处了。"后来他又沉迷炼金术，整天把自己关在实验室里。由于他的精神世界与马孔多狭隘、落后、保守的现

作者及作品简介

《百年孤独》作者加西亚·马尔克斯（1928— ），他是哥伦比亚著名小说家、随笔作家、新闻与电影工作者。主要作品有长篇小说《枯枝败叶》《百年孤独》《家长的没落》《霍乱时期的爱情》等，短篇小说集《格兰德大妈的葬礼》《蓝宝石的眼睛》《12篇异国旅行的故事》，报告文学《米格尔·利丁历险记》等。于1982年获得诺贝尔文学奖。

《百年孤独》以魔幻主义的手法，描写了布恩迪亚一家七代人充满神奇色彩的坎坷经历和马孔多这个小镇一百多年来从兴建、发展、鼎盛乃至消亡的历史，并从中艺术地再现了作家童年时代眼中的世界。以复杂的背景和离奇的情节超越于整部拉美文学史之上，其中充满了理想的光辉。对光荣与梦想的憧憬，对爱与自由的崇拜，创伤后的不屈和灵魂的不朽亦超越于虚幻的手法之上，都在这篇小说中找到了完美无缺的归宿。

实格格不入,他陷入孤独之中不能自拔,以至于精神失常,被家人绑在一棵大树上,几十年后才在那棵树上死去。乌苏拉成为家里的顶梁柱,她活了近120岁。

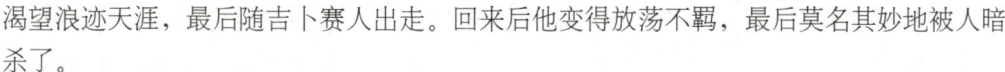

布恩迪亚家族的第二代有两男一女。老大霍·阿卡迪奥是在来马孔多的路上出生的,在那里长大,像他父亲一样固执,但没有他父亲那样的想象力。他和一个叫皮拉苔列娜的女人私通,有了孩子,十分害怕,后来与家里的养女蕾蓓卡结婚。但他一直对人们怀着戒心,渴望浪迹天涯,最后随吉卜赛人出走。回来后他变得放荡不羁,最后莫名其妙地被人暗杀了。

老二奥雷连诺生于马孔多,在娘肚里就会哭,睁着眼睛出世,从小就赋有预见事物的本领,少年时就像父亲一样沉默寡言,整天埋头在父亲的实验室里做首饰。长大后爱上镇长千金雷梅苔丝,在此之前,他与哥哥的情人生有一子,名叫奥雷连诺·霍。妻子暴病而亡后,他参加了内战,当上上校。他一生遭遇过十四次暗杀、七十三次埋伏和一次枪决,均幸免于难,当他认识到这场战争是毫无意义的时候,便与政府签订和约,停止战争,然后对准心窝开枪自杀,可他却奇迹般地活了下来。

他与十七个外地女子姘居,生下十七个男孩。这些男孩以后不约而同回马孔多寻根,却在一星期内全被打死。奥雷连诺年老归家,和父亲一样对炼金术痴迷不已,每日炼金子做小金鱼,每天做两条,达到二十五条时便放到锅里熔化,重新再做。他像父亲一样过着与世隔绝、孤独的日子,一直到死。

老三是女儿阿马兰塔,爱上了意大利技师,因爱情的不如意,她故意烧伤一只手,终生用黑色绷带缠起来,决心永不嫁人。但她内心感到异常孤独、苦闷,甚至和刚刚成年的侄儿厮混,想用此作为"治疗病的临时药剂"。然而她终于无法摆脱内心的孤独,她把自己终日关在房中缝制殓衣,缝了拆,拆了缝,直至生命的最后一刻。

第三代人只有霍·阿卡迪奥

> **探究性阅读**
>
> 《百年孤独》以"变现实为幻想而又不失其真"的魔幻现实主义创作原则,经过巧妙的构思和想象,把触目惊心的现实和源于神话、传说的幻想结合起来,形成色彩斑斓、风格独特的图画,把读者引进了这个奇特的地方,使读者在"似是而非,似非而是"的形象中,获得一种似曾相识又觉陌生的感受,从而激起寻根溯源去追索作家创作真谛的愿望。此外,作者把自己的远见卓识和非凡的艺术才华与拉丁美洲的社会现实完美地结合起来,让我们感受到了魔幻现实主义文学的魅力。

的儿子阿卡迪奥和奥雷连诺的儿子奥雷连诺·霍。前者不知生母为谁，竟狂热地爱上自己的生母，几乎酿成大错，后来成为马孔多的从未有过的暴君，贪赃枉法，最后被保守派军队枪毙。后者过早成熟，热恋着自己的姑母阿马兰塔，因无法得到满足而陷入孤独之中，于是参军。进入军队之后仍然无法排遣对姑母的恋情，便去找妓女寻求安慰，借以摆脱孤独，最终也死于乱军之中。

第四代即是阿卡迪奥与人私通生下的一女两男。女儿俏姑娘雪梅苔丝楚楚动人，她身上散发着令人不安的气味，这种气味曾将几个男人置于死地。她总愿意裸体，把时间耗费在反复洗澡上面，尽管她很漂亮，但因不懂家务，不晓世事得不到人们的信任和理解，因此只能"在孤独的沙漠里徘徊"。最后神奇地抓着一个雪白的床单乘风而去，永远消失在空中。

她的孪生弟弟分别叫阿卡迪奥第二和奥雷连诺第二。阿卡迪奥第二在美国人开办的香蕉公司里当监工，鼓动工人罢工，成为劳工领袖。后来，他带领三千多人罢工，遭到军警的镇压，三千多人只他一人幸免。他目击政府用火车把工人们的尸体运往海边丢到大海，又通过电台宣布工人们暂时调到别处工作。阿卡迪奥四处诉说他亲历的这场大屠杀揭露真相，反被认为神志不清。他无比恐惧失望，把自己关在房子里潜心研究吉卜赛人留下的羊皮手稿。吃饭、睡觉、大小便全在一间房内，弄得臭气熏天，一直到死他都待在这个房间里。

形象感受

乌苏拉是布恩迪亚家族历史的见证者，她在第六代出生之后离开人世。她为整个家族操劳了一生，当丈夫为他所迷恋的东西完全吸引的时候，她尽心地管理着香蕉、茄子、丝兰、海芋和南瓜。当她突然发现家中人满为患，孩子们也即将结婚生儿育女时，能够拿出常年辛苦挣的积蓄着手建造房子。而且直到她的晚年即使是在眼瞎了之后，乌苏拉仍在辛勤地忙碌着。乌苏拉身上体现的是一种善良、勤奋、勇敢和伟大的母爱。

名句精华

多年以后，奥雷连诺上校站在行刑队面前，准会想起父亲带他去参观冰块的那个遥远的下午。当时，马孔多是个二十户人家的村庄，一座座土房都盖在河岸上，河水清澈，沿着遍布石头的河床流去，河里的石头光滑、洁白，活像史前的巨蛋。这块天地还是新开辟的，许多东西都叫不出名字，不得不用手指指点点。

就在这时，他看到了自己的儿子只剩下一块皱巴巴的咬烂了的皮肤，从四面八方聚集拢来的一群蚂蚁正把这块皮肤沿着花园的石铺小径，往自己的洞穴尽力拖去。奥雷连诺·布恩迪亚一下子呆住了，但不是由于惊讶和恐惧，而是因为在这个奇异的一瞬间，他感觉到了最终破译梅尔加德斯密码的奥秘。他看到过羊皮纸手稿的卷首上有那么一句题词，跟这个家族的兴衰完全相符："家族中的第一个人将被绑在树上，家族中的最后一个人将被蚂蚁吃掉。"

可是还没有译到最后一行，他就明白自己已经不能跨出房间一步了，因为按照羊皮纸手稿的预言，就在奥雷连诺·布恩蒂亚译完羊皮纸手稿的最后瞬间，马孔多这个镜子似的（或者蜃景似的）城镇，将被飓风从地面上一扫而光，将从人们的记忆中彻底抹掉，羊皮纸手稿所记载的一切将永远不会重现，遭受百年孤独的家族注定不会在大地上第二次出现了。

奥雷连诺第二没有正当的职业，终日纵情酒色，弃妻子于不顾，在情妇家中厮混。奇怪的是每当他与情妇同居时，他家的牲畜迅速地繁殖，给他带来了财富，一旦回到妻子身边，便家业破败。他与妻子生有二女一男，最后在病痛中与阿卡迪奥一同死去，从生到死，人们一直没有认清他们兄弟俩谁是谁。

布恩迪亚家族的第五代是奥雷连诺第二的二女一男，长子何赛·阿卡迪奥儿时便被送往罗马神学院去学习，母亲希望他日后能当主教，但他对此毫无兴趣，只是为了那假想中的遗产，才欺骗母亲说他在神学院学习。母亲死后，他回家靠变卖家业为生。后发现乌苏拉藏在地窖里的七千多个金币，从此过着更加放荡的生活，不久便被抢劫金币的歹徒杀死。

大女儿梅·雷梅苔丝爱上了香蕉公司汽车库的机修工毛里西奥·巴比洛尼亚，母亲禁止他们来往，他们只好暗中在浴室相会，母亲发现后以偷鸡贼为名打死了毛里西奥·巴比洛尼亚。梅万念俱灰，

怀着身孕被送往修道院。

小女儿阿马兰塔·乌苏娜早年在布鲁塞尔上学,在那里与资产者加斯东结婚,婚后二人回到马孔多,见到一片凋敝,决心重整家园。她朝气蓬勃,充满活力,仅三个月就使家园焕然一新。她的到来使马孔多出现了一个最特别的人,她的情绪比家族的人都好,她想把一切陈规陋习打入十八层地狱。她决定定居下来,拯救这个灾难深重的村镇。

布恩迪亚家的第六代是梅送回的私生子奥雷连诺·布恩迪亚。他出生后一直在孤独中长大。他唯一的嗜好是躲在吉卜赛人梅尔加德斯的房间里研究各种神秘的书籍和手稿。他甚至能与死去多年的老吉卜赛人对话,并受到指示学习梵文。他一直对周围的世界漠不关心,但对中世纪的学问却了如指掌。他不知不觉地爱上了姨母阿玛兰塔·乌苏娜,并发生了乱伦关系,尽管他们受到了孤独与爱情的折磨,但他们认为他们毕竟是人世间唯一最幸福的人。后来阿玛兰塔·乌苏娜生下了一个男孩——他是百年里诞生的布恩迪亚当中唯一由于爱情而受胎的婴儿,然而,他身上竟长着一条猪尾巴。阿玛兰塔·乌苏娜也因产后大出血而死。

那个长猪尾巴的男孩就是布恩迪亚家族的第七代继承人。他被一群蚂蚁围攻并被吃掉。就在这时,奥雷连诺·布恩迪亚终于破译出了梅尔德斯的手稿。手稿卷首的题词是:"家庭中的第一个人将被绑在树上,家族的最后一个人将被蚂蚁吃掉。"原来,这手稿记载的正是布恩迪亚家族的历史。在他译完最后一章的瞬间,一场突如其来的飓风把整个儿马孔多镇从地球上刮走,从此这个村镇就不复存在了。

情感体验

《百年孤独》通过对布恩迪亚家庭七代人,以及马孔多小镇的兴衰消亡过程的描写,全面、深刻地反映了哥伦比亚乃至整个拉丁美洲的历史演变和现实生活,揭示了拉丁美洲民族深层的文化和心理特征——孤独精神,这种孤独不仅弥漫在布恩迪亚家族和马孔多镇,而且渗入了狭隘思想,成为阻碍民族向上、国家进步的一大包袱。作家写出这一点是希望拉美民众团结起来,共同努力摆脱孤独,从而表达了作者对于拉丁美洲民族命运的深层思考和热情关注。

静静的顿河

在紧靠顿河边上的鞑靼村，有三百户人家，绝大多数都是哥萨克人。麦列霍夫家住在村头靠顿河北岸，潘苔莱和妻子年事已高，大儿子彼得罗和媳妇达丽亚已有一个孩子。爱女杜妮亚身材匀称，美丽善良。小儿子葛利高里有一对略微发蓝的眼睛，身材很高，有点驼背，笑的时候表情显得粗野，他爱上了邻居斯杰潘的妻子阿克西妮亚。阿克西妮亚常受到丈夫的虐待，在家除了沉重的劳作外，几乎享受不到其他任何乐趣，更不用说爱情了。所以在斯杰潘入营去参加军事训练期间爱上了葛利高里。

葛利高里倔强而满怀希望地追求着阿克西妮亚，无论潘苔莱如何恐吓和乡亲们如何议论，他俩的感情还是达到了炽热的程度，并且公开同居了。斯杰潘回家后得知此事毒打了妻子，又与葛利高里恶斗一场，仍阻止不了这对情人的暗中来往。

潘苔莱为了拴住儿子的心，找到米伦的女儿娜塔莉雅求亲，米伦嫌潘苔莱家不富裕，又听说葛利高里名声不好，所以迟疑不决，但女儿执意要嫁葛利高里，米伦只得答应。婚后，葛利高里并不爱他的妻子，他还是忘不了阿克西妮亚。葛利高里受了父亲一顿痛

作者及作品简介

《静静的顿河》作者米哈依尔·亚历德罗维奇·肖洛霍夫（1905—1984），他是前苏联最著名的作家之一，作品有《顿河故事》《在顿河》《在哥萨克集体农庄里》《战争》《被开垦的处女地》《祖国颂》《斗争在继续》等，其中长篇小说《静静的顿河》是肖洛霍夫的代表作。

他的创作以广阔的政治视野、敏锐的感受和独特的艺术风格，广泛而真实地再现了苏联人民在社会主义革命、社会主义建设，以及保卫祖国的几个重大历史转折时期里的生活和斗争，对苏联和世界文坛产生了较大的影响。

《静静的顿河》是苏联作家肖洛霍夫的一部力作。此书共分为四部，作家从1928年开始直至1940年，共用了12年的时间才创作完成。这部作品一经问世，立刻受到国内外的瞩目，被称作"苏联文学还没有遇到同它相比的小说"。1941年获斯大林奖金，1965年肖洛霍夫因此书而获得了诺贝尔文学奖，成为第一位获此殊荣的苏联作家。

《静静的顿河》的背景是两次战争（第一次世界大战爆发和苏联的国内革命战争）和两次革命（二月革命和十月革命），小说的情节基础是哥萨克青年葛利高里的悲剧命运，以及哥萨克群体（尤其是葛利高里一家）在动荡的历史年代中的变迁。

斥就带着阿克西妮亚私奔到邻村地主家当雇工。阿克西妮亚很快就怀孕了，生了一个女儿。这时，痛苦和凌辱使娜塔莉雅失去了生活的勇气，曾经自杀未遂，经潘苔莱再三请求，她才回到婆家。

葛利高里入伍后第一次回家休假，发现阿克西妮亚与地主家当军官的少爷尤金勾搭成奸，女儿又得病死了，盛怒之下他痛打了一顿阿克西妮亚。然后回到家中，请求娜塔莉雅的原谅，两人言归于好，不久娜塔莉雅为他生了一男一女双胞胎。

一个名叫施克托曼的外乡人来村里铁匠铺安家，他是个工人，参加过1905年的革命，不久成为了布尔什维克。他以铁匠铺为据点，把贫穷的哥萨克群众聚集在一起，他向他们讲述哥萨克的历史，介绍农民起义领袖普加乔夫·拉辛的事迹，揭露哥萨克集团是沙皇雇佣的王位保护人。后来，他们成立了一个有十个哥萨克人参加的核心小组。

第一次世界大战爆发，葛利高里、珂晒沃依、伊万等人应征入伍。这是一场"人们糊里糊涂互相残杀的战争"，顿河沿岸的市镇和村庄都荒凉起来了。葛利高里在军队中勇敢杀敌，被授予十字勋章，成了村中第一个骑士。在部队中遇到哥哥彼得罗和情敌斯杰潘。斯杰潘屡次想谋害他，但都无法下手，在一次战斗中葛利高里救了斯杰潘，两人和好。

在一次战斗中，葛利高里负伤救出龙骑兵团长，得到乔治十字勋章，升成了下士。在医院里，他遇见机关枪手布尔什维克贾兰沙。贾兰沙尖锐揭露帝国主义战争的实质，猛烈嘲笑专制政体，这些逐渐破坏了葛利高里以前对沙皇、祖国和哥萨克军人天职的概念。当皇亲贵族到医院参观时，葛利高里对这些脑满肠肥的人充满了仇恨。

重返前线时，他牢牢地保持着哥萨克的传统，忘我地勇敢，疯狂地冒险，在战争初期对人类的痛惜心情已一去不复返了，他的心肠变硬了。他冷淡而蔑视地玩弄别人和自己的生命，得到了四枚乔治十字勋章和四枚其他奖

探究性阅读

《静静的顿河》是一部气势雄浑的史诗性作品，作家的笔触伸向了广阔的空间，波澜壮阔的历史事件和丰富深邃的人物命运水乳交融；在叙事方式上，小说突破了悲剧的传统模式，没有刻意制造的悲剧效果，却将读者引向更为深远和开阔的精神境界；小说中人物众多，个性鲜明，男女主人公塑造得丰满而有深度；作者厚实的生活积累使得作品的画面极为生动，关于哥萨克习俗细节的描写和民歌民谣的运用，又使得作品充满了顿河乡土气息。

章。但是,他很难像从前一样欢笑了,因为他知道自己对这些勋章和几次升级所付出的代价。工人、布尔什维克彭楚克在军队中宣传列宁主义,主张让俄国在战争中失败,建立无产阶级专政,他周围的机枪手们都拥护布尔什维克。由于艰苦、思乡和布尔什维克的思想工作,前线士兵已处于瓦解状态。

不久,克伦斯基临时政府取代了沙皇。接着,十月革命胜利,建立苏维埃政权,珂晒沃依、伊万等人回到了鞑靼村。这年12月,科尔尼洛夫、邓尼金等希望依靠反动的顿河人的支持,建立一个顿河流域自治政府,许多人加入了反革命武装,国内战争开始了。顿河流域遭到了前所未有的严重的痛苦和灾难,这里成为革命与反革命争夺的战场,鞑靼村的哥萨克百姓像被犁耕过一样,一些人倒向红军,另一些人倒向白军。

葛利高里和彼得罗都成为红军的军官,彼得罗心狠手辣,滥杀无辜,看到彼得罗下令处死全部俘虏时,他的眼中充满了泪水。他曾向往着的布尔什维克,这时又犹豫、心冷了。他不辞而别,决定回家养伤。红色政权接管了村子,此时他对阿克西妮亚已无丝毫恋情,而对娜塔莉雅渐生好感,快活的红晕使娜塔莉雅变得更加美丽。不久,反革命叛军又来到鞑靼村,打退了红军,鞑靼村又被叛军占领了。米伦任村长,最初葛利高里被选为村里的哥萨克军事头目,由于他参加过红军,后改由彼得罗担任

形象感受

葛利高里是一个剽悍的青年哥萨克,他出身中农,参加过帝国主义战争,十月革命后又被裹进革命洪流,但不久又陷入反革命泥坑,参加了白匪,最后毁灭了自己。在葛利高里身上,一方面可以看到哥萨克中下层人民的优秀品质,另一方面他又受到哥萨克落后的传统和道德偏见的影响,盲目崇拜军人荣誉,从而,造成了他认识真理和接受革命的艰难。葛利高里的矛盾和痛苦显然与他所属的那个特定的群体不可分开。

名句精华

　　一钩朦胧的新月忽然从云层里钻出来，有几秒钟的工夫，闪着黄色的磷光，可是立刻又像鲫鱼一样钻进浮云中去，等再度浮上明净的夜空时，洒下一片朦胧的月色；湿淋淋的松针闪烁着点点磷光，——月光下，松针散发出来的气味似乎更浓烈了，潮湿的土地透出的寒气更加刺骨。

　　黑石崖对面的深渊里，鲢鱼早已在深深的水底枯树上蛰伏起来，鲢鱼上边是遍身黏液的鲤鱼，只有白鱼还在顿河的激流里遨游，还有鲈鱼在冰窟窿里乱窜，追逐着小鱼。鲟鱼都伏在河底的细沙上。打鱼的人正在等待着更厉害的、更猛烈的严寒，好在初结的冰上，用铁镐刨洞捕捉这种珍贵的鱼。

　　又过了些日子——五月里，野雁群集在小神龛旁边搏斗，在浅蓝色的苦艾丛中斗出一块幽会的地方，踩蹋了附近一片碧绿的、正在成熟的冰草：它们为了争夺母雁，为了生存、爱情和繁殖后代的权利而拼搏。过了不久，仍旧是在这儿的小神龛旁边，在一丛乱蓬蓬的老苦艾下面的一个土墩里，母雁生了九只蓝灰色的蛋，它趴在这些蛋上，用自己的身上的温暖孵化着它们，用灿烂夺目的翅膀保护着它们。

这个职务。

　　葛利高里厌倦了战争，返回了鞑靼村，他逐渐对娜塔莉雅冷淡下来，而对阿克西妮亚仍念念不忘，返回部队前，他在顿河边上遇见了阿克西妮亚，两人相视许久，又燃起了爱情的火花。

　　这时村苏维埃政权建立，大批红军被派了过来，击退了叛军，上级又向富户摊军粮，村里传遍了要把哥萨克全部消灭掉的消息，沿岸各村庄的哥萨克们都暴动起来了。施克托曼认为：我们不杀他们，他们就杀我们，没有第三条路。米伦、彼得罗被枪毙，潘苔莱、葛利高里被列入逮捕名单。葛利高里怀着盲目的仇恨，决心一定要把红军从哥萨克土地上驱逐出去，他心里又发生着矛盾："这是财主和穷人的斗争，并不是哥萨克和俄罗斯的斗争……珂晒沃依和伊万也是哥萨克……"但是他又狠狠地赶走了这些念头。施克托曼和伊万在暴动时惨遭杀害，珂晒沃依逃走去找红军。

　　在彼得罗被杀后，葛利高里变得凶狠残暴，他把抓到的三十个俘虏全部杀掉为彼得罗报仇。在叛军里，他由团长升为师长，望着这支大部队，他想：我率领他们去反对谁呢？谁是对的呢？在一次战斗中，他砍死了四个红军，然而自己却突然倒在雪地上哭泣起来，喊叫着："我杀死的是什么人呀？弟兄们，不能

情感体验

长篇小说《静静的顿河》以战争为背景,其情节基础是哥萨克青年葛利高里的悲剧命运,以及哥萨克群体(尤其是葛利高里一家)在动荡的历史年代中的变迁。从而,真实地再现了顿河地区苏维埃政权建立过程中所经历的尖锐、复杂、激烈的斗争,揭露了哥萨克旧制度、旧势力的腐朽罪恶,歌颂了布尔什维克和革命哥萨克的高尚品格和英雄气概,也表现了苏维埃政权在当时的某些过火行为和政策错误带来的严重后果。

饶恕我!为了上帝,砍死我吧……"此后,他带着负罪心情,释放了被关押的二百多名红军家属,营救被俘的红军朋友,并用酗酒和放荡来驱逐自己沉重的精神负担。

他想带着阿克西妮亚随白军逃到海外去,但未成功,又带着赎罪感参加红军布琼尼骑兵师,任连长。在与白军作战的过程中他表现英勇,由此受到了嘉奖,不久后复员回到了鞑靼村。

这时,葛利高里的家完全变了样,父母、妻子都已死了,杜妮亚和村苏维埃主席珂晒沃依结了婚,孩子由阿克西妮亚带着。珂晒沃依坚持要葛利高里去登记,葛利高里惧怕肃反委员会清算旧账,再度出走,被迫加入了从红军中叛变出来的弗明的队伍。1922年春,弗明想组织哥萨克人反对共产党,但叛乱很快被镇压了。葛利高里再次带领阿克西妮亚潜逃时,阿克西妮亚在途中中弹身亡,他就像狼一样在森林里流浪。最后,他回到村里,孤独地站在自家的门口,抱住了儿子,他不愿再失去这世上唯一的亲人。

日瓦戈医生

尤拉·日瓦戈在十岁时就成了孤儿。他的舅舅尼古拉领走了他。舅舅是自愿还俗的牧师,不久尼古拉到彼得堡去,把尤拉托付给格罗梅科教授照料,日瓦戈和教授的女儿东尼娅成了朝夕相处的伙伴。尤拉读的是医学系;东尼娅读的是法律系。尤拉天分很高,对哲学、艺术、文学和历

史都有浓厚的兴趣,并有很好的写作才能。大学毕业后,尤拉成了日瓦戈医生,并同东尼娅结了婚,生了一个男孩。第一次世界大战爆发,俄国军队急需医务人员,日瓦戈医生应征入伍。

拉拉是个聪明活泼、妩媚迷人的姑娘,她时常同妈妈开的成衣店的女工去外婆家玩,在这里拉拉认识了养路工之子帕沙·安季波夫。拉拉十六岁那年被妈妈的情夫科马罗夫斯基诱奸了,拉拉懊悔到了极点。充当母亲情人的情妇简直是受熬煎,拉拉再也无法忍受。第二年春天,她离开家去做家庭教师。拉拉挣钱后,便偷偷给在西伯利亚流放的帕沙的父亲寄钱,资助帕沙生病的母亲,并替帕沙交付食宿费。

帕沙热恋着拉拉,拉拉幻想他们大学毕业后结婚。拉拉的弟弟把同学们凑起来替武备学校教官买纪念品的钱赌博输掉了,他请姐姐向科马罗夫斯基要这笔钱。拉拉在圣诞

作者及作品简介

《日瓦戈医生》作者鲍里斯·列昂尼德维奇·帕斯捷尔纳克(1890—1960),俄罗斯著名作家,生于莫斯科一个艺术家家庭,父亲是著名的肖像画家,母亲是著名的钢琴家。

早期以诗歌创作为主,1914年出版了第一部诗集《云雾中的双子星座》,之后又发表了《在街垒上》《生活,我的姐妹》《崇高的疾病》等诗作。20世纪30年代起以小说创作为主,先后发表了《旅行护理》《斯彼克托尔斯基》《重生》等作品。卫国战争之后的1948年,他开始创作《日瓦戈医生》,1956年完成并在次年发表后,轰动国内外,并使作家在1958年获得诺贝尔文学奖。

《日瓦戈医生》最显著的特点是贯穿始终的浓厚的人道主义精神。小说的人道主义精神首先在于推崇人性的高贵、自由和纯洁,塑造了日瓦戈、拉拉这样两个"纯洁之美的精灵"的形象。此外,小说中的人道主义精神还表现在同情人民的灾难,抨击旧制度的腐朽等方面。

节那天做出决定:向科马罗夫斯基索取一笔钱。拉拉赶到斯文季茨基家,因为科马罗夫斯基到这里参加圣诞晚会,科马罗夫斯基正在小客厅和高级法院副检察官打牌,拉拉几次站在小客厅门口想引起科马罗夫斯基的注意,但科马罗夫斯基没注意到或装作没注意到,拉拉遏制不住心头怒火,掏出手枪朝科马罗夫斯基开了一枪,子弹没打中科马罗夫斯基,却擦伤了副检察官的左手,拉拉当场被人抓住。帕沙知道拉拉开枪射击科马罗夫斯基后异常痛苦,他原以为拉拉同科罗夫斯基漠不相干,没想到拉拉开枪打他,他反而替她开脱,并替她找安身之处,可见他们之间有外人不知的隐私。但帕沙仍然热烈地爱着拉拉,不愿同她分离,他们很快结了婚。这一夜帕沙达到幸福的顶点,也陷入绝望的深渊。十天后他俩同时大学毕业,一同到乌拉尔尤利亚金市中学教书,随后他们生下了一个女孩。自从拉拉向帕沙倾吐了自己的身世后,他们之间产生了猜疑。可他仍热爱着她,但这也许并非爱情,而是对她美貌和善良天性的迷恋。他感到生活窒息,最后他走了,去了军校,很快又调到作战部队,当上了高级指挥官,并改名为斯特列利尼科夫。之后与妻子和女儿也失去联系。拉拉为了便于寻找丈夫,她在前线救护列车上当了一名护士。

这时日瓦戈医生也在前线野战医院里工作。日瓦戈曾经见过拉拉两次,一次是在拉拉母亲服毒自杀的小旅馆里,一次是在斯文季茨基家的圣诞晚会上,由此他觉得拉拉很不同寻常。但拉拉并不认识他,拉拉从病房里一个帕沙的童年伙伴那里打听到,帕沙已倒在战场上。她失去了最后的希望,决定回尤利亚金去。这时日瓦戈写的书,在莫斯科出版了,得到一致好评,

探究性阅读

作者通过一个旧派知识分子——日瓦戈医生的个人遭际,从一个全新的角度,发掘并表现了俄国两次革命(二月革命、十月革命)——与两次战争(第一次世界大战、国内战争)期间的宏大历史的另一侧面——斗争的残酷、毁灭的无情、个人的消极、革命中的失误,渲染了在革命背景下的个人悲剧。除此之外,小说还体现出人道主义的价值取向。小说所发出的信任人、爱护人的呼唤值得读者深思。

很快便销售一空,日瓦戈也想回莫斯科。但不论是拉拉还是日瓦戈都没走成,他们暂留下来并担任了一些重要任务。由于工作关系,日瓦戈同拉拉经常接触,但无个人交往,直到日瓦戈离开这里的前一天,他才向拉拉吐露了心意。拉拉说:"我最怕听的话您还是说出来了!多么可怕的迷途啊!您别再说了⋯⋯"日瓦戈乘火车返回莫斯科同家人团聚,他又回到参军前的医院工作。十月革命爆发了,几天后苏维埃政权宣布成立。日瓦戈所在的医院发生很大变化,一部分人被解雇,不少人辞职。但是日瓦戈一家已经贫困到快要饿死的地步。东尼娅和父亲决定搬到乌拉尔东尼娅外祖父的领地瓦雷金诺去,日瓦戈虽然反对,但仍动身随家人一道前往。

日瓦戈在瓦雷金诺时常到附近的尤利亚金市图书馆去看书。一次他在阅览室里看见拉拉借书。他从借书证上查到拉拉的住址,立即去找拉拉。他们都为再度重逢而感到高兴。

日瓦戈同拉拉越来越接近,有一天晚上他留在拉拉家里过了夜,日瓦戈对自己的行为万分懊悔。他想向东尼娅忏悔,但又割舍不下拉拉。一天他从尤利亚金返回瓦雷金诺的路上,被三名游击队员截住,他们强迫日瓦戈到游击队当医生。日瓦戈在游击队待了一年多。残酷的游击生活不仅使很多人患了病,也使他们的精神受到很大刺激。一批批的白军士兵倒下去,游击队不留俘虏,活捉的一律枪毙。日瓦戈再也无法在游击队里待下去,一天夜里他终于骗过哨兵逃跑了。

他走了一个半月到达尤利亚金市。他马上去找拉拉,但拉拉到瓦雷金诺去了。而东尼娅和父亲已带着孩子回莫斯科了。拉拉把瓦雷金诺房间整理好便回到尤利亚金,发现日瓦戈昏倒在床上。拉拉日夜精心照料日瓦戈,日瓦戈渐渐康复。拉拉把他被抓后发生的事讲给他听:东尼娅又生了个女儿,为纪念日瓦戈的母亲取名玛莎;红

形象感受

日瓦戈医生在小说中常常是软弱、渺小、无能为力的,他既没有顺应革命的洪流成为前沿斗士,更没有与邪恶的势力展开正面的交锋,他既不能保护自己的家人,也不能救助自己爱的人,最后追随心爱的人而去,日瓦戈医生的悲剧批判了革命中的过激政策。

军胜利后，拉拉的丈夫斯特列利尼科夫因为政治问题被追捕，由于受到牵连，拉拉的处境也很危险。日瓦戈很为拉拉操心，他们的两颗心紧紧靠在一起。

他俩决定还是躲到瓦雷金诺去，来到瓦雷金诺后同样无法生活，没有粮食，没有劈柴，怎么过冬呢？一旦从城里带来的粮食吃完，他们便会饿死。日瓦戈想在这儿写作或译书，靠稿费维持生活。他们在瓦雷金诺住了十二天，第十三天科马罗夫斯基来了，他要日瓦戈和拉拉跟他到远东去，日瓦戈和拉拉都不想走。科马罗夫斯基把日瓦戈叫到另一间房里，告诉他帕沙已经被捕并被处决，拉拉的性命危在旦夕，他请日瓦戈为了救拉拉装出准备同他们一起走的样子。日瓦戈为挽救拉拉性命只好照办，他对科马罗夫斯基说："为了她，我现在就告诉她我去套马，你们先走，我追赶你们，可我不走，一个人留下。"

日瓦戈目送拉拉他们的雪橇消失在树林尽头，不停地低声说："再见吧，我唯一的爱人，再见吧，我永远失去的爱人。"天快黑的时候，斯特列利尼科夫找到日瓦戈的住处。他们谈了很久，斯特列利尼科夫说自己被诬告，必须上军事法庭受审，其结果可想而知。他赶来想见妻子和女儿一面，可惜来迟了。他请日瓦戈马上离开这里，因为同他说过话，日瓦戈已经被牵连上了。追捕他的人越来越近，日瓦戈也会被捕的。日瓦戈告诉他拉拉

名句精华

在这永恒之夜，被同学们叫作"斯捷潘妮达"和"红颜女郎"的不久前的大学生安季波夫，既登上了幸福的顶峰，也沉入了绝望的深渊。他那疑团丛生的猜忌和拉拉的坦率承认相互交替。他提出了一个又一个的问题，而随着拉拉一次又一次的回答，他的心一次比一次更往下沉，仿佛跌入万丈深渊。他那遍体鳞伤的想象力已经跟不上她所吐露的新情况了。

战争、流血、恐惧，以及它带来的家园沦丧和斯文扫地，这就是新的因素。战争的考验及从中获得的精明的生活本领，也是这种新的成分。战争把他带到的这些边远小城镇和接触的那些人，同样是新鲜的。革命也是新的因素，当然不是1905年前不久大学里谈论的那种理想化的革命，而是现在这种诞生于战争之中并且带着血腥气的士兵们的革命。它在善于驾驭这种自发力量的布尔什维克的指引之下，把一切都不放在眼里。

长期的隔绝之后头一件真实的事就是在这列车上令人心荡神驰地一步步接近自己的家，那是地上的每一块小石子都无限珍贵的、至今还完好无缺地留在世上的自己的家。来到亲人面前，返回家园和重新生存，这就是以往的生活和遭遇，就是探险者的追求，也就是艺术的真谛。

一直爱他,他听了激动异常。第二天早上,日瓦戈发现,斯特列利尼科夫开枪自杀了。

日瓦戈从乌拉尔回到莫斯科。日瓦戈的弟弟叶甫格拉夫替他在附近租了一间房子。叶甫格拉夫还给哥哥很多钱,并答应把他安置在一家设备良好的医院里。他还准备替哥哥办理到巴黎探亲的护照。医院的手续尚未办妥,日瓦戈便利用这段时间整理文稿。医院的手续办妥了,日瓦戈在第一天上班的途中便倒在地上,从此再没站起来。

拉拉是前天来到莫斯科替女儿打听报考戏剧学院或音乐学院的手续的,因为女儿很有艺术才华。她还想向有关部门打听如何寻找以前失落的她与日瓦戈所生的小女儿。她沿着街道信步走去,无意中又看到帕沙当年住过的房子,不由向前走去。她曾真挚爱过,以后又永远失去的日瓦戈,竟躺在棺材里,她的灵魂受到猛烈震动。

情感体验

《日瓦戈医生》这一伟大的著作是一本充满了爱的书,是唯一能够在精神上作为一个如此广阔和如此具有历史意义的时期的概括与写照。体现的是革命—历史—生命哲学—文化恋母情结,它是人类文学史和道德史上的重要事件,是与20世纪最伟大的革命相辉映的诗化小说。值得注意的是,诗人思维的跳跃影响了小说情节组合的紧凑,给人以散乱之感。但也正是这些四处闪耀的灵感的火花,拓展了作品感受的灵敏度和思考的深度,最终使其成为一部史诗性的伟大作品。

叶甫格拉夫请拉拉留下帮助整理遗稿。遗稿在她的参加下开始整理,但没整完。一天拉拉从家里出去再没回来,看来是在街上被捕了,也可能死了或者被关进了妇女劳动营。

1943年日瓦戈将军——日瓦戈医生的弟弟叶甫格拉夫正在切尔尼村那一带搜集材料,听完部队里的洗衣员塔尼娅的身世,他明白了这便是拉拉寻找的女儿,他的侄女。

哈姆雷特

故事发生在中世纪丹麦的艾尔西诺城,悲惨的气氛笼罩着丹麦的王宫,阴森的风吹出血腥的气息,四周王公贵胄的尸体躺在横流的血泊中,满面悲伤的霍拉旭向人们讲述了那惊心动魄的故事。

那是在几个月以前,不安的气氛笼罩着丹麦。老国王突然神秘地死去,王后乔特鲁德做了不到两个月的寡妇,就跟国王的弟弟克劳狄斯结婚,并由克劳狄斯继承王位。邻国挪威的福丁布拉斯王子乘机秣马厉兵,想一报老丹麦王对他的杀父之仇,夺回割让的土地。一时,流星、血露、日晕、月食,种种不祥征兆纷纷出现,举国上下人心惶惶。

已故国王的儿子,年轻的哈姆雷特,英俊勇武,正直善良,具有完美个性,深受人民的爱戴。他本来在德国威登堡大学接受人文主义教育,此时,怀着沉痛的心情回国奔丧。父亲突然逝世使他失去了生活的支柱,接踵而至的母亲的再嫁,让他失去了生活的主心骨,一切都显得无意义。这些事件都使丹麦王子哈姆雷特难以理解,因而闷闷不乐,终日忧心忡忡。

新王声称老王是在花园里被毒蛇咬死的,哈姆雷特感到疑惑。后来据值班哨兵说,城堡露台上一连三夜出现了无声的鬼魂。哈姆雷特的同窗好友把这一情况告诉了他,得

作者及作品简介

《哈姆雷特》作者威廉·莎士比亚(1564—1616),英国文艺复兴时期诗人和戏剧家,也是西方文学史上最杰出的诗人和戏剧家。

莎士比亚同古希腊三大悲剧家埃斯库罗斯、索福克勒斯及欧里庇得斯合称戏剧史上四大悲剧家。

《哈姆雷特》是一部魅力永存的悲剧杰作,是莎士比亚戏剧的最高成就。在这部作品中,莎士比亚的人文主义思想得到了比较完整的阐发,同时也体现了莎士比亚作为文学巨匠的极高的思想修养和艺术水准。

《哈姆雷特》有三条复仇的情节线索交织在一起,以哈姆雷特为主线,以雷欧提斯和福丁布拉斯为副线。在复仇的情节之外,还配合了次要情节,即爱情、友谊、亲子关系等,起着充实、推动主要情节的作用。主人公的父死母嫁、整个朝廷的荒淫无耻、爱情的挫折、友谊的背叛,造成思想的矛盾、忧郁;直至冲破忧郁而倾向于行动。这么丰富而生动的情节,自然而然地表现了一个思想,那就是时代要求变革,人民要求改变现实,推翻封建专制的血腥统治。

知消息的哈姆雷特和霍拉旭在一个阴森可怖、寒风刺骨的夜晚，一起登上露台。黑暗中，哈姆雷特果然看到了他父亲的鬼魂。鬼魂把他引到一个僻静处，登上了露台。鬼魂向哈姆雷特诉说了自己被害的经过：原来，他一天在午睡时，被自己那诡诈奸险的兄弟用毒药灌入耳朵，夺走了生命，"毒蛇"就是新王。他要哈姆雷特替他，也替丹麦清除那淫邪的奸逆，但无论怎样都不能伤害哈姆雷特的母亲。

怒火中烧的哈姆雷特从此抹去了一切旧有的记忆，只让复仇大事留在脑海中。他是个人文主义者，他认为复仇不只是他个人的问题，而是整个社会、国家的问题。他说自己有重整乾坤，挽狂澜于既倒的责任。他考虑问题的各个方面，又怕泄漏心事，怕鬼魂是假的，怕落入坏人的圈套，心烦意乱，忧郁不欢。

首相波洛涅斯的女儿，美丽单纯的奥菲利娅是哈姆雷特倾心的恋人。而世故的波洛涅斯则认为哈姆雷特是逢场作戏，阻止女儿和他来往。一天，哈姆雷特突然找到她，在她面前做出了许多癫狂的举动。从此，宫中都知道哈姆雷特为爱情而发疯了。

老奸巨猾的僭王克劳狄斯心怀鬼胎，也怀疑他得知隐秘，派了哈姆雷特的两个旧同学和波洛涅斯、他的情人奥菲利娅等一次次地去试探哈姆雷特的心。其实，哈姆雷特并未疯。只是由于生性优柔的他看透了人世的奸恶，从此不肯轻信任何人。矛盾重重的哈姆雷特在焦灼的内心和冷酷的现实之间不得安宁，濒于疯狂，他索性半真半假地癫狂来。不过，他心里很清楚，他要设法验证鬼魂的话。

探究性阅读

悲剧《哈姆雷特》广泛而深刻地反映了16—17世纪之交的社会生活，从宫廷到家庭，从军士守卫到人民造反，从深闺到墓地，从剧场到比武场。广阔的社会背景，构成主人公的典型环境。从这一幅幅"福斯塔夫式的背景"，反映出封建社会解体、资本主义方兴未艾时代英国平民社会的五光十色，深刻地衬托出主人公性格的形成及变化，情节的生动性和丰富性是莎士比亚戏剧艺术的又一主要特点。

恰在此时,一个戏班到宫中献艺。哈姆雷特便趁机改编一出阴谋杀兄的旧戏文《贡扎古之死》,叫戏班子演出,以此来试探叔父。台上,国王的侄子把毒药灌入国王的耳朵谋害了他,夺走了王后。戏未演完,叔父做贼心虚,坐立不安,仓皇退席。这样,更证明叔父的罪行属实。叔父觉得事情不妙,隐私可能已被发觉,愤怒异常。

当天晚上,哈姆雷特在去见母亲的途中,窥见那惊恐万分的奸王正为他罪恶深重的灵魂祈祷。哈姆雷特心想:此时正好结果了他!然而哈姆雷特却没有下手,因为他怕在奸王祈祷时杀他会使他的灵魂升上天堂。而哈姆雷特要让仇人堕入万劫不复的地狱。

宫内大臣波洛涅斯献计,让母后叫哈姆雷特到私房谈话,自己躲在帷幕后边偷听。哈姆雷特来到母亲的卧室,母亲训斥哈姆雷特,劝他不要再癫狂下去了。但哈姆雷特胸有成竹,反而借机责母,他怒冲心头,猛地拿过一面镜子,要母亲照照她自己的灵魂。王后惊恐万状,大喊救命。伏在帷幕后偷听的波洛涅斯见状骚动,大声惊呼起来,哈姆雷特发觉,以为是叔父,便拔剑将他刺死。但拉出来一看,才知铸成大错。哈姆雷特怒斥母

形象感受

哈姆雷特,才华横溢,诗、戏、剑、乐等皆精通。由于受过人文主义的教育,把一切都想得很美好,但丑恶的宫廷现实使他对周遭环境产生了怀疑、反感,从而引起他徘徊于现实和理想之间,内心充满剧烈冲突。他的忧郁是时代的忧郁,是整个时代青年知识分子的共同特征。他的悲剧是他的人文主义理想与现实的不可调和的矛盾所导致的。

亲瞎了双眼，失了理智，当了情欲奴隶，违背了同卓越的前夫的誓言，嫁给了一个盗国窃位的小丑，使贞节蒙污，美德失色，背叛丈夫，亵渎了纯洁的恋情。狂风骤雨的语言像刀斧似的劈开了王后的心。此时，鬼魂又出现了。他一面鼓励哈姆雷特坚定复仇的决心，一面让哈姆雷特安慰正在内心冲突中惊慌失措的母后。

包藏祸心的克劳狄斯以首相波洛涅斯的死为借口，差人将哈姆雷特送往英国，并用借刀杀人法，让监视他去的两个同学带去密信一封，要英王在哈姆雷特上岸时就杀掉他；哈姆雷特感到事情不妙，途中拆开信件，知道了其中的奥秘，并偷改了书信，反而叫英王杀掉两个密使。但次日遇到了海盗，交战之后，他乘船回国，找到霍拉旭，把一切都告诉了他。

哈姆雷特回国后得知，奥菲利娅因为哈姆雷特的离去、父亲的死亡而精神失常，终日游荡、采花、歌唱。一天，她想把花冠挂上枝梢，身下的树枝断了，她落入河中溺死。

奥菲利娅的哥哥雷欧提斯从国外归来，知道情况后，他非常愤怒，煽动民众攻打王宫，声称要为父亲和妹妹报仇。老奸巨猾的克劳狄斯

名句精华

嗜血的、荒淫的恶贼！狠心的、奸诈的、淫邪的、悖逆的恶贼！啊！复仇！——嗨，我真是个蠢才！我的亲爱的父亲被人谋杀了，鬼神都在鞭策我复仇，我这做儿子的却像一个下流女人似的，只会用空言发发牢骚，学起泼妇骂街的样子来，在我已经是了不得的了！呸！呸！活动起来吧，我的脑筋！我听人家说，犯罪的人在看戏的时候，因为台上表演得巧妙，有时会激动天良，当场供认他们的罪恶；因为暗杀的事情无论干得怎样秘密，总会借着神奇的喉舌泄露出来。

生存还是毁灭，这是一个值得考虑的问题。默然忍受命运的暴虐的毒箭，或是挺身反抗人世的无涯的苦难，通过斗争把它们扫清，这两种行为，哪一种更高贵？死了，睡着了，什么都完了；要是在这一种睡眠之中，我们心头的创痛，以及其他无数血肉之躯所不能避免的打击，都可以从此消失，那正是我们求之不得的结局。

我要从我的记忆的碑版上，拭去一切琐碎愚蠢的记录、一切书本上的格言、一切陈言套语、一切过去的印象、我的少年的阅历所留下的痕迹，只让你的命令留在我的脑筋的书卷里，不掺杂一些下贱的废料；是的，上天为我作证！啊，最恶毒的妇人！啊，奸贼，奸贼，脸上堆着笑的万恶的奸贼！我的记事簿呢？我必须把它记下来：一个人可以尽管满面都是笑，骨子里却是杀人的奸贼；至少我相信在丹麦是这样的。

情感体验

《哈姆雷特》的开始就笼罩着浓厚的悲剧气氛，结尾部分的悲剧更是让每一个读者震惊。它不是一出宫廷夺位争斗的戏，而是一出反映文艺复兴时期的英国社会现实，折射出文艺复兴时期的人文主义精神光芒的戏。主人公哈姆雷特是人文主义者的悲剧典型，他是人文主义理想的新人。但现实的丑恶粉碎了他的人文主义理想，最终他刺中了克劳狄斯，刺中了丑恶现实，但单凭个人英雄行为是担当不起"重整乾坤的责任"的，这就造成了必然的悲剧结果。

趁机把一切都推到哈姆雷特身上。此时他们得知哈姆雷特归国，便定下了一条谋害他的毒计。

克劳狄斯按照他的计划，挑拨、怂恿雷欧提斯用毒剑与哈姆雷特比剑，并秘密备下毒酒以置哈姆雷特于死地。此时的哈姆雷特觉得一切都是上天注定的，虽然预感到危险，却仍然不顾霍拉旭的劝阻，接受了挑战。

第一回合中，哈姆雷特击中对方一剑，克劳狄斯斟上一杯毒酒，以示祝贺。但哈姆雷特急于比赛，没有喝这杯毒酒。第二回合哈姆雷特又获胜，王后高兴地替哈姆雷特把这杯毒酒一饮而尽。前两回合中雷欧提斯深知手中毒剑厉害，不愿刺向哈姆雷特身上，克劳狄斯用激将法煽动他。最终雷欧提斯击中了哈姆雷特。双方夺去对方的剑，哈姆雷特用夺来的毒剑刺中了雷欧提斯。王后中毒后叫着倒地。奄奄一息的雷欧提斯在生命的最后一刻良心发现，当众揭发了克劳狄斯的阴谋。哈姆雷特怀着千仇万恨猛地举起手中毒剑向克劳狄斯刺去，杀死了这个千古罪人，自己也毒性发作，颓然倒下。

临死的时候，哈姆雷特留下遗嘱，嘱托好友霍拉旭把他的行事始末根由昭告世人，并嘱咐让有雷厉风行性格的福丁布拉斯继立为王，然后，带着无尽的遗憾，闭上了双眼。最后哈姆雷特以军人的礼仪被安葬。

歌德谈话录

《歌德谈话录》中的谈话涉及文学、艺术、戏剧、建筑、美学、哲学、宗教、政治、社会、人生,以及科学等几乎当时的所有知识领域。歌德不是哲学家,但许多深刻而辩证的哲理融入他的创作和言谈中。

在哲学思想方面,歌德比较信奉注重人的行动和生活经验的理论。这种理论主要来自英国,所以叫它"英国经验派"哲学。这种哲学影响了歌德对待学问的看法和治学的方法,它使歌德对自然科学发生了浓厚的兴趣。另外一种影响歌德的哲学思想是来自康德等人的"德国古典哲学",使歌德相信在我们的感性活动背后,有一种永恒的、抽象的理性。这两种哲学思想让歌德陷入可怕的思想矛盾之中。不过他更强调了人的实践行为,反对从抽象的理念来认识事物。歌德还特别重视从观察自然、认识事物、分析客观材料入手来进行科学的研究的方法。他说,自然永远是正确的,而错误是由人犯的。只有亲身体验、认真观察,才会形成正确的认识。他甚至觉得这种立足客观自然基础的科学研究使他具备了艺术创作的基本素质,而席勒则缺乏这种建立在观察自然基础上的创作力。在这个基础上,歌德大力倡导一种"综合法"的研究思路,反对以牛顿为代表的"分析法"。歌德倡导"综合法",是有强调整体和辩证的意思。另一方面他又讲,艺术必须超越自然真实。所以,他对"构成"这个词异常反感,在他的感受中,艺术不是"构成"的,而是建立在对生活观察基础上的创造。只讲"构成",也就是只把艺术看成是各种自然要素或观念要素的拼凑,但是艺术的魅力却来自内部各要素相互组合、相互依存、相互作用的关系,它往往会产

作者及作品简介

《歌德谈话录》作者爱克曼(1792—1854),他从小喜欢诗歌,尤其喜欢歌德的短诗。爱克曼在歌德身边工作,并录制了《歌德谈话录》。书中的"谈话"并不是歌德谈话的原始记录,而是经过他筛选、整理、编排和加工以后的"谈话"。但是一些学风严谨的权威歌德专家仍然认为这些"谈话"就是歌德的原话。

《歌德谈话录》中的谈话涉及文学、艺术、戏剧、建筑、美学、哲学、宗教、政治、社会、人生以及科学等几乎当时的所有知识领域。它们切近人性与真理,虽穿越时空的隧道而仍显得鲜活。他的那句"理论是灰色的,唯生命之树常青"的箴言,那句"建筑是石头的史诗"的铭语,那句"政治家的乌兰德吃光了诗人乌兰德"的警句,那句"浪漫的是病态的"评价,那句"切莫抑制精神"的劝诫,那句"世界文学的时代即将到来"的预言,那句"掌握和描写特殊乃是艺术的生命"的教诲……以及他对于东西方文化差异的理解,对中国人和中国文学的好感,他对于基督教《圣经》的高度评价等等,均见之于这本书。

生一些言外之意、味外之旨。

在道德思想方面，歌德表露出的人生观是非常积极的。他非常赞赏那种"天行健，君子以自强不息"式的人物，认为勇于行动、果敢坚毅等是人生良好的品质。那么，坚强的人格是怎样形成的呢？歌德提出，一个人道德上不断完善起来，就会有一种坚强、充实而富有魅力的人格。那些伟大的艺术作品正因为充满了这种人格魅力，才会熠熠闪光。他说，莱辛之所以伟大，全凭他的人格和坚定性！而拜伦之所以伟大，也是因为他"具有一种永远感到不满足的性格和爱好斗争的倾向"。他在评价许多艺术家的创作时，常常使用"人格"这个词，这显然和歌德的人生信念密切相关。

在教育思想方面，歌德反对青年人一味扎进书堆之中，只问理性、观念而忽视实践。他甚至希望年轻人精力充沛，多少有点野气。他说："在我们这里总是要把可爱的青年训练得过早地驯良起来，把一切自然、一切独创性、一切野蛮劲都驱散掉，结果只剩下一派庸俗市民气味。"歌德希望青年一代要有与坚强完善的人格相对应的强健而有活力的身体。"德国人常把天才想象为一个矮小瘦弱的驼子。但是我宁愿看到一个身体健壮的天才。"他觉得身体是想象力和创造力的保证，天才更需要良好的身体基础。

关于天才问题，他觉得"天才"是"一切诗的根源"。歌德一方面强调人要有坚强的意志，要培养自

探究性阅读

《歌德谈话录》记录了歌德晚年有关文艺、美学、哲学、政治、宗教、自然科学，以及一般文化的言论和活动；全书话题较多，汇纳人生百态，是一部百科全书式的作品。该书小的话题涉及养生保健、经营之道、绘画技巧、治学方法等；大的话题如法国革命、王室政变、古希腊艺术、宗教改革等也有所涉猎。还有自然科学方面以及社会伦理方面的话题。《歌德谈话录》是歌德晚年最成熟的思想和实践经验的精华。

形象感受

歌德是一位世界文学领域的出类拔萃的光辉人物。他有着丰富的阅历、渊博的学识、深邃的思想、犀利和审视的目光，他的谈话有一种广袤的涵盖性，并且富有深度的哲理性和经常闪现精神火花的真知灼见，在他的谈话和文章里到处可见隽永之词、智慧之语。歌德为我们树立了一个学者的伟大形象，他是一个智者更是一个全才，他的创作精神非常值得我们学习。

己的创造力；另一方面又鼓吹"每种最高级的创造、每种重要的发明、每种产生后果的伟大思想，都不是人力所能达到的，都是超越一切尘世力量之上的。人应该把它看作来自上界、出乎意料的礼物，看作纯是上帝的婴儿"。按照他的"泛神论"观念，那些有创造性的人的灵魂中存在着"精灵"。歌德还常常提到"天才"对集体人物的依赖。他说："我们主要从前辈和同辈那里学习到一些东西。就连最大的天才，如果想单凭他所拥有的内在自我去对付一切，他也决不会有多大成就。"那是一个把"人"看得很高的时代，是一个注意发现和膨胀"个性"的时代，歌德的天才论只是时代乐章中的一个音符。

在宗教思想方面，歌德不相信有超越自然力的、主宰一切的神灵。他对"上帝"这个词进行了一点改造，使它变成他自己理解的意思，那就是人类的道德良心和充实的自然、理性。歌德基本上是否定宗教的，尤其是当时的基督教会。他愤怒地说："可怜的教主面对拥有巨资的大主教们会怎样想，如果他们从'福音书'中看到基督那样穷困，他和他的门徒们都是步行，态度谦卑，而高级僧侣们却乘六匹马的轿车，招摇过市，神气十足。"他觉得教会的反动，还不仅仅是这种僧侣特权，还在于它对人类精神的桎梏。所以，他鼓吹恢复古代希腊的精神，这就是要恢复和基督教不同的异教传统。他看到了科学和宗教的矛盾，他说："在宗教和道德的领域里，也许还承认神的某种作用；但是在科学和艺术的领域里，人们都相信这里完全是尘世间事，一切都只是人力的果实。"歌德看重人的作为，反对神创造世界的观念。但歌德还不是

彻底的无神论者。他在对待自然的时候常常表现出一种"泛神论"的思想。在歌德的心目中，大自然中处处有神，所谓神，只能存在于花草树木山石溪流之中。这非常像古代的"万物有灵论"。但是，歌德泛神论的思想对他的影响不仅仅在人生信念方面。事实上，这种泛神论使他总是保持对大自然的敬畏和热爱。一缕阳光、一束嫩草、清风明月、湖光山色，无不激动歌德的心。

在文艺思想方面。首先，歌德认为，文艺必须从客观现实出发，仔细观察自然是艺术创造的基础，他还指出这就是席勒和他自己的分别所在，席勒从"一般"出发，创作出来的是寓意诗，其中"特殊"只是用来作为"一般"的一种例证；而他自己的诗则是从"特殊"入手，在"特殊"中显出"一般"，他认为这种程序才符合诗的本质。认为描写必须将感觉印象加以琢磨，发挥，生动地再现，尤其要描写个别而不违反真实，作品方能具有生命力，而这种作品旁人无法模仿，这就有赖于天赋、经验、传统和想象。歌德认为作家和时代的关系：时代倒退，创作倾向主观；时代前进，则倾向客观，并产生伟大的作家；所以必须把握当前及每一刹那，每一场合，以清新的感情处理现实题材。其次，是文艺与自然的辩证关系。歌德认为诗人的任务是根据自然"来熔铸成一个优美的、生气灌注的整体"，所以文艺对自然不应无所剪裁和熔铸，流于自然主义。伟大的文艺家（莎士比亚、鲁本斯）无不

名句精华

"艺术家对于自然有着双重关系：他既是自然的主宰，又是自然的奴隶。他是自然的奴隶，因为他必须用人世间的材料来进行工作，才能使人理解，同时他又是自然的主宰，因为他使人世间的材料服从他的较高的意旨，并且为这较高的意旨服务。"

"问题本来很简单。一切语言都起于切近的人类需要、人类工作活动及一般人类思想情感。如果高明人一旦窥见自然界活动和力量的秘密，用传统的语言来表达这种远离寻常人事的对象就不够了。他要有一种精神的语言才足以表达出他所特有的那种知觉。但是现在还找不到这种语言，所以他不得不用人们常用的表达手段来表达他所窥测到的那种不寻常的自然关系，这对他总是不完全称心如意的，他只得对他的对象'削足适履'，甚至歪曲或损毁了它。"

热爱真理、热爱自然、研究自然,通过大胆的虚构和想象,使自己的艺术作品源于自然而又高于自然。第三,歌德和席勒是首先区分古典主义与浪漫主义创作原则的作家,歌德说:"古典诗和浪漫诗的概念现在已经传遍了全世界,引起了许多争论和纠纷。这个概念原来是由我和席勒两人传出来的。我主张诗要从客观世界出发,认为只有这样,诗才是好的。但是席勒是用主观方式写作的,他就认为他走的才是正路。为了反对我和为他自己辩护,席勒写了一篇论文,叫做《素朴的诗和感伤的诗》。他向我证明,我违反了我自己的意愿,成了一个浪漫派,我的《伊菲格尼》由于感伤气味特重,并不是古典的,并不符合古代精神,像某些人所想的。"第四,歌德论述了作家的素养问题:认为作家的才能不是天生的,而是认真学习的结果;素养就依靠平时的学习,素养越深厚越好,可以说是无止境的,但他须有一颗探求真理的心。他认为历史和哲学是创作的两大帮手,但历史和哲学知识不宜在文学作品中占很大的比重,倘若侧重史实或侈谈哲理,就会损坏作品的各个部分。最后,歌德论述了民族文学和世界文学的关系:文学本是人类的共同财富,由于各民族文学的发展和相互交流,将会出现世界文学的时代,但这也并不意味着要否定每一位爱国诗人的历史地位。

情感体验

《歌德谈话录》不是一本单纯的、秘书式的谈话记录,而是一部具有综合性质的艺术作品,是一部可以列入世界文学的著作。这部书不能读一遍就搁置一旁,也不能作寻常读,而是要不断地读,不断地思考,不断地吸收。《歌德谈话录》是一部了解歌德其人和其作品的必读之作,是我们理解人生、探讨社会和汲取知识的百科全书,同时,也是研究歌德的重要的第一手资料。通过此书,我们可以感受到一位古代思想家的伟大。

名人传记

《贝多芬传》

主要叙述了伟大音乐家贝多芬不平凡的一生，作者以高度的艺术概括和饱含激情的文字，向人们描绘着贝多芬的成才之路……

贝多芬自幼不幸，他的父亲是一个残暴的酒鬼，他剥夺了小贝多芬学习、休息和娱乐的时间，而只是一味地强迫幼小的儿子没完没了地练习钢琴和小提琴，期望他将来成为自己的摇钱树。

贝多芬度过了冷酷的童年生活。

1878年，贝多芬前往维也纳拜访他仰慕已久的偶像莫扎特。莫扎特听了他的即兴演奏之后感到十分惊奇，当场对他人说："请注意，这位少年将震动世界"。可惜，他在维也纳学习的时光很快就中断了，原因是他母亲患重病，且很快地离开了人世。失去了心目中唯一亲人的贝多芬悲痛欲绝，接二连三地得了几场大病，其中一次是出天花，永远地毁了他的容貌。

1792年11月贝多芬离开了故乡波恩，前往音乐之都维也纳。不久，痛苦叩响了他的生命之门，从1796年开始，贝多芬的耳朵日夜作响，听觉越来越衰退。起初，他独自一人守着这可怕的秘密。1801年，他爱上了一位名叫朱丽埃塔的姑娘，但由于自己

作者及作品简介

《名人传记》，又称《巨人三传》，作者是19世纪末20世纪初法国著名批判现实主义作家、音乐家、社会活动家——罗曼·罗兰，它包括《贝多芬传》《托尔斯泰传》《米开朗琪罗传》三部"英雄传记"。

三位名人一是音乐家，一是小说家，一是雕塑家，各有自己的园地，三部传记都着重记载伟大的天才在人生忧患困顿的征途上，为寻求真理和正义，为创造能表现真、善、美的不朽杰作，献出了毕生精力。

贝多芬的故事主要侧重"扼住命运的咽喉"，贝多芬以他的意志，以及一种不可抵抗的力量扫空忧郁的思想，战胜肉体和精神上的双重折磨。米开朗琪罗的故事讲的是一个悲剧，展示了一个天才为了征服世界，为了创造不朽的杰作而流出惨痛的鲜血。内容主要分为上篇"战斗"，下篇"舍弃"和尾声"死"。托尔斯泰的故事既没有《贝多芬传》里的叛逆情绪，也没有《米开朗琪罗传》里的强烈的悲剧性，而整个故事比较平稳，主要的内容：童年，高加索纪事，哥萨克，塞白斯多堡纪事，爱情与婚姻，对社会的忧虑等。这是三部传记中最长的一篇，也是对主要人物的生平和所创作的东西描写最详细的一篇。

的残疾（此时他已耳聋）及朱丽埃塔的自私、虚荣，两年后朱丽埃塔嫁给了一个伯爵。肉体与精神的双重折磨，都反映在他这一时期《幻想奏鸣曲》《克勒策奏鸣曲》等作品中。席卷欧洲的革命波及了维也纳，贝多芬的情绪开始高涨，这时的作品有《英雄交响曲》《热情奏鸣曲》。

1806年5月贝多芬与布伦瑞克小姐订婚，爱情的美好产生了一系列伟大的作品。不幸的是，爱情又一次把他遗弃了，未婚妻和另外的人结婚了。不过这时贝多芬正处于创作的极盛时期，对一切都无所顾虑。他受到了世人瞩目，与光荣接踵而来的是最悲惨的时期：经济困窘，亲朋好友一个个死亡离散，耳朵也已全聋，和人们的交流只能在纸上进行。面对生活苦难，似乎没有什么能使贝多芬屈服，他以自己的创作风格扭转了维也纳当时轻浮的作风。

在悲苦的日子里，贝多芬从事音乐事业。在当时只有音乐才能使他战胜自己的痛苦，将他从死亡的边缘一次又一次地拽了回来。在贝多芬的创作生涯中，战胜恶劣的命运、战胜人类的平庸始终是他作品的主题。

《第九交响曲》是贝多芬所有作品中最为深刻和雄伟的，也凝聚着音乐家毕生的心血。1824年的一天，《第九交响曲》在维也纳首场公开演出，贝多芬亲自担任指挥，这是他最后一次出现在广大听众面前，演出获得了巨大的成功，场面之热烈几乎难以形容。演出结束时，由于耳聋，贝多芬听不见雷鸣的掌声，女歌唱家温葛尔含着热泪跑上去握他的手，扶他转过身来面对观众，使他看到热烈的场面。据说在奥地利，即使皇帝出场，按习惯也只享有三次鼓掌，而这一次，贝多芬却获得了五次鼓掌欢迎。这是贝多芬一生中幸福的顶点。因为他亲自为人们送去了欢乐，也为战胜人类的平庸迈出了一大步。

贝多芬与海顿、莫扎特生活在同一时代里，然而他的音乐所达到的崇高境界却使人感到好像生活在另一个完全不同的时代。当然，他也是大量从前辈大师那里汲取营养，经过消化、吸收与提高才取得了成

探究性阅读

《名人传记》是罗兰为具有巨大精神力量的英雄树碑立传，让世人"呼吸到英雄的气息"。小说中的三位名人或由病痛的折磨，或由遭遇的悲惨，或由内心的惶惑矛盾，或三者交叠加于一身，深重的苦恼几乎窒息了呼吸，毁灭了理智。他们之所以能坚持艰苦的历程，全靠他们对人类的爱，对人类的信心。尤其是《贝多芬传》强调自由精神，作者在音乐方面表现出精湛的修养，吸引了人们的注意。《托尔斯泰传》则颂扬了这位俄国作家对爱和真的追求，对全人类的热望，对艺术压倒暴力的信念和不抵抗主义。

形象感受

贝多芬是一个不幸而坚强的人。一个对音乐充满激情、视音乐为生命的人,一个狂傲不羁的人,却遭受了生命给予他的残酷的打击,甚至是致命的打击。为了不让人知道他的弱点,只好离群索居,他独自同命运苦苦抗争,为我们今天留下了瑰丽的音乐财富。贝多芬身上体现的是一种与病魔抗争的顽强精神。

托尔斯泰这位文学界的重要人物,一生都生活在内心的惶惑与矛盾中,他为生命与信仰的不一致而陷入深深的痛苦。他的禁欲思想与当时风雅和谐的气氛格格不入。在家庭里,他的理想追求、宗教信仰及他为人民所作的教育工作,与其家人,尤其是他夫人的生活方式发生冲突。正是在现实与追求的冲突中托尔斯泰创作了一部部惊世杰作,这是对真和爱的追求,是热爱人类的体现。

就。他不仅集维也纳古典音乐之大成,而且全面继承和发展了自巴洛克时期以来的音乐精华,所以他成为了音乐中的普罗米修斯,成为世界公认的欧洲音乐史上登峰造极的人物。贝多芬的创作之路持续了35年之久,为了达到完美的境界,他进行了不断的奋斗。他在事业进入最后阶段时说道:"我感到好像只写过几首乐曲。"真正的艺术家一定是谦逊的。

贝多芬曾经为歌德著名的剧作《爱格蒙特》谱写过舞蹈配乐,但贝多芬看不惯歌德在贵族面前卑躬屈膝的表现,尽管他依然对歌德充满着崇敬之情。可是傲慢的歌德始终不能原谅贝多芬对他的当面批评,因此他对贝多芬总是冷淡的,甚至是无情的。其中有一次,贝多芬晚年正好处于贫困交加之中,便写信向歌德求救,望他促成魏玛公爵预订他呕心沥血写成的《庄严弥撒》以换取稿费,而得不到歌德的回答……

他是这样一个人,罗曼·罗兰在传记的最后这样概括了他的一生:什么胜利可和这场胜利相比?波拿巴的哪一场战争,奥斯特利茨哪一天的阳光,曾经达到这种超人的努力的光荣?曾经获得这种心灵从未获得的凯旋?

一个不幸的人,贫穷,残废,孤独,由痛苦造成的人,世界不给他欢乐,他却创

名句精华

眼中燃烧着一股奇异的威力，使所有见到他的人为之震慑；但大多数人不能分辨它们微妙的差别。因为在褐色而悲壮的脸上，这双眼睛射出一道狂野的光，所以大家总以为是黑的，其实却是灰蓝的。平时又细小又深陷，兴奋或愤怒的时光才大张起来，在眼眶中旋转，那才奇妙地反映出它们真正的思想。他往往用忧郁的目光向天凝视。宽大的鼻子又短又方，竟似狮子的相貌。一张细腻的嘴巴，但下唇常有比上唇前突的倾向。牙床结实得厉害，似乎可以磕破核桃。左边的下巴有一个深陷的小窝，使他的脸显得古怪而不对称。

——《名人传记·贝多芬传》

这还算不得什么。最坏的并非是成为孤独，却是对自己亦孤独了，和自己也不能生活，不能为自己的主宰，而且否认自己，与自己斗争，毁坏自己。他的心魂永远在欺妄他的天才。人们时常说起他有一种"反对自己"的宿命，使他不能实现他任何伟大的计划。这宿命便是他自己。他的不幸的关键足以解释他一生的悲剧。而为人们所最少看到或也不去看的关键，只是缺乏意志和秉性怯懦。

——《名人传记·米开朗琪罗传》

造了欢乐来给予世界！他用他的苦难来铸成欢乐，好似他用那句豪语来说明的，——那是可以总结他的一生，可以成为一切英勇心灵的箴言：

"用痛苦换来的欢乐。"

罗曼·罗兰将这样一个人的传记放在他立意要写的《名人传》的首位。

《托尔斯泰传》

托尔斯泰两岁丧母，九岁丧父，青少年时代的托尔斯泰，不仅常为思想苦恼，还为自己丑陋的相貌感到绝望。

1851年，托尔斯泰来到高加索，群山环抱的清明环境使他纷乱的大脑清醒过来。第二年，他创作出了《童年》、《少年》、《青年》和《一个地主的早晨》等优秀作品。俄土战争期间，托尔斯泰曾亲临战场，常常处于危险之境。在这样的环境中，他仍然写出了《塞瓦斯托波尔纪事》那样令人赞赏的作品。这一时期的托尔斯泰是比较充实而快乐的。

1862年托尔斯泰结婚了，幸福的家庭生活使他有足够的时间与精力创作出了震动19世纪整个小说界的巨著：《战争与和平》与《安娜·卡列尼娜》。

但是，托尔斯泰是苦恼的：他本人拥有地位和财富，但他时常为自己的富裕生活感到羞愧难安；他同情下层民众，又对他们缺乏信心。因此，他厌倦自己的生活，决心和自己的社会决裂，他又得不到人们的支持。在精神上，他一直是孤独的。八十二岁的时候，他选择了出走，并病死于一个小火车站上。

情感体验

贝多芬是一个视音乐为生命的人，失去听觉是一件何等让人伤心难过的事，然而面对困难和孤独，贝多芬选择了面对，而对于压迫和收买，贝多芬选择了拒绝。托尔斯泰一生都生活在内心的彷徨与矛盾中，他的生活充满了冲突，但托尔斯泰从没有放弃过文学创作，给世人留下了宝贵的遗产。米开朗琪罗的一生同样充满了坎坷，他似乎总是在无休止的干涉中替别人干活，然而他始终没有放弃自己的追求，并用毕生的精力创造出表现真善美的不朽杰作。

悲惨的命运和痛苦的考验不仅降临在这些伟人的身上，也会光顾普通人。但我们必须坚定自己的信仰，用一颗全新的心，一颗坚定、勇敢的心来接受每一次人生挫折的挑战。

《米开朗琪罗传》

该传记分上下编，上编"战斗"，下编"舍弃"和尾声"死"。

1475年3月6日，米开朗琪罗出生于卡森蒂诺地方的卡普雷赛，父亲是法官。母亲在他六岁时便死去，米开朗琪罗被寄养在一个石匠的妻子家里。十三岁时，他进入多梅尼科·吉兰达约的画室。据说由于他的成绩优秀，使他的老师为之嫉妒。一年后他们分手了，米开朗琪罗转入一所雕塑学校。不久，由于宗教信仰的冲突，他离开了那里，先后到过威尼斯、罗马等名城，雕塑水平不断地得到提高。

1505年3月，米开朗琪罗被教皇尤利乌斯二世征召去替自己造陵墓。不久，又让他去画西斯廷教堂的天顶画。此后几年，他一直受着历任教皇的差遣，带着痛苦去创作他并不满意的作品。1527年米开朗琪罗卷入了一场革命的漩涡，差一点丧命。革命结束后，教皇克雷芒又将他从隐蔽地找了出来，米开朗琪罗不得不重新为他所抗拒的人劳作。1537年9月克雷芒教皇驾崩，米开朗琪罗原以为从此能安安静静地做自己的事了。但他刚到罗马，又被他的新主人——保罗三世抓住了。似乎命运注定他只能在无休止的干涉中替别人干活。

1564年2月12日，米开朗琪罗站了一整天来创作《哀悼基督》。14日他开始发烧，18日下午5时，这位杰出的雕塑家兼画家终于永远地离开了人间。

契诃夫短篇小说选

《第六病室》

第六病室是医院后院里的一座不大的偏屋,房子的铁皮屋顶已经生锈,烟囱塌了半截,门前的台阶早已腐朽,完全是一种悲惨阴沉的气氛。里面堆满了医院里的破烂,这些东西正在霉烂,发出一股令人窒息的臭味。

病室里一共有五个人。他们都穿着蓝色病人服,戴着旧式尖顶帽,看起来好像疯子。

第一个人是小市民身份,长得骨瘦如柴,他每天总是定定地望着一处地方发呆,日日夜夜发愁,摇头,叹气,苦笑,很少参与别人的谈话,吃饭的时候总是机械般地嚼着嘴里的饭。

第二个人是犹太人莫谢伊卡,同样是小市民,个头矮小、活泼、十分好动的老头子。他是全体病人中,唯一一个被允许外出的人,甚至可以离开医院上街去。他经常站在民宅或商店门口,向人们讨点施舍,回来时已吃饱喝足,还能发点小财,但往往都会被看守人尼基塔没收。同时他也很喜欢帮助别人,他的这一作为是受到右边的邻居格罗莫夫的影响。

第三个人是格罗莫夫,他是个三十三岁的男子,贵族出身,担任过法院民事执行员,

作者及作品简介

契诃夫(1860—1904)19世纪末俄国伟大的批判现实主义作家,情趣隽永、文笔犀利的幽默讽刺大师,短篇小说的巨匠,著名剧作家。

早期作品多是短篇小说,如《胖子和瘦子》《小公务员之死》《苦恼》《万卡》《变色龙》《普里希别叶夫中士》《第六病室》《带阁楼的房子》《农民》《在峡谷里》《套中人》等。后期转向戏剧创作。

夸张、漫画化是契诃夫小说取得幽默讽刺效果的主要艺术手段。夸张包括言语夸张,情节夸张;漫画化则通过肖像描写、道具配置、典型场景和特色言行来实现。因为一个喷嚏惊恐而死的事情(《小公务员之死》)也许不会有,但官僚制度的阴森恐怖却因这种夸张而凸现;见风使舵的人到处都有,《变色龙》则为我们夸张出了一个典型;思想保守、顽固者也大有人在,契诃夫却让他晴天雨天都打上雨伞,戴着眼镜,竖起领子,戴上套子,钻进帐子,成为一个漫画式的"套中人"。这种夸张的漫画式的手法,加上对俄罗斯民间故事讲述方法的借鉴,使契诃夫的短篇小说取得了强烈鲜明的艺术效果,使"内容比文字多得多"。

属十二品文官,患有被害妄想症,他受尽生活的煎熬,但热烈诚挚,充满智慧和理性,对黑暗残酷的现实有着清醒的认识。一次他看到一队押解而过的犯人而深受刺激。他一下子明白过来:他原来就生活在沙皇俄国这个大监狱里,而且永远无可逃遁。于是他再也不能安然地生活下去了,他每时每刻都感到压抑得透不过气来。在这里,在第六病室里,他愤怒地叫喊:"我透不过气来啦!""开门!要不然我就把门砸碎!"

第四个人是个一身肥肉的农民,一张痴呆呆的脸上毫无表情,早已丧失了思想和感觉的能力。即使挨了打也只是身子稍稍晃一晃,像个沉重的大木桶。

第六病室的第五个,也就是最后一个病人是个小市民,原先是邮局的拣信员。他个头瘦小,有着一双聪明、安详的眼睛,心里藏着极重要、极愉快的秘密。

拉京是后来被关进来的,他是一个正直的知识分子,刚来医院时,也想在周围建立一种合理健全的生活秩序。但是他深深感到在黑暗的现实里自己是多么软弱无力。于是他干脆采取了逃避生活的途径,躲在家里喝酒,看书。但是作为一个有思想的知识分子,他需要获得内心的平衡和宁静,并且要为自己的生活态度找到一种解释。久而久之,他就形成了一种对现实妥协的自欺欺人的完整哲学。然而,残酷的现实使拉京内心越来越

探究性阅读

契诃夫的小说广泛涉及俄国社会生活各个方面,反映了俄国城市、乡村的贵族、商人、小市民、小官吏和知识分子等各个阶层的生活。在作品中作者揭示了黑暗时代的反动精神特征,猛烈地抨击了沙皇专制暴政,揭露了沙俄社会对人的青春、才能、幸福的毁灭,讽刺了自由派地方自治会改良主义活动的于事无补,再现了劳动人民的悲惨生活和小市民的庸俗猥琐,表现出作者对农民悲惨命运的关心同情。

苦闷和矛盾。在和格罗莫夫的争论中他不由自主地被对方激烈的言辞和愤怒的抗议所吸引,渐渐觉悟和清醒过来。但是他很快也被当作疯子关了起来。

小说结尾,拉京被迫害致死。格罗莫夫和其他人仍然被禁锢着,受着折磨,专制仍在延续。

《万卡》

万卡,九岁,三个月前被送到鞋匠阿利亚兴的铺子里来做学徒。在圣诞节前夜,他没有上床睡觉。老板、老板娘和师傅们出去做晨祷了,他从老板的立柜里取出一小瓶墨水和一支锈笔尖的钢笔,铺平了一张揉皱的白纸,给他的爷爷写信。

他想起了祖父康斯坦丁·马卡雷奇,那是个矮小精瘦而又异常矫健灵活的小老头,年纪约莫六十五岁,总是笑容满面,身后总是跟着两条狗,耷拉着脑袋。眼下他祖父一定在大门口站着,眯着眼睛看乡村教堂的窗子,跟仆人们开着玩笑。

万卡叹口气写道,昨天他挨了一顿打,老板揪着他的头发,把他拉到院子里,拿师傅干活用的皮鞭抽他,怪他摇他们的小娃娃的摇篮时睡着了。老板总是随手捞到什么就用什么打他。吃的更什么也不是,早晨吃面包,午饭喝稀粥,晚上又是面包。晚上睡在过道里,老板的小娃娃一哭,他就根本不能睡觉……万卡在信中恳求爷爷把他带回去,他实在熬不下去了。他写着写着抽抽搭搭地哭了。

万卡让爷爷从圣诞树上摘下一个用金纸包着的核桃,收在那个小绿箱子里作为自己的圣诞礼物。他回想起祖父总是到树林里给老爷家砍圣诞树,带着他一路去。

形象感受

这个城市的生活沉闷、无聊,这个社会没有高尚的需求,过着毫无生气、毫无意义的生活,充斥着形形色色的暴力、愚昧、腐化和伪善。卑鄙的人锦衣玉食,正直的人忍饥挨饿;社会需要学校、主持正义的报纸、剧院、大众读物、知识界的团结,必须让这个社会认清自己的面目,感到震惊才好。

——《第六病室》

万卡是个弱小无援的孤儿。在做学徒的三个月里饱受煎熬,经常遭到老板和老板娘的毒打,他所吃的食物可以说是少得可怜。他的生活简直不如一条狗。他希望唯一的亲人——祖父能够来这里把他带回去,但写给祖父的信上却没有地址和邮票。万卡是当时弱小者的代表,他的遭遇说明了当时弱小者的不幸和软弱。

——《万卡》

那时可真是快活呀！祖父把砍倒的云杉拖回老爷的家里，大家就动手装点它……当初万卡的母亲佩拉格娅还活着，在老爷家里做女仆的时候，奥莉加·伊格纳季耶夫娜小姐带给万卡糖果吃，闲着没事做便教他读书、写字。可是母亲一死，万卡就被送到仆人的厨房去跟祖父住在一起，后来又从厨房送到了现在的铺子里。

万卡哭着写道："你来吧，亲爱的爷爷，带我离开这儿吧……我饿得要命，气闷得没法说，老是哭。前几天老板用鞋楦头打我，把我打得昏倒在地，好不容易才活过来，我的生活苦透了，连狗都不如……"

万卡折好信纸，把它放在前天晚上花一个戈比买来的信封里……他略微想一想，用钢笔蘸一下墨水，写下地址：

寄给乡下爷爷收

随后又添了几个字：

康斯坦丁·马卡雷奇

他写完信而没有人来打扰他，心里感到很满意，顾不上披皮袄，只穿着衬衣就跑到街上去了。昨天晚上肉铺的伙计对他说信件丢到邮箱以后，就由醉醺醺的车夫驾着邮车，分送到世界各地去了。万卡跑到就近的一个邮箱，把那封宝贵的信塞进了邮箱。

他抱着美好的希望而定下心来，过了一个钟头，就睡熟了。在梦中他看见一个炉灶，祖父坐在炉台上，耷拉着一双光脚，给厨娘们念信，而小狗正在炉灶旁边走来走去，摇着尾巴。

情感体验

契诃夫的小说短小精悍，简练朴素，结构紧凑，情节生动，笔调幽默，语言明快，富于音乐节奏感，寓意深刻，不作啰嗦的对话，往往是通过人物的言行表现人物的内心世界或作品的主题思想。他作品中的人和事都是从日常生活中取材的，并且非常具有典型意义，而且，这些平凡小事往往能说明大道理。在作品中作者通过对幽默可笑的情节进行艺术概括，塑造出完整的典型形象，以此来反映当时的俄国社会的实质。契诃夫的小说从内容到形式都给人真实、朴素、深刻、动人的感觉。

《套中人》

兽医伊万·伊万内奇和中学教师布尔金由于打猎误了时辰而住在村长普里科菲房里。他们讲起了各种各样的事，布尔金谈起了一个叫别里科夫的人。

别里科夫是布尔金的同事，希

腊语教师，大约两个月前去世了。这是个出名的人，因为他即使在晴朗的天气出门，也穿着套鞋，带着雨伞，他总是把雨伞、怀表、小折刀装在套子里。他老是把脸藏在竖起的衣领里面，戴黑眼镜，穿绒衣，用棉花堵上耳朵。总之，这个人总想用一层壳把自己包起来，仿佛要为自己制造一个所谓的套子，好隔绝人世。他把自己的思想也竭力藏在套子里，只有政府的告示和报纸上的文章写着禁止什么事情，他才觉得一清二楚，他的口头禅就是：千万别闹出什么乱子来啊！

像布尔金那些老师都是有思想的、极其正派的人，受过屠格涅夫和谢德林的教育，然而那个总穿着套鞋、拿着雨伞的人，却把整个中学辖制了足足十五年。他不仅辖制中学，还辖制全城。

别里科夫还差点结了婚。中学里新来的史地老师叫科瓦连科，他还带着他的姐姐瓦连卡，瓦连卡是一个三十岁上下、个子较高、身材也很匀称、很活泼的人。中学里的太太们由于闲着无聊要给他们撮合婚事。于是他昏了头，决定真结婚了。

可是，在别里科夫认为，这件事发生得太突然了，总得仔细想一想，免得日后闹出什么乱子来。他一个劲儿地拖延，时刻都在估量将来的义务和责任，弄得太太们都烦恼极了。同时他又差不多每天和瓦连卡出去散步。

后来，有个促狭鬼画了一张漫画，画着别里科夫打着雨伞，穿着套鞋，挽着瓦连卡，题名为"恋爱中的 anthropos"，每个人都接到一份儿，别里科夫也一样，这使他十分难堪，恰好这时他看见瓦连卡姐弟俩骑着自行车过来了，他大为震动，认为不成体统，就向瓦连卡的弟弟说出了自己的不满。别里科夫先全力澄清漫画与自己无关，又说瓦连卡姐弟俩骑自行车不成体统，还说要向校长报告，科瓦连科一气之下就把别里科夫推下了楼。当他滚下去的时候，偏巧碰上了瓦连卡，她哈哈大笑起来，也就是这笑声结束了这一切：结束了婚事，结束了别里科夫的人间生活。

别里科夫从此躺下没起过床，一个月后去世了。人们都去送葬。老实说，埋葬别里科夫那样的人是一件大快人心的事。当他们从墓园回来的时候，心情都极好，但是埋葬了别里科夫，另外还有很多这样的套中人活着。

莫泊桑短篇小说选

《羊脂球》

普法战争期间,法军战败溃退,普鲁士军队占领了卢昂城。入侵者用一种严格的纪律控制市区,却并不残暴。在最初的心理恐怖之后,人们的胆子渐渐大了起来。有几个商人想到还处于法国军队防守之下的哈弗尔港去做买卖,最后终于弄到了一张由他们的总司令签发的出境证。

午前四点半光景,睡眼惺忪的旅客们冒着鹅毛大雪出发了。马车里一共坐了十个人,他们是葡萄酒批发商鸟先生及夫人、棉织厂主迦来·辣马东先生及夫人、禹贝尔·卜来韦伯爵夫妇、两个嬷嬷、被人称为"民主朋友"的戈尔弩兑,还有一个诨名"羊脂球"的妓女。羊脂球很逗人喜爱。羊脂球被人认出来后,从三个贵妇人嘴中吐出了一些难听的字眼。三位有钱的先生则自觉地和她保持了距离,很炫耀地谈起他们的生意经来。

车子走得很慢,原定在途中一个叫多忒那的地方吃午饭,但在天黑前是赶不到了。吃东西的愿望一步步增加,几位先生下车去找吃的东西,结果一无所获。这时,羊脂球从长凳底下

作者及作品简介

莫泊桑(1850—1893)是19世纪后半期法国优秀的批判现实主义作家。一生创作了6部长篇小说和300多篇优秀的中短篇小说,他的文学成就以短篇小说最为突出,被誉为"短篇小说之王",对后世产生了极大影响。

莫泊桑的短篇小说擅长从平凡琐屑的事物中截取富有典型意义的片段,以小见大地概括出生活的真实。侧重描写人情世态,构思布局别具匠心,细节描写、人物语言和故事结尾均有独到之处。

莫泊桑的中短篇小说描绘了各色各样的生活场景,刻画了各个社会阶层各种职业的人物形象,从不同的角度和侧面反映了1870—1890年间法国社会生活的状况。小说内容多是描写日常生活中的人情世态,中小资产阶级人物的琐事心理,但由于作者观察精细,善于挖掘,深刻地反映出生活的真实和社会的本质。篇幅虽短,蕴含极深;平淡小事,意义不凡,给人以以小见大的艺术感受。

抽出一个盖着白饭巾的大提篮,取了一只子鸡翅膀,斯斯文文地吃了起来。所有的眼光都向她射过来了,香味散开,众人的肚子更饿了。鸟老板终于忍不住,接受了羊脂球的邀请先吃了起来。接着,两个嬷嬷、戈尔弩兑、鸟老板的妻子也吃了起来。几个人正吃得起劲,厂长的

探究性阅读

莫泊桑的短篇小说在揭露上层统治者及其毒化下的社会风气的同时,对被侮辱被损害的小人物寄予深切同情。其主题有的讽刺虚荣心和拜金主义,有的描写劳动人民的悲惨遭遇,赞颂其正直、淳朴、宽厚的品格,有的描写普法战争,反映法国人民爱国情绪。小说布局结构的精巧、典型细节的选用、叙事抒情的手法,以及行云流水般的自然文笔,都给后世作家提供了典范。

夫人突然饿晕过去了。这一事件终于促发其余几个人也加入吃的圈子里来。很快,十个人就把提篮吃空了。

入夜,马车驶进了多忒那镇。众人吃了宵夜,在旅馆里歇了一宿。第二天,按预定应八点钟启程,但日耳曼军官不放他们走。原来,他看中了羊脂球,要和她睡觉,不想遭到羊脂球的坚决拒绝,他恼羞成怒便将所有人都扣留在镇上。待大家终于弄清楚事情的原委时,起初都异常愤慨,特别是那几位贵妇人还对羊脂球表现出了怜惜。不过到了第三天,急于动身的愿望开始让先生和太太们有点怨恨起羊脂球来了。第四天,那几位先生和太

太则满腔怒火了,鸟老板想把"这个贱东西"捆起来送给敌人,不过伯爵主张用巧妙手腕。他们阴谋策划了一番,彼此还分了工,两个嬷嬷竟也参与进来。第五天午饭后,由伯爵出面,对羊脂球晓之以理,动之以情,劝羊脂球去满足日耳曼军官的要求。结果,羊脂球默默地屈服了。

第六天,马车终于出镇了。羊脂球怯生生地上了车,众人都不看她,生怕让她给传染了什么。旅行又开始了,太太们彼此闲谈,两个嬷嬷装模作样地祈祷,几位有钱的先生又谈起了生意经。在路上走了三个小时后,众人肚子都饿了,大家都把各自带的东西拿出来吃。羊脂球在慌忙中起床,什么也没有准备,看这些人若无其事地吃东西,不觉义愤填膺,憋得说不出话。但没有一个人看她,没有一个人惦记她。末了,她的愤怒变成了眼泪。

《项链》

世界上有一些女子,面

形象感受

羊脂球是一个不愿委身侵略者、地位卑微的妓女,在去哈弗尔港的路上,由于羊脂球把提篮里的东西拿出来与大家一起分享,获得了大家的认可。在旅馆羊脂球又为大家做出了牺牲,换来的却是他们对她的不屑一顾。前后鲜明的对比,揭露了法兰西第三共和国当时人与人之间的地位隔阂、建立在金钱上的虚伪友谊和亲密。

——《羊脂球》

玛蒂尔德是一个复杂的人物形象。开始时她追求荣华,虚荣心强,成天陷于幻想中不能自拔,最后为了参加舞会丢了借来的项链,这是她爱慕虚荣的一面。丢掉项链后,由爱慕虚荣走向生活实际,由顾影自怜走向自尊自强,自力更生,努力靠双手还债,这又是玛蒂尔德真诚的一面。

——《项链》

庞好,也很有风韵,但被造化安排错了,罗瓦赛尔夫人玛蒂尔德就是其中一个。她没有任何办法可以使一个有钱有地位的男子来结识自己,了解自己,然后爱她、娶她,她只好嫁给教育部的一个小科员。

她没钱打扮,每天心里很痛苦。这些情形如果不是她,而是她那个阶层任何另一个妇女的话,可能不会意识到这些,但是她的痛苦却很大,并且总是义愤填膺。

她有一个女朋友,非常有钱,她不愿意去看她,因为每次从女朋友那里回家都会非常痛苦。

一天晚上,罗瓦赛尔先生拿回一张部长晚会的请帖,玛蒂尔德把它扔在一边,她觉得没有适合参加宴会的晚礼服,还因此伤心地哭起来。于是,罗瓦赛尔狠心给她订做了一套四百法郎的礼服。她说没有合适的首饰来和礼服相配,去了还是会丢人的。她丈夫想到了一个好主意,向她那个有钱的朋友福雷斯蒂埃太太借几样首饰。她听后觉得这个主意可行。

第二天晚上,她去把自己的苦恼讲给了好朋友福雷斯蒂埃太太,福雷斯蒂埃太太立即把自己的首饰箱拿出来任她挑选。玛蒂尔德在一个匣子里发现了一串非常漂亮的钻石项链,她就借走了这串项链。

在晚会上,罗瓦赛尔夫人非常成功,

她是晚会上最漂亮迷人的女性。所有的男人都盯着她，都打听她，想约她共舞。整个晚上她都陶醉在幸福和快乐之中，直到凌晨四点她才离开晚会会场。

当他们到家以后，罗瓦赛尔夫妇发现项链不见了。他们在所有衣服里、家里任何一个角落搜寻，结果没有发现；他们去大街上、去晚会上，结果还是没有踪迹；他们报警，他们悬赏查找，结果也是一无所获。

他们只好花三万六千法郎买了一串一样的项链还给自己的朋友。他们不仅花光了一切积蓄和遗产，还借了很多高利贷，沦为了真正的贫民。

为了清偿债务，他们搬了家，住上了最差的房子。罗瓦赛尔找了一份兼职做，玛蒂尔德辞退了女仆，做各种各样的家务活，尝遍了生活的辛酸苦辣。这样过了十年，他们终于还清了所有债务。玛蒂尔德苍老了很多，而且不修边幅，头发也不梳，裙子也会系歪。偶尔，她会想起以前，会想起那个风光的夜晚，但是美丽和光辉一去不返了。

有一天，她在街上散步，遇到以前的老朋友福雷斯蒂埃太太。福雷斯蒂埃太太还是那样年轻，那样美丽动人。玛蒂尔德觉得自己的债务已经还完了，没有必要再躲避，就去跟福雷斯蒂埃太太打招呼。福雷斯蒂埃太太非常惊讶地问，"你是谁呀？"玛蒂尔德说，"我是玛蒂尔德啊。"福雷斯蒂埃太太不敢相信自己的眼睛，问她怎么成这样了。玛蒂尔德跟她说是因为丢了那串项链。

福雷斯蒂埃太太激动地说，"唉呀，可怜的玛蒂尔德！我借给你的那串项链是假的。"

名句精华

没有一个人看她，没有一个人想到她。她觉得自己淹没在这些恶棍的轻蔑里；他们先是把她当作牺牲品，然后又像抛弃一件肮脏无用的东西似的把她抛掉。

——《羊脂球》

在富有的家庭里，一个寻快乐的人做些糊涂事情，那就被旁人在微笑之中称呼他做花花公子。在日用短缺的家庭里，若是一个孩子强迫父母消耗了本钱，必然变成一个坏人，一个光棍，一个浪荡子弟！

——《我的叔叔于勒》

《我的叔叔于勒》

一个白胡子穷老头向我们讨钱，我的同伴约瑟夫·达夫郎什竟给了他一个五法郎的银币，我感到很惊奇，他对我说这样一件事：

我的家庭原籍勒阿弗尔，不是有钱人家，父亲做着事很晚才从办公室回来，挣钱不多，我有两个姐姐。我的母亲对我们的拮据生活感到痛苦，家里样样都要省，可是每星期日我们都要衣冠整齐的到防波堤上去散步，姐姐们挽着胳膊走到最前面，她们已经到了出嫁的年龄了，所以常带她们出来叫城里人看看，好让人能够看上她们。

每个星期日，只要一看见那些从遥远的陌生的地方回来的大海船进港，我的父亲总说那句从不变更的话："哎！如果于勒在那条船上，那会有多么惊喜呀！"

我父亲的弟弟于勒叔叔是我们全家唯一的希望，而在这以前曾经是祸害。据说，他当初行为很不端正，总之，他把自己应得的那份遗产吃得一干二净之后，还大大减少了我父亲指望的那一部分。依当时的惯例，他被送到美洲去了。到了那里，于勒叔叔可能发了财，写信回来说希望能够赔偿父亲的损失，要回来和我们过快活的日子。信引起了极大的震动，他一下子成为了正直的好人。

情感体验

莫泊桑的短篇小说展示给读者的是一幅幅线条简练、色彩恬淡、和谐宜人的生活风俗画面，作者三言两语便道出小说的背景，内容相当简单，主角却是栩栩如生，而且过不多久，意外的事情发生了，使情节很快就走向结局，结局往往是悲惨的。读过莫泊桑的短篇小说总能给人以收获，或是领悟出当时社会风气的腐败，或是体会出作者对弱小者的同情。

十年之内，于勒叔叔没有再来过信，但我父母的希望却与日俱增。他们设计了无数的美好未来蓝图。由于于勒叔叔的信的影响，我的二姐终于出嫁了，我们家准备婚礼后到泽西岛小游一次。终于动身了，我们上船后如同那些不常旅行的人一样，感到快活而骄傲。

在船上父亲看见有位先生在请两位打扮很漂亮的太太吃牡蛎，这件文雅的事毫无疑问地打动了父亲的心，于是，父亲要请姐姐们吃牡蛎。他们走向那个卖牡蛎的老水手，正吃着，父亲的脸苍白起来，好像十分不安，低声对母亲说这个卖牡蛎的人像于勒，母亲也非常吃惊表示不相信，最后自己去证实了一下，说好像就是于勒叔叔。只见母亲神色异常慌乱，对父亲说千万不要让于勒叔叔再缠上我们。父亲向船长打听了一下，船长冷冷地告诉我们那个衣服褴褛的老水手是个法国老流浪汉，是船长在美洲带回国的，他曾经阔绰过，但现在十分落魄，他确实叫什么于勒……天啊！

父亲脸色煞白，母亲也大发雷霆，让我赶紧把牡蛎的钱付清，不要被于勒认出来，免得他又缠上我们家，使我们家倒霉。

我到了卖牡蛎的水手面前，正想喊他："我的叔叔！"我给了于勒叔叔半个法郎的小费，这使家人都非常吃惊，特别是母亲，说我疯了，竟然拿半个法郎给那个无赖。但是在我心中有一种强烈的愿望："再看一次我的叔叔于勒，对他说几句温暖的安慰的话。"但是，我再也没有见过我的于勒叔叔！因为父母不可能允许我再见到他！

今后您还有可能看见我有时要拿一个五法郎的银币给要饭的，就是这个缘故，因为他是我的叔叔于勒。

欧·亨利短篇小说选

《警察和赞美诗》

苏贝躺在麦迪逊广场的长凳上，辗转反侧。他知道冬天已经逼近了。苏贝对于在冬季蛰居方面并没有什么奢望，他心神向往的只是去布莱克韦尔监狱待三个月，不愁食宿，还能摆脱巡警的干扰。

既然打定了去岛上的主意，苏贝立刻准备实现他的愿望。轻而易举的办法倒是不少。最愉快的莫如在一家豪华的饭店里大模大样地吃上一顿，然后声明自己不出一文，就可以安静地被交到警察手里。

苏贝离开长凳，踱出广场，开始做起了准备，苏贝对自己的上半身打扮颇有信心。只要他能走到饭馆里桌子边上而不引起别人的疑心，就如愿以偿了。可是苏贝刚踏进饭馆门，侍者领班粗壮而利索地把他推了一个转身，沉默而迅速地撵到人行道上。

苏贝离开了百老汇路。到那希望之岛，满足口腹之欲，要进监狱，还得另想办法。在马路的拐角上有一家铺子，玻璃橱窗里陈设巧妙的商品和灿烂的灯光很引人注目。苏贝拾起一块大圆石，砸穿了那块玻璃。

可是警察根本不把苏贝当作嫌疑犯。苏贝大失所望，垂头丧气地走开了。

对街有一家不怎么堂皇的饭馆，苏贝跨进这家饭馆，他挑了个位子坐下，吃了牛排、煎饼、炸面饼和馅饼，然后向侍者透露，说他一个子儿都没有。

"现在快点去找警察来"，苏贝说，"别让大爷久等。""对你这种人不用警察"，

作者及作品简介

欧·亨利（1862—1910）原名威廉·西德尼·波特，是美国最著名的短篇小说家之一，曾被评论界誉为曼哈顿桂冠散文作家和美国现代短篇小说之父。他出身于美国北卡罗来纳州格林斯波罗镇一个医师家庭。

欧·亨利的作品文字简练、素朴洁净而又幽默风趣、诙谐机智。他善于捕捉日常生活中细小而富于深意的一瞬，于细微处抓住特点，再用夸张的笔触勾勒，简简单单的人物便栩栩如生跃然纸上了。

坎坷的生活经历使欧·亨利与社会底层的落魄小人物惺惺相惜。理解、同情和共同的经历使他的作品朴实、感伤、真切动人。其作品透出的韵味就像乡村小教堂传来的管风琴声，在斜斜的夕照中那旋律会偶尔走了调，但那朴素的安慰与温情却经久不衰。

探究性阅读

欧·亨利的作品以美利坚合众国为广袤的背景,他的大部分作品都反映了下层人物辛酸而又滑稽的生活。他笔下的人物从来不曾有机会捶打出深奥的思想或生长出勃勃雄心,因为他们只是些生活在底层的小人物。他们或是带着欲望,渴求某一天机遇降临、境遇突变(如《剪亮的灯盏》中的芦与南希);或是用温情填满愁苦的日月,使日子苦涩中含着幸福(如《麦琪的礼物》中夫妻双方深挚沉默的爱恋);或是在失意中消沉了生活的意志,选择悄无声息而又满怀惆怅的死(如《最后的常春藤叶》中意志消沉的琼珊)。

两个侍者干净利落地把苏贝又出门外。被捕似乎只是一个美妙的梦想,那个岛仿佛非常遥远。苏贝又一次失败了。

在人行道上,苏贝开始憋足劲,尖声叫喊一些乱七八糟的醉话,他手舞足蹈,吆喝胡闹,想尽办法搅得天翻地覆。可警察挥舞着警棍,向一个市民解释:"那是耶鲁大学的学生,他在庆祝赛球大获全胜,虽闹得凶,可是不碍事。"

苏贝停止了白费力的嚷嚷。在一家雪茄烟铺里,苏贝拿起门口的一把伞,不慌不忙扬长而去,可是伞主人却认为是一场误会。

苏贝咒骂那些头戴铜盔,手持警棍的人。他一直指望他们来逮捕他,他们却把他当作是正确的帝王。

最后苏贝在一个老教堂前停了下来。悠扬的乐声飘进了苏贝的耳朵。苏贝这时敏感的心情受老教堂环境的影响,使他的灵魂突然起了奇妙的变化。他突然憎恶起他所陷入的深渊、堕落的生活、卑鄙的欲望。刹那,一股迅疾而强有力的冲动促使他要向坎坷的命运抗争。他要重新做人。

就在他觉醒的时候,警察却把他抓了起来,第二天早晨,警庭的法官宣判说:"在布莱克韦尔岛上监禁三个月。"

《麦琪的礼物》

第二天就是圣诞节了。在一个跟贫民窟相去不远的公寓里,住着詹姆斯·迪林汉·杨夫妇,女主人德拉在数着他们仅剩的钱,加起来都不够给丈夫买礼物。

尽管贫穷,但他们有两样东西特别引为自豪,一样是吉姆三代祖传的金表,另一样是德拉的头发。

德拉美丽的头发披散在身上,像一股褐色的小瀑布奔泻闪亮,她神经质地赶快把头发梳好,眼睛里流着晶莹的泪光,裙子一摆,飘然走出房门,下楼跑到街上。

德拉用她漂亮的头发换来了二十块钱。拿到钱之后的德拉在一家礼物店里为吉姆搜索着礼物,她终于找到了。那是一条白金表链,样式简单朴素,只以货色来显示它的价值。它与吉姆的金表正好相配。

德拉回到家后,她的陶醉有一部分被审慎和理智所替代。她拿出卷发铁钳,不出四十分钟,头上布满了紧贴着的小发卷,变得活像一个逃课的小学生。

吉姆一贯准时回家,德拉把表链对折握在手里,在他进来时必经的门口的桌子角上坐下来。接着脚步声响了,她紧张得脸色失去了血色,悄声地说:"求求上帝,让他认为我还是美丽的。"

吉姆在门内站住,像一条猎狗嗅到鹌鹑气味似的纹丝不动。他的眼睛盯着德拉,所含的神情是她所不能理解的。

"亲爱的,"她喊道,"别那样盯着我,我把头发剪掉卖了,因为不送你一件礼物,我过不了圣诞节,头发会再长出来的——你不会在意吧,是不是?"

"你把头发剪掉了吗?"吉姆吃力地问,仿佛他绞尽脑汁之后,还没有把这个显而易见的事

形象感受

苏贝为过冬绞尽脑汁惹是生非,想被警察送去"免费旅馆"——布莱克韦尔岛监狱,可是在当时的社会里,却不能如愿以偿;当苏贝受到赞美诗的感化,欲改邪归正时,警察却以"莫须有"的罪名让他锒铛入狱。可笑的情节下潜藏着一条真理:在资本主义社会里就是那样的黑白不分,是非颠倒,荒唐可笑。

——《警察和赞美诗》

德拉有着让示巴女王的珠宝和首饰相形见绌的金发,可以想见她的美丽。她对贫苦平淡的生活心静如水,也没有渴望表现自己的骚动。小说细致地描写了她无钱为丈夫买礼物的焦灼心情,她上街卖发买表链的急迫,以及回家后为了不让丈夫难过精心修饰短发,这一切都深刻细腻地表现了她深厚诚挚的爱情。

——《麦琪的礼物》

吉姆在小说中着墨并不算多,作者对他没有什么深入细致的刻画,只是用"很瘦削,非常严肃"稍加润色。不过从他卖掉祖传金表为妻子买礼物以及回家后一系列的言行,都表现了他是一位体贴妻子、纯真善良的男人。

——《麦琪的礼物》

实弄明白。

"不但剪了,而且卖了。"德拉说,"虽然没有了头发,我还是我,可不是吗?不管怎样,你还是同样喜欢我吗?"

吉姆好像从恍惚中突然醒过来,他把德拉搂在怀里,从大衣口袋里掏出一包东西,把它扔在桌上,德拉敏捷地撕开了绳索和包皮纸。

"哎呀",德拉狂喜地呼喊,因为摆在眼前的是那套插在头发上的梳子——全套的发梳,两鬓用的,后面用的,应有尽有,那是德拉渴望已久的东西,纯玳瑁的,边上镶着珠宝的美丽的发梳——来配那已经失去的美发,颜色真是合适,现在居然为她所有了,可是她的头发却没有了,她知道这套发梳是很贵重的,虽然渴望已久,但从来没有过占有它的希望。而吉姆那配表链的金表也卖掉了。

"德拉,"他说,"我们把圣诞礼物搁在一边,暂且保存起来。它们实在太好啦,现在用未免太可惜。我是卖掉了金表,换了钱去买你的发梳的。现在请你煎肉排吧。"

在所有馈赠礼物的人当中,詹姆斯·迪林汉·杨夫妇是最聪明的。在一切接受礼物的人当中,像他们这样的人也是最聪明的,无论在什么地方,他们都是最聪明的,他们就是麦琪。

《爱的牺牲》

乔·拉腊比来自中西部栎林参天的平原,浑身散发着绘画艺术的天才,他只在六岁时画了一幅镇上抽水机的风景画。

迪莉娅·卡拉瑟斯生长在南方一个松林葱茏的小村里,她把六音阶之类的玩意儿搞得那么出色,以致亲戚们替她凑了一笔为数不多的款子,让她去北方"深造"。

乔和迪莉娅在一个画室里相遇了,他们俩一见倾心,短期内就结了婚——因为当你爱你的艺术时,就觉得没有什么奉献是难以承受的。

名句精华

家庭只要幸福,房间小又何妨——让梳妆台坍下来作为弹子桌;让火炉架改作练习划船的机器;让写字桌充当临时的卧榻,洗脸架充当竖式钢琴;如果可能的话,让四堵墙壁挤拢来,你和你的迪莉娅仍旧在里面,可是假若家庭不幸福,随它怎么宽敞——你从金门进去,把帽子挂在哈得拉斯,把披肩挂在合恩角,然后穿过拉布拉多出去,到头还是枉然。

——《爱的牺牲》

拉腊比夫妇租了一套公寓,开始组织家庭,公寓生活是唯一的真正的快乐,家庭要幸福,房间小又何妨。

乔在伟大的马斯特那儿学画,迪莉娅在罗森斯托那儿学习,他是一位出名的专跟钢琴键盘找麻烦的家伙。

只要钱没有用完,他们的生活是非常美满的。可是没有多久,艺术动摇了。俗话说得好,坐吃山空。应该交付的学费也没有着落了。于是,迪莉娅决定教授音乐,以免断炊。她在外面奔走了两三天,兜揽学生。终于找到一个叫克莱门蒂娜的学生,是一位将军家的小姐。

"你倒不错,"乔说,"可我该怎么办啊?你以为我能让你忙着挣钱,而我自己却在艺术的领域里追逐吗?"

"乔,亲爱的,你真傻,你一定要坚持学习。我并不是放弃音乐去干别的事情,我一面教别人,自己一面也能学一些。我永远跟我的音乐在一起。"迪莉娅说。

周末,愉快自豪,但又疲惫不堪的迪莉娅得意洋洋地掏出三张五元的钞票,扔在那八英尺宽十英尺长公寓客厅里的桌子上。接着,乔带着基督山伯爵的神气,掏出一张十元,一张五元,一张两元,和一张一元的钞票,把它们摆在迪莉娅挣来的钱的旁边。

"那幅方尖碑的水彩画卖给了一个从皮奥里亚来的人。"他郑重其事地宣布,"我的画,加上你的音乐课,啊,我想艺术是有前途的。"

第二个星期六的晚上,乔先回家,把他的十八块钱摊在客厅的桌子上。半小时后,迪莉娅来了,她的右手用棉纱和绷带包成一团,简直不成样子。

"这是怎么搞的?"乔照例打招呼后问道。迪莉娅笑了,解释道:"克莱门蒂娜,那个古怪的姑娘,她浇奶酪的时候泼翻了许多!滚烫的奶汁,溅在我的手腕上。痛得要命,乔。那可爱的小姑娘难过极了!在用布和包扎伤口的东西把伤口包扎好之后,就不十分痛了。"迪莉娅接着说:"喔,乔,你又卖掉了一幅素描吗?"她看到了桌上的钱。

"可不是吗?"乔说,"这两个星期以来,你到底在干什么?迪莉。"他问道。

她带着充满爱情和固执的眼神熬了一两分钟,但终于垂下头,一边哭,一边说出实话来了。"我找不到学生,又不忍心眼看着抛弃你的课程,所以在第二十四号街那家大洗衣店里找一个熨衬衣的活儿。今天下午,洗衣店里一个姑娘的热熨斗烫了我的手。乔,你不会生我的气吧?"

"我的画也没有卖出去,根本没有皮奥里亚来的人。"乔慢吞吞地说,两星期来,我就在那家洗衣店的锅炉房烧火。

那你并没有——

他们俩都笑了,乔开口说:当你爱好你的艺术时,我觉得没有什么奉献是难以承受的。

情感体验

欧·亨利的小说有统一的模式,却又不是别人所能模仿的,这便是著名的"欧·亨利式结局"。他先在故事的情节中埋下伏笔,让你对最重要的事实知而不透,直到结尾时才峰回路转,献出一个合乎情理却又让人始料不及的结局,实在是耐人寻味,从而揭示出故事的全部意义和人物性格的全部真实,让人叹为观止。同时,欧·亨利的短篇小说情节动人而笔触细腻,语言丰富又朴实含蓄。作品构思新颖,语言诙谐,又因描写了众多的人物,富于生活情趣。

泰戈尔诗

《第一次的茉莉》

呵,这些茉莉花,这些白的茉莉花!

我仿佛记得我第一次双手满捧着这些茉莉花,这些白的茉莉花的时候。

我喜爱那日光,那天空,那绿色的大地;

我听见那河水淙淙的流声,在漆黑的午夜里传过来;

秋天的夕阳,在荒原上大路转角处迎我,如新妇揭起她的面纱迎接她的爱人。

但我想起孩提时第一次捧在手里的白茉莉,心里充满着甜蜜的回忆。

我生平有过许多快活的日子。在节日宴会的晚上,我曾跟着说笑话的人大笑。

在灰暗的雨天的早晨,我吟唱过许多飘逸的诗篇。

我颈上戴过爱人手织的醉花的花圈,作为晚装。

但我想起孩提起第一次捧在手里的白茉莉,心里充满着甜蜜的回忆。

——(选自《新月集》)

《园丁集》(节选)

若是你要忙着把水瓶灌满,来吧,到我的湖上来吧。

作者及作品简介

泰戈尔(1861—1941)是印度著名诗人、作家、艺术家和社会活动家。1913年获诺贝尔文学奖。泰戈尔是具有巨大世界影响的作家。他共写了50多部诗集,被称为"诗圣",重要诗作有诗集《故事诗集》(1900)、《吉檀迦利》(1910)、《新月集》(1913)、《飞鸟集》(1916)、《边缘集》(1938)、《生辰集》(1941)。

泰戈尔诗歌创作大体上可以分为三个时期:早期的故事诗,中期的《吉檀迦利》及其他作品,晚期的政治抒情诗。

早期的故事诗大多来源于宗教传说和民间故事,宗教传说包括佛教、印度教、锡克教的故事等,作者对这些故事进行了艺术加工和再创造。

中期的《吉檀迦利》是泰戈尔最著名的一部诗集,共收诗103首。《吉檀迦利》是"献诗"的意思,即献给神的诗,诗集的主题是敬仰神,渴求与神的结合。颂神诗的形式在印度古已有之,但泰戈尔的这部诗集,它的内容与现实是紧密结合的,表达了诗人对人生理想的探索和追求。

晚期的政治抒情诗逐渐改变了以前的改良主义情调和神秘主义色彩,表现出鲜明的政治倾向性。

湖水将回绕在你的脚边,潺潺地说出它的秘密。

沙滩上有了欲来的雨云的阴影,云雾低垂在丛树的绿线上,像你眉上的浓发。

我深深地熟悉你脚步的韵律,它在我心中敲击。

来吧,到我的湖上来吧,如果你必须把水瓶灌满。

如果你想懒散闲坐,让你的水瓶漂浮在水面,来吧,到我的湖上来吧,

草坡碧绿,野花多得数不清。

你的思想将从你乌黑的眼眸中飞出,像鸟儿飞出窝巢。

你的披纱将褪落到脚上。

来吧,如果你要闲坐,到我的湖上来吧。

如果你想撇下嬉游跳进水里,来吧,到我的湖上来吧。

把你的蔚蓝的丝巾留在岸上;蔚蓝的水将没过你,盖住你。

水波将蹑足来吻你的颈项,在你耳边低语。

来吧,如果你想跳进水里,到我的湖上来吧。

如果你想发狂而投入死亡,来吧,到我的湖上来吧。

它是清凉的,深到无底。

它沉黑得像无梦的睡眠。

在它的深处黑夜就是白天,歌曲就是静默。

来吧,如果你想投入死亡,到我的湖上来吧。

我一无所求,只站在林边树后。

倦意还逗留在黎明的眼上,露泣在空气里。

湿草的懒味悬垂在地面的薄雾中。

在榕树下你用乳油般柔嫩的手挤着牛奶。

我沉静地站立着。

我没有说出一个字,那是藏起的鸟儿在密叶中歌唱。

芒果树在村径上撒着繁花,蜜蜂一直会嗡嗡飞来。

池塘边湿婆天的庙门开了,朝拜者开始诵经。

你把罐儿放在膝上挤着牛奶。

探究性阅读

泰戈尔在他的诗歌创作中,爱祖国、爱人生、爱自然犹如一根红线贯穿在作品中。他的爱国诗不是标语口号,而是喊出了人民内心深处的声音,抗议殖民主义统治,强烈要求民族独立和解放,并且对民族解放充满着必胜的信心。在他的诗作中,还有不少是揭露封建势力的罪行,歌颂民族英雄,向往美好生活的。此外,泰戈尔后期的政治抒情诗,更是体现了很高的思想境界,这与他对劳动人民历史作用的深刻认识是密不可分的。

我提着空桶站立着。

我没有走近你。

天空和庙里的锣声一同醒起。

街尘在驱走的牛蹄下飞扬。

把汩汩发响的水瓶搂在腰上,女人们从河边走来。

你的钏镯叮当响,乳沫溢出罐沿。晨光渐逝而我没有走近你。

《吉檀迦利》(节选)

灯火灯火在哪里呢?用熊熊的渴望之火把它点上罢!

灯在这里,却没有一丝火焰,——这是你的命运吗,我的心呵!你还不如死了好!

悲哀在你门上敲着,她传话说你的主醒着呢,他叫你在夜的黑暗中奔赴爱的约会。

情感体验

泰戈尔之所以能够获得世界声誉,除了诗作那耐人寻味、丰富多彩的思想内容外,还与诗人卓越的艺术表现能力有着直接关系。首先,诗人善于将自己的思想和感情插上想象的翅膀,任其自由驰骋,随意翱翔,构成一幅幅栩栩如生、色彩斑斓的图画,显得优美动人。其次,诗人善于把自己的思想感情化为具体的形象,显得生动活泼,富有魅力。

云雾遮满天空,雨也不停地下。我不知道我心里有什么在动荡——我不懂得它的意义。

一霎的电光在我的视线上抛下一道更深的黑暗,我心摸索着寻找那夜的音乐对我呼唤的径路。

灯火,灯火在哪里呢?用熊熊的渴望之火把它点上罢!雷声在响,狂风怒吼着穿过天空。夜像黑岩一般的黑。不要让时间在黑暗中度过罢。用你的生命把爱的灯点上罢。

罗网是坚韧的,但是要撕破它的时候我又心痛。

我只要自由,为希望自由我却觉得羞愧。

我确知那无价之宝是在你那里,而且你是我最好的朋友,但我却舍不得清除我满屋的俗物。

我身上披的是尘灰与死亡之衣;我恨它却又热爱地把它抱紧。

我的债务很多,我的失败很大,我的耻辱秘密而又深重;但当我来求福的时候,我又战栗,唯恐我的祈求得了允诺。

被我用我的名字囚禁起来的那个人,在监牢中哭泣。我每天不停地筑着围墙,当这道围墙高起接天的时候,我的真我便被高墙的黑影遮断不见了。

我以这道高墙自豪,我用沙土把它抹严,唯恐在这名字上还留着一丝罅隙,我煞费了苦心,我也看不见了。

我独自去赴幽会。是谁在暗寂中跟着我呢?

我走开躲他,但是我

名句精华

我手中的灯笼，使眼前黑暗的路途与我为敌。

路旁的景物使我恐惧。甚至花草树木也像鬼影憧憧，恶毒地向我蹙额恫吓。

我的脚步声也引起隐隐的疑惑的回响。

因此，我乞求你的曙光来临，那时，远与近将互相亲吻拥抱，生与死也将在爱情中溶为一体。

——《渡口》

心的无数无形的绿叶，千年万代一簇簇在我的周围舒展。

我隐附于林木，它们是渴望已久阳光的执着的化缘僧，每日从青天舀来光的甘汁，把贮存的看不见的不燃的火焰，注入生命最深的骨髓；从繁花，从百鸟歌唱，从情人的摩挲，从深爱的承诺，从噙泪献身的急切，提炼醇香的美的结晶。

——《叶盘集》

清晨，
当你睁开眼睛，
我将把你留给一个蜜蜂嗡鸣，
鸟儿啁啾的世界。
我送给你的最后礼物，
将是一滴落入你青春深处的泪珠，
它将使你的微笑更加甜美，
当白天的欢腾残酷无情之时，
它将化作薄雾，
隐去你的娇容。

——《游里集》

逃不掉。

他昂首阔步，使地上尘土飞扬；我说出的每一个字里，都掺杂着他的喊叫。

他就是我的小我，我的主，他恬不知耻；但和他一同到你门前，我却感到羞愧。

尘世上那些爱我的人，用尽方法拉住我。你的爱就不是那样，你的爱比他们的伟大得多，你让我自由。

他们从不敢离开我，恐怕我把他们忘掉。但是你，日子一天一天地过去，你还没有露面。

若是我不在祈祷中呼唤你，若是我不把你放在心上，你爱我的爱情仍在等待着我的爱。

只要我一息尚存，我就称你为我的一切。

只要我一诚不灭，我就感觉到你在我的四周，任何事情，我都来请教你，任何时候都把我的爱献上给你。

只要我一息尚存，我就永不把你藏匿起来。

只要把我和你的旨意锁在一起的脚镣，还留着一小段，你的意旨就在我的生命中实现——这脚镣就是你的爱。

这是我对你的祈求，我的主——请你铲除，铲除我心里贫乏的根源。

赐给我力量，使我能轻闲地承受欢乐与忧伤。

赐给我力量，使我的爱在服务中得到果实。

赐给我力量，使我永不抛弃穷人也永不向淫威屈膝。

赐给我力量，使我的心灵超越于日常琐事之上。

再赐给我力量，使我满怀爱意地把我的力量服从你意志的指挥。

《飞鸟集》（节选）

静静地听，我的心呀，听那"世界"的低语，这是他对你的爱的表示呀。

创造的神秘，有如夜间的黑暗——是伟大的。而知识的幻影，不过如晨间之雾。

不要因为峭壁是高的，而让你的爱情坐在峭壁上。

我今晨坐在窗前，"世界"如一个过路的人似的，停留了一会儿，向我点点头又走过去了。

这些微语是绿叶的簌簌之声呀；他们在我的心里愉悦地微语着。

你看不见你的真相，你所看见的，只是你的影子。

我不能选择那最好的，是那最好的选择我。

那些把灯背在他们背上的人，把他们的影子投到他们前面去。

我存在，乃是所谓生命的一个永久的奇迹。

"我们，萧萧的树叶，都有声响回答那暴风雨，但你是谁呢，那样地沉默着？"

"我不过是一朵花。"

休息之隶属于工作，正如眼睑之隶属于眼睛。

人是一个初生的孩子，他的力量，就是成长的力量。

上帝希望我们酬答他的，在于他送给我们的花朵，而不在于太阳和土地。

光如一个裸体的孩子，快快活活地在绿叶当中游戏，他不知道人是会欺诈的。

啊，美呀，在爱中找你自己吧，不要到你镜子的谄谀中去找呀。

我的心冲激着她的波浪在"世界"的海岸上，蘸着眼泪在上边写着她的题记："我爱你。"

"月儿呀，你等候什么呢？"

"要致敬于我必须给他让路的太阳。"

绿树长到了我的窗前，仿佛是喑哑的大地发出的渴望的声音。

上帝自己的清晨，在他自己看来也是新奇的。

生命因了"世界"的要求，得到了他的资产；因了爱的要求，得到他的价值。

干的河床并不感谢他的过去。

鸟儿愿为一朵云，云儿愿为一只鸟。

瀑布歌道："我得到自由时便有歌声了。"

我不能说出这心为什么那样默默地颓丧着。

那小小的需要，他是永不要求，永不知道，永不记着的。

普希金诗

《致恰达耶夫》

爱情、希望、默默的荣誉——
哄骗给我们的喜悦短暂，
少年时代的戏耍已经消逝，
如同晨雾，如同梦幻；
可是一种愿望还在胸中激荡，
我们的心焦灼不安，
我们经受着宿命势力的重压，

时刻听候着祖国的召唤。
我们忍受着期待的煎熬，
切盼那神圣的自由时刻来到，
正像风华正茂的恋人
等待忠实的幽会时分。
趁胸中燃烧着自由之火，
趁心灵向往着自由之歌，
我的朋友，让我们用满腔
壮丽的激情报效祖国！
同志啊，请相信：空中会升起

作者及作品简介

普希金（1799—1837）是俄国浪漫主义文学的杰出代表，现实主义文学的奠基人，现代标准俄语的创始人。他的作品是俄国民族意识高涨及贵族革命运动在文学上的反映。

普希金的抒情诗内容之广泛在俄国诗歌史上前无古人，既有政治抒情诗《致恰达耶夫》（1818）、《自由颂》（1817）、《致西伯利亚的囚徒》（1827）等，也有大量爱情诗和田园诗，如《我记得那美妙的一瞬》（1825）和《我又重新造访》（1835）等。普希金一生创作了12部叙事长诗，其中最主要的是《鲁斯兰和柳德米拉》（1820）《高加索的俘虏》（1822）、《青铜骑士》（1833）等。

普希金在自己的作品中提出了时代的重大问题：专制制度与民众的关系问题，贵族的生活道路问题、农民问题；塑造了有高度概括意义的典型形象："多余的人""金钱骑士""小人物"、农民运动领袖。这些问题的提出和文学形象的产生，大大促进了俄国社会思想的前进，有利于唤醒人民，有利于俄国解放运动的发展。

普希金的优秀作品达到了内容与形式的高度统一，他的抒情诗内容丰富、感情真挚、形式灵活、结构精巧、韵律优美。普希金的创作对俄罗斯现实主义文学及世界文学的发展都有重要影响，高尔基称之为"一切开端的开端"。

一颗迷人的幸福之星,
俄罗斯会从睡梦中惊醒,
并将在专制制度的废墟上
铭刻下我们的姓名!

《自由颂》

去吧,快躲开我的眼睛,
你西色拉岛娇弱的皇后!
你在哪里啊,劈向沙皇的雷霆,
你高傲的自由的歌手?
来吧,揪下我头上的桂冠,
把这娇柔无力的竖琴砸烂……
我要向世人歌颂自由,
我要抨击宝座的罪愆。

请给我指出那个高尚的
高卢人的尊贵的足迹,
是你在光荣的灾难中
怂恿他唱出勇敢的赞美诗句。
颤抖吧,世间的暴君!

> ### 探究性阅读
>
> 总体地看待普希金的诗歌,其特色主要就在于情绪的热烈和真诚、语言的丰富和简洁,以及形象的准确和新颖。他的诗歌始终以一种真诚的态度面对读者和世界;语言上包容了浪漫的美文、传统的诗歌字眼和日常的生活口语等,同时又体现出了一种简洁的风格,没有多余的词和音节;他的抒情诗主人公的形象都是一致的、鲜明的,并生动地再现在他的诗作中。

轻佻的命运的养子们!
而你们,倒下的奴隶!
听啊,振奋起来,去抗争!

唉!无论我向哪里去看,
到处是皮鞭,到处是锁链,
法律蒙受致命的羞辱,
奴隶软弱的泪水涟涟;
到处是非正义的权力,
在偏见的浓重的黑暗中
登上高位——这奴役的可怕天才,
和光荣的致命的热情。

要想看到沙皇的头上
没有人民苦难的阴影,
只有当强大的法律与
神圣的自由牢结在一起,
只有当它的坚盾伸向一切人,

只有当它的利剑被公民们
忠实可靠的手所掌握,
一视同仁地掠过平等的头顶。

只有当正义的手一挥,
把罪恶从高位打倒在地;
而那只手不肯因为贪婪
或者恐惧,而有所姑息。
统治者们!不是自然,是法律
把王冠和王位给了你们,
你们虽然高居于人民之上,
但永恒的法律却高过你们。

灾难啊,各民族的灾难,
若是法律瞌睡时稍不警惕,
若是只有人民,或帝王
才有支配法律的权力!
啊,光荣的过错的殉难者,

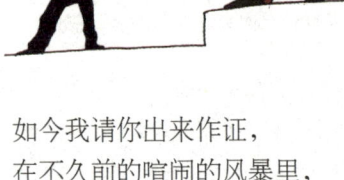

如今我请你出来作证,
在不久前的喧闹的风暴里,
你帝王的头为祖先而牺牲。

作为一个无言的后代,
路易高高升起走向死亡,
他把失去了皇冠的头垂在
背信的血腥的断头台上。
法律沉默了——人民沉默了,
罪恶的刑斧自天而降……
于是,这个恶徒的紫袍
覆在戴枷锁的高卢人身上。

你这独断专行的恶魔!
我憎恨你和你的宝座,
我带着残忍的喜悦看见
你的死亡和你儿女的覆没。
人们将会在你的额角
读到人民咒骂的印记,
你是人间的灾祸、自然的羞愧,
你是世上对神的责备。

当午夜晴空里的星星
在阴暗的涅瓦河上闪烁,
当宁静的梦沉重地压在
那无忧无虑的前额,
沉思的诗人却在凝视着
那暴君的荒凉的丰碑
和久已放弃了的宫阙
在雾霭中狰狞地沉睡——

他还在这可怕的宫墙后
听见克利俄骇人的宣判,
卡里古拉的临终时刻
生动地出现在他的眼前,
他还看见,走来一些诡秘的杀人犯,
他们身佩着绶带和勋章,
被酒和愤恨灌得醉醺醺,
满脸骄横,心里却一片恐慌。

不忠实的岗哨默不作声,
吊桥被悄悄地放了下来,
在黝黑的夜里,两扇大门
已被收买的叛逆的手打开……
啊,可耻!我们时代的惨祸!
闯进了一群野兽,土耳其的雄兵!
……
不光荣的袭击已经败落……
戴王冠的恶徒死于非命。

啊帝王，如今你们要记取教训；
无论是奖赏，还是严惩，
无论是监狱，还是祭坛，
都不是你们牢固的栅栏。
在法律可靠的荫庇下，
你们首先要把自己的头低下，
只有人民的自由和安宁，
才是宝座的永恒的卫兵。

《叶甫盖尼·奥涅金》（节选）

第一章（33）
我记得那暴风雨前的大海：
我多么羡慕那滚滚的波澜，
一浪接一浪呵，汹涌澎湃，
满怀着恋情躺在她的脚边！
那时！我多么想跟随波浪
把嘴唇贴在她可爱的脚上！
不呵，当生命沸腾的少年时，
当我过着热情奔放的日子，
我也从不曾渴望这样苦痛，
想和年轻的阿尔密德亲一个嘴，
吻一吻她火红面颊上的玫瑰，
或是吻吻她满怀愁思的酥胸；
是的，任何时候，冲动的激情
也不曾这样折磨过我的心灵！

第二章（13）
可是连斯基当然无心
跟他们套上婚姻关系，
他却由衷地愿意和奥涅金
建立起更为亲密的友谊。
他们交了朋友。
水浪与顽石，
冰与火，或者散文与诗，
都没有他们这样大的差异。
起初，由于相互间的距离，
他们两人都感到烦闷；
后来，彼此逐渐有了好感，

名句精华

他总是在多瑙河岸上徘徊，
这不幸的老人，不胜愁苦，
一边流着痛苦的眼泪，
一边怀念遥远的古都，
直到临死，还嘱咐说：
一定把他思乡的骸骨
送回到南方的故土，
不然，他死后留在异国，
会变成不得安息的异物。
——《茨冈人》

人们的嘲笑，指责，憎恶，
还有不逊的戏谑的凌辱。
任凭你轻蔑，恳求，轻轻叹息，
畏怯的神色，气愤的怒诉，
他已熟谙世人的性格。
无论你是故意或者有意，
狡狯的他都一一洞悉，
温柔的眼色，含泪无言的谴责，
早已引不起他的同情，
因为这一切他已不再相信。
——《巴奇萨拉的喷泉》

我看到了死神；就在这里，
在我的寂静的门坎旁。
我望见了墓地；墓门大开，
我的希望飞向那里，飞向那里……
我将死去——谁也不会发现
我青年时代的模糊的足迹，
我的双眸的最后的一瞥
也不会遇到可人儿的顾盼。
——《模拟》

我的名字对你能意味什么？
它将死去，像溅在遥远的岸上
那海浪的凄凉的声音，
像是夜晚的森林的回响。
在这留作纪念的册页上，
它留下的是死沉沉的痕迹，
就仿佛墓碑上的一些花纹，
记载着人们所不懂的言语。
——《我的名字对你能意味什么》

每天都骑着马来往会面,
于是很快便亲密难分。
就这样,人们(我承认,首先是我)
交上了朋友——由于无可奈何。

《致克恩》

我记得那美妙的瞬间:
就在我的眼前降临,
如同昙花一现的梦幻,
如同纯真之美的化身。

情感体验

在普希金的诗歌中,不但可以看到重大的时代问题,而且可以欣赏到美丽的风景画,尤其是对俄国乡村和大自然的描绘,更是出神入化。高加索的群山,克里米亚的大海,皇村的花园,米哈伊洛夫斯科耶的原野,俄罗斯大自然中的清晨傍晚,春夏秋冬,道路和农舍,树木和山冈等一切,都生动地再现在他的诗作中,呈献给广大读者。

我为绝望的悲痛所折磨,
我因纷乱的忙碌而不安,
一个温柔的声音总响在耳旁,
妩媚的形影总在我梦中盘旋。

岁月流逝。一阵阵迷离的冲动
像风暴把往日的幻想吹散,
我忘却了你那温柔的声音,
也忘却了你天仙般的容颜。

在荒凉的乡间,在囚禁的黑暗中,
我的时光在静静地延伸,
没有崇敬的神明,没有灵感,
没有泪水,没有生命,没有爱情。

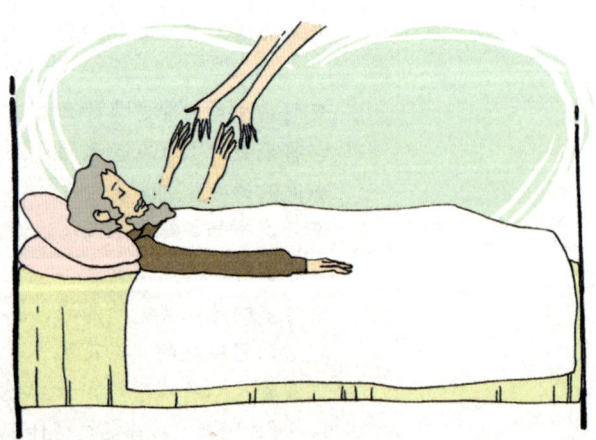

我的心终于重又觉醒,
你又在我的眼前降临,
如同昙花一现的梦幻,
如同纯真之美的化身。

心儿在狂喜中跳动,
一切又为它萌生,
有崇敬的神明,有灵感,
有生命,有泪水,也有爱情。

外国科幻读物

《在天堂》

机器坏了，坏得非常可笑，但安检人员对此从不发笑。

费里克斯可以容忍延误，因为管子工是按小时结算的。他打开他的工具箱，拿出一个塑料瓶，实实在在地喝了一口威士忌。

穆斯林姑娘正在手机上聊天。一会儿，穆吉哈迪恩小姐发现她的手机中断了，她用她的巴掌使劲地拍打。

中东男子冲着姑娘喊，她向他们挥舞那死了的手机，这时费里克斯注意到，她用的手机跟他的是同样的牌子。于是，他走向她说："小姐，我帮你修一下好吗？"她把手机递给他了，"这是你的电池没电了。"他把他的电池换给她，显示板突然亮了，急切地闪耀着数字。

他有了她的电池，很好，他会珍惜她留给他的旧电池的。

费里克斯在弄清楚安全问题后，退到了喷池旁边的一条凳子上，拨打了她的号码。

"天呀，你真漂亮"，他说，"你的眼睛就像两颗黑色的钻石。我为你神魂颠倒。"

"你是间谍吗？你怎么知道我的手机号码？"

"不，不是，我从你手机上知道你的手机号。"

"我知道你是谁了，你一定是那个把电池给了我的高个子外国人。你在什么地方？"

"从商店里往外看，我在长凳子上。你站在那里，好吗？我马上就到你们那里，给你买个结婚戒指。"

作者及作品简介

《在天堂》作者布鲁斯·斯特林现居住在美国得克萨斯州。因小说《分裂》而一举成名。他的科幻作品有《沉重的天气》《圣火》《精神涣散》等，这些都表现了他对未来变化的政治和文化含义充满了兴趣。

《在天堂》是一篇发生在未来的生动有趣的爱情故事，它以犀利的讽刺反对以祖国安全为名侵犯公民的私人生活。但为了使爱征服一切，某些道德和伦理问题被过分简单化了。

《"剑鱼座"纪事》作者杰费里·A.兰迪斯现居住在美国俄亥俄州。他是一位科学家，常创作科幻小说。于2002年出版了处女作《穿越火星》，2001年他的部分短篇小说又编入《弹劾参量》。

《"剑鱼座"纪事》是一部硬式科幻小说，记述了很久以后发生的爱情与死亡，已刊登在小说刊发榜首的《阿西莫夫》杂志中。

她径直看着他。他们的眼睛碰到了一起。它们正在连接，一股热流涌上心头。

他多想带她出去吃饭，让大家见见她，但她没有登记。迟早安全部门的人会查出来的。经过十天金色的、没有干扰的幸福，这时，有人敲他们的门，来了三个警察。

"你好"，一个说，"我是来自祖国安全部门的代表鲍提洛，我们可以进来吗？"他们这类人是不准备接受否定回答的，已经跨了进来。

"有什么问题吗？"费里克斯问。

"是的，有问题！"一个年轻的女人叫巴图尔·卡迪娃。"我们能认识一下吗？"

"你看电视新闻吗，赫尔南德兹先生？"

"很难不看。"费里克斯承认。

"有十亿穆斯林，如果他们想把整个地球变成以色列，我们毫无办法。你是个年轻人，血气方刚，而那东西是漂亮的女孩。可是她并不重要，而且是个外来人。你是个笨蛋，赫尔南德兹先生。你也许对战争没有兴趣，但是战争对你有足够的兴趣。"

两个打手走了出来，简单地交代了一下意见。"我的朋友在这里感到失望。"鲍提洛代表说，"因为在你的住处没有女孩，尽管有许多精选的化妆品和香水。他们要求我逮捕你，因为你参与诱拐妇女，阻碍正义，但是我不想毁掉你的生活。"

三个警察走了之后，费里克斯认真考虑了他的境遇。他意识到除了羞愧、侮辱、无能和漫长的不快乐，对他本人不会有任何事，于是，拿出他藏着的龙舌兰酒。

她认为咖啡基本上可以解酒，所以，他很快便恢复了过来。

"警察在这里，他们知道我们的事，我感到不安。我喝得太多了。"

她抱起双臂。"要是这样，我们逃走吧"。

"你没有身份证，没有护照，你不可能坐任何飞机离开，甚至火车和汽车也要面对面地辨认。"

"要不，我们结婚吧。"

"我非常愿意，可是我们不能，我们没有许可证，我们没有血液检验。"

"那我们去某个什么地方结婚。贝鲁特，那地方不错。"

警察鲍提洛清了清嗓子，"先生，请注意，这不是你们两个应该进行的对话。"

140

"我忘了最坏的方面,"费里克斯说,"他们知道我们的电话。"

"好吧,卡迪娃小姐,你看来还理智,所以让我来讲讲道理,你知道这个男人是没有未来的。什么样的坏人才用电话引诱一个良家姑娘。"

"好吧,警察,你有你的说法,现在听我说,我全身心地爱她,即使你为此把我杀死,我心中的烈火也会烧毁我的棺材。"

她忍不住热泪盈眶。"啊,上帝,我的上帝,那是我此生听到的最美的话了。"

"你们这些孩子病了,是不是?"鲍提洛大声地说,"我在这里听人说这是神经病!你们俩彼此甚至不会说对方的语言。你们得到了各种善意的警告!好好记着,如果发生了什么事,是你们迫使我这样做的。电话死机了。"

显然,他们又有了新的计划。计划包括步行。她想步行到洛杉矶,这个计划美好的部分是钻出窗户后,他们就真正地消失了。

他们睡觉的条件很差,他们的衣服很脏。然而,第十天,他们被抓住了。

《"剑鱼座"纪事》

未来的某一天,一个人急匆匆地跑到猛虎酒吧门口,琪娜没有见过他,转念一想,大概是新顾客吧。但见他上穿皮制服,下着护身短裤。

"嘿,发现残骸了!残骸!"说完,那人便跑了出去,门吱的一声关上了。

琪娜冲入聚集在飞船维修港里的人群中,听见有人叫道,"哪艘船?"有几个人附和着,"就是嘛,哪艘船?"后面有人说道,"是赫斯伯里特斯号!"

一阵沉默之后,人群中传来一声轻叹,继而一片喧哗。有的人松了口气,有的人好奇,有的人惊吓。"赫斯伯里特斯号!"琪娜一惊!如同有根丝带勒紧了她的心。

琪娜认识的一些女孩中很多都找船员做了丈夫,然而她信守忠贞,只爱一个人——领航员戴文。这个男人也爱她,她已经很满足了。后来,戴文随赫斯伯里特斯号远航去了。

虫洞是航空港赖以生存的重要因

探究性阅读

科幻读物是对人类与宇宙关系的解释、人类社会未来命运的关注与猜测。在阅读的过程中要尽可能与动手动脑结合起来,边读书边想象,边读书边思考,还可以把书上的情景画成图,这都有助于更好地感受科学带来的奇迹和未来的状况。你还可以和同学一起读同一本书,然后互相讨论,交流体会,共同评论书中的人物性格等,有不同看法的不妨开展争论,争论相持不下,双方回去再看书,从书上找资料,找论据。下一次再讨论,这样相互切磋,不但会使你的读书兴趣大增,而且也会对书的内容、主题有更深入的理解。

素，鉴于它如此重要，也应是琪娜生活环境的中心，但是琪娜却没有去看看那些奇怪的虫洞。糟糕的情绪使她脸色苍白，她关闭了酒吧，顺着旋梯往上走。

对了，领航员常常换船，也许戴文并没有在赫斯伯里特斯号上，也说不定那艘船并不是赫斯伯里特斯号，仅仅是过去残骸的碎片，经历虫洞中奇特的时光潮冲洗，如今出来了，或者是从遥远的未来飘来的残骸，也叫赫斯伯里特斯号，甚至是现在还没被造出来的船。

琪娜一直顺旋梯而上，来到了瞭望台。窗外一片黑寂，还有虫洞在。茫然间，记忆中出现了戴文带她来瞭望台时的情景。

她现在什么都不愿意想，不愿想起飞船残片，更不敢去想那意味着什么。她曾一再劝说戴文，既然他爱她，为什么不能留在港内，和她一起经营一个家呢？戴文总是笑笑，那是一种温和的充满善意的笑，也是她最爱的笑，但是他总是笑笑而已。或者说，"不行啊，宝贝！如果我在港里待得太久，星星就会召唤我，如果我不去远航的话，我一定会疯掉。"

回到维修港，琪娜顾盼着、等待着，忧心忡忡，她觉得自己真不该放他走，更不该撵他。聚集的人群比一开始还要多些。琪娜用力推开前面的人，他穿了件长领的无袖衫，琪娜马上意识到他就是第一个来酒吧报信说出事的人。琪娜一冲动，抓住他，说道，"我是琪娜。"

那人转过身问，"你是猛虎酒吧里的那个女孩？"然后接着说，"他在新加坡号上面，出事的不是戴文的船。"

琪娜咬着嘴唇，看起来振作了一些，"你确定吗？"

"嗯，乐观点！"

如果一艘飞船在虫洞中遇难，残片会飞到时空中，琪娜难以想象赫斯伯里特斯号遇难的时间，说不准是在未来的数千年里呢，她只有想着。

琪娜到酒吧擦洗用具，同时埋怨自己，上次把戴文赶出去，还骂他是对她不忠的坏蛋。戴文不忠的事情，是她从另外一个不认识的船员那里听到的，那人曾当着她的面说自己真的希望像戴文一样幸运——拥有女人缘。

她继续擦着,脑子里一团糟。这时,老板走过来说,"听说名单已经出来了,就在上面。你去看看吗?"

"去吧!"老板鼓励道,"答案只有一个。"

琪娜点点头,把抹布扔在吧台上,离开了。

她知道保存区的入口在什么地方,走近了,她平静地说出戴文·贝尔这个名字,保管员指着身后的门让她进去。

房间里很冷,不由得让她想到:"死亡是冰冷的。"保管员退了出去,留下她直勾勾地看着戴文的脸。戴文的脸上因真空引起的血肿已经僵硬了,眼睛是闭着的,只是身上的文身还在发着微光。

她猛地跑回酒吧,脑子昏沉沉的。

渐渐地,那些玩笑和无恶意的挑逗、惯常的服务,使她的心情好了起来。

很久后的一天,一个人悄悄地走进酒吧,坐下来,等她。

是戴文!

她惊讶极了,手里的啤酒差点掉了下来。

确实是戴文!

"他还活着,真的活着!"她喃喃地道。

"是我,"我在中途换了船,"我一定要活着告诉你,你必须明白,你是我的唯一。"

"唯一",她重复着,完全不知道要说些什么了。

名句精华

要私奔并不困难,年轻女人一般都有私奔之心。只要有热情的电话支持,私奔就是小菜一碟。

——《在天堂》

考虑到这种情况会使他们整个的事情变得艰难暗淡,他就大部分时间不去想它。他从工作中抽出时间,尽可能高高兴兴地与她度过每一个时刻,而她也尽可能做一个漂亮的姑娘能做的一切,消除他那颇多的忧郁情绪。

——《在天堂》

她从未到过那些星体。她生于此,也将老于此,船员们视寻求星际通道为己任,即使献身于虫洞的异元空间,他们依然深爱着那个混乱的时空。这种人生观使她不寒而栗。她根本没想过离开家。

——《"剑鱼座"纪事》

他脸上因真空引起的血肿已经僵硬了,看上去就像被一帮歹徒狠揍了一顿。眼睛是闭着的,只有纹身还在发着微弱的光,这才是最糟的,因为,尽管文身还活着,可它的主人戴文已经死了。

——《"剑鱼座"纪事》

真是个甜言蜜语的说谎者!琪娜想,让我怎么相信你?可她的笑容却唤醒了他们在一起时的美好时光,如同一块儿糖果卡住了喉咙,甜却疼痛。"唯一!"她重复着,完全想不起自己要说什么了。

——《"剑鱼座"纪事》

外国科普读物

《昆虫记》

本书主体内容集中在昆虫学问题上,同时收入一些讲述经历、回忆往事的传记性文章,若干关于理论问题的议论及少量带科普知识性的文字。

作者的问题从昆虫能否思考开始。它们会把"所以"跟"因为"联系起来决定自己的行为吗?面对事故,它会改变自己的行为吗?对于这些问题,作者决定让观察和实验的事实来说话。作者看见一只胡蜂捉到了一只大苍蝇,当时天刮着风,而猎物又太大,猎手飞起来很累赘,于是胡蜂便切掉猎物的肚子、头、翅膀,只带着胸部飞走了。作者还人为地制造一些偶然事件来测试石蜂的应对能力;此外,他还用狼蛛、螺蠃蜂等昆虫反复进行实验,最后得出结论:本能是昆虫唯一的向导,在正常条件下,这个向导是可靠的,然而面对偶发事件昆虫却无能为力。

在关于动物的本能这个问题上,当时的流行理论以自然选择、返祖现象、生存竞争为依据,认为本能是一种既得的习惯,它在某种对动物有利的偶然行为激发下表现出来。作者通过四十年的昆虫学研究生涯中所观察到的事实表明:昆虫的本能是与生俱来的,它过去怎样,现在就怎样,将来也是怎样。

针对达尔文进化论,作者指出,如果优胜劣汰这个学说是支配和改造着世界的著名规律言之有据,如果未来是属于最强者、最有技巧者的,那么壁蜂家庭自从它们在树莓

作者及作品简介

《昆虫记》作者法布尔(1823—1915),法国著名的昆虫学家、作家。本书共10大册,每册包含若干章,每章详细、深刻地描绘一种或几种昆虫的生活:蜘蛛、蜜蜂、螳螂、蝎子、蝉、甲虫、蟋蟀等等。

《时间简史》作者史蒂芬·霍金(1942—2018),当代最重要的广义相对论专家和宇宙学家。霍金在1988年撰写《时间简史》一书,这部书被译成近40种语言在全球发行,一直雄踞各地的畅销书榜。

《自私的基因》作者道金斯(1941—),英国著名的行为生态学家、演化理论学者、科学作家和动物行为学家,牛津大学教授,英国皇家学会会士。本书是作者写的一本中级科普读物。作者首先确认基因既是遗传的基本单位,也是自然选择的基本单位和自私的基本单位,另外,作者对动物的自私行为和利他行为进行了研究。

桩里挖洞以来，它们本应该就让那些固执地要从通常的出口出去的弱小者死掉，而全都由善于从侧面凿洞的强有力者来代替……可是，强者的子孙并没有使弱者的子孙消失，相反它们仍然是少数。作者说："优胜劣汰规律的巨大意义给我留下了强烈的印象，但是每当我想把这个规律应用于观察到的事实，它却使我空忙一场而得不到任何证据来解释实际的情况。这个规律在理论上是宏伟的，可在事实面前却装着空气的球。"（《昆虫记》卷二）达尔文的进化论是19世纪自然科学三大发现之一，19世纪正是"物竞天择、适者生存"大行其道的世纪，作者发出这不合时宜的声音，正是求真的精神给了他勇气。

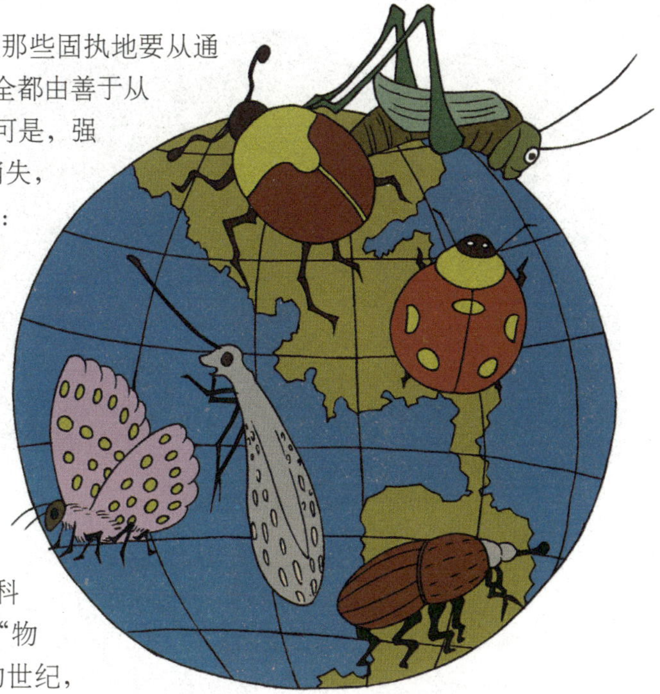

整个18、19世纪，博物学家大都热衷于将研究成果写成文学性著作。作者也不例外，也刻意在文章风格上下功夫，但《昆虫记》的风格就如作者的人格一样朴素而真实。

洋洋洒洒二百万字的《昆虫记》，不仅详尽地记录着作者的研究成果，更记载着作者痴迷昆虫研究的动因、生平抱负、知识背景、生活状况等，尤其是《阿尔玛实验室》《返祖现象》《我的学校》《水塘》《童年的回忆》《难忘的一课》《工业化学》这几章。如果换一种角度看，不妨把《昆虫记》当作作者的自传，一部非常奇特的自传，昆虫只不过是他研究经历的证据和传记的旁证材料。

《时间简史》

宇宙论可以说是一门既古老又年轻的学科，作为宇宙里高等生物的人类不会满足于自身的生存和种族的繁衍，一代又一代人前赴后继地探索着存在与生命的意义。

关于宇宙的诞生，作者认为，应该将哈勃的发现当成现代宇宙论的诞生标志。哈勃发现，从星系光谱的红移可以推断，

越远的星系以越快的速度离开我们而去,这表明整个宇宙处于膨胀的状态。从时间上倒溯过去,估计在200亿年前宇宙从一个极端状态中大爆炸而产生。

关于第一推动的问题,科学工作者一般认为,爱因斯坦的广义相对论是用于描述宇宙演化的正确理论。对此,作者等人证明,在很一般的条件下,空间—时间一定存在奇点,最著名的奇点即是黑洞里的奇点及宇宙大爆炸处的奇点。在奇点处,所有定律及可预见性都失效。奇点可以看成空间时间的边缘或边界。由于边界条件只能由宇宙外的造物主所给定,所以宇宙的命运就操纵在造物主的手中。这就是从牛顿时代起一直困扰人类智慧的第一推动问题。

在19世纪初,拉普拉斯主张科学的宿命论。但作者认为,拉普拉斯的宿命论在两个方面是不完整的。它没讲定律应该如何选择,也没指定宇宙的初始结构。这些都留给了上帝。其实,拉普拉斯的宿命论的希望,至少按照他头脑中的方式,是不能实现的。量子力学不确定性原理表明,某些诸如粒子的位置和速度的对偶的量,不能同时以完全的精确度去预言。粒子没有很好定义的位置和速度,而是由一个波来代表。它在这种意义上,这些量子理论从属于宿命论。

在本书中,作者特别将制约引力的定律突出出来。万有引力定律和直到相当近代还被坚持的宇宙随时间不变的观念不相协调:引力总是吸引的这一事实意味着,宇宙必须或者在膨胀或者在收缩。按照广义相对论,宇宙在过去某一时刻必须有一无限密度的状态,亦即大爆炸,这是时间的有效起始。类似的,如果整个宇宙坍缩,在将来必有另一个无限密度的状态,即大挤压,这是时间的终点。

作者指出,当我们将量子力学和广义相对论相结合,似乎产生了以前从未有过的新的可能性:空间和时间一起可以形成一个有限的、四维的没有奇点或边界的空间,这正如地球的表面,但有更多的维数。这种思想能够解释观察到的宇宙的许多特征,诸如它的大尺度一致性,还有像星系、恒星甚至人类等小

探究性阅读

科普读物向读者讲述的是科学家走过的人生旅程；他们艰苦而富有传奇色彩的科学发现过程，以及他们成功的喜悦。从中读者可以感悟到科学大师们对人类文明的巨大贡献，更能受到科学思想的熏陶。但要达到这样的效果，读者必须努力去创造一个好的阅读条件，展开丰富的想象，这样读者一进来就有一种想读书的欲望，激发了阅读的主观能动性，进而达到理想的读书效果。

尺度的对此均匀性的偏离。但是如果宇宙是完全自足的、没有奇点或边界，并且由统一理论所完全描述，那么就有可能使人们相信上帝是造物主。

作者说，如果我们确实发现了一套完整的理论，它应该在一般的原理上及时让所有人所理解。那时，我们所有人，包括哲学家、科学家及普普通通的人，都能参与我们和宇宙存在的问题的讨论。如果我们对此找到了答案，则将是人类理智的最终极的胜利，因为那时我们知道了上帝的精神。

《自私的基因》

在本书中，作者指出基因源远流长，而我们就是它们的生存机器。但这里"我们"包括一切动物、植物、细菌和病毒。我们都是同一种复制基因（DNA的分子）的生存机器。生存机器是一种运载工具，它包含成千上万个基因。自然选择有利于熟练地制造生存机器的复制基因，即能娴熟地控制胚胎发育的基因。在这方面，相互竞争的分子之间那种凭借各自的长寿、生殖力及精确复制的能力来进行自动选择。

作者为什么把基因定性为"自私的"呢？因为基因为达到生存的目的会不择手段。自私的基因不仅仅是DNA的一个单个的有形片段，它是DNA的某个具体片段的全部复制品。一个自私基因的目的是试图在基因库中扩大自己的队伍。从根本上说，它采用的办法就是帮助那些它所寄居的个体编制能够赖以生存下去并进行繁殖的程序。作者说，这种情况看起来倒像是个体的利他主义。

进而，作者论述了自私基因的理论在生物个体自私性中的具体表现。动物往往从自私的观点出发繁殖最适量的幼兽，自私的基因原理同样适用于家庭、配偶之间的利害冲突。做母亲的对待子女不一视同仁，在遗传学上是毫无根据的。没有人认为子女因为体内有自私的基因而故意地、有意识地欺骗父母。如果说体内有50%的基因是相同的亲代同子代之间还有利害冲突的话，那么相互毫无血缘关系的配偶之间，唯一的共有东西就是在他们子女身上的50%的遗传投资。鉴于他们子女身上各自一半的福利，因此，相互合作共同抚养这些孩子可能对双方都有好处。

作者提出了另一种进化的单元，一种非基因的复制者——觅母。广义地说，觅母通过模仿的方式得以进行自我复制。在觅母库里有些觅母比另外一些觅母能够取得较大的成功。我们也可以把觅母视为具有目的性的行为者。基因也好，觅母也好，都没有任何神秘之处。我们说它们具有目的性不过是一种比喻的说法。

名句精华

人人都有自己的才能和自己的性格。有的时候这种性格看起来好像是从我们的祖先那里遗传下来的，然而要想再追究这些性格是来源于何处，却又是一件非常非常困难的事情。
——《昆虫记》

这样一来，我们大家，包括哲学家、科学家和普通人，都能够参与讨论我们的宇宙何以存在问题。如果我们找到了问题答案，那将是人类理性的最终胜利——因为那时我们将了解上帝的心智。
——《时间简史》

在以后的几十年中，对空间和时间的新的理解是对我们的宇宙观的变革。古老的关于基本上不变的、已经存在并将继续存在无限久的宇宙的观念，已为运动的、膨胀的并且看来是从一个有限的过去开始并将在有限的将来终结的宇宙的观念所取代。
——《时间简史》

作为个人，我们的行为时常是自私的，但在我们以高姿态出现的时刻，我们赞誉那些后天下之乐而乐的人，虽然对"天下"这个词所指的范围如何理解，我们仍莫衷一是。一个群体范围内的利他行为常常同群体之间的自私行为并行不悖。
——《自私的基因》

我们是作为基因机器而被建造的，是作为觅母机器而被培养的，但我们具备足够的力量去反对我们的缔造者。在这个世界上，只有我们，我们人类，能够反抗自私的复制基因的暴政。
——《自私的基因》

作者认为，人类可能还有一个非凡的特征——表现真诚无私的利他行为的能力。作者认为，即使我们着眼于阴暗面而假定人基本上是自私的，我们的自觉的预见能力也能够防止我们纵容盲目地复制基因而干出那些最坏的、过分的自私行为。我们甚至可以讨论如何审慎地培植纯粹的、无私的利他主义。这种利他主义在自然界里是没有立足之地的。我们是作为基因机器而被建造的，是作为觅母机器而被培养的，但我们具备足够的力量去反对我们的缔造者。

外国文化读物

《梦的解析》

弗洛伊德的《梦的解析》是精神分析学的代表作。他在书中声称发现了三大真理：梦是无意识欲望和儿时欲望的伪装的满足；俄狄浦斯情结是人类普遍的心理情结；儿童具有性爱意识和动机。

值得注意的是，弗洛伊德对形形色色的关于梦的看法的历史性探讨，使他得出了一个非常深刻的结论，即人们对梦的解释乃是他

们本人的世界观和宇宙观的一个组成部分，人们对梦的看法又反过来影响着他们的世界观。梦，作为人的心理活动的一个组成部分，也不是什么神秘的或虚幻的现象，它是人体内的复杂精神活动的一个特殊表现，其根源和人的其余精神活动一样，是在心理世界的潜意识深处。

弗洛伊德把注意力集中到那个隐藏在精神生活背后的潜意识上面，在弗洛伊德看来，梦既然是潜意识心理现象的自我表演，那么，梦的内容就必然包含那些早已被遗忘的童年经历及导致神经病患者发作症状的心理性病源。这样一来，研究梦的现象就成为了治疗精神病和探索潜意识活动规律的天然"窗户"。

作者及作品简介

《梦的解析》作者西格蒙德·弗洛伊德（1856—1939），奥地利精神病学家、心理学家，精神分析学派的创始人。弗洛伊德的精神分析理论内容十分丰富，涉及意识潜意识、梦的解析、性的本能或力比多、心理性欲发展理论等、生本能与死本能、人格论、焦虑与自我防御、社会文化观等。作为一个治疗精神病的医生，弗洛伊德创立了一个涉及人类心理结构和功能的学说。他的观点不仅在精神病医学领域，而且在社会心理学、社会学、教育学、政治学、美学，以及文学艺术创作等方面得到广泛应用。

《未来的冲击》作者阿尔温·托夫勒（1928— ），美国知名的未来学家和经济学家。托夫勒所撰写的《未来的冲击》和《第三次浪潮》两部书都是具有国际影响的未来学著作。1970年，《未来的冲击》问世后，美国思想界引起了强烈的反响，此书也一举成为世界性的畅销书。在法国，此书曾经获得了最佳外国书籍奖；在美国，一些大学将它纳入课程内容。

在弗洛伊德看来，梦的研究不但是研究精神病的最好预演，而且梦本身也是一种精神病的征候，从梦中可以得到精神病研究所能给予人们的一切知识。弗洛伊德坚持他的梦心理是有严格的因果法则的思想，饶有兴趣并孜孜不倦地从事释梦工作。

应该看到，释梦是相当困难的。原因之一，梦的对象的不确定性。原因之二，梦的内容似乎是杂乱无章的。原因之三，人在对自己的梦回忆时，已经对梦的内容进行了修改，报告的梦与实际所做的梦有很大的差异。

弗洛伊德把梦的实质理解为梦"是一种愿望达成，它可以算是一种清醒状态精神活动的延续"，是由高度错综复杂的智慧活动所产生的。弗洛伊德认为，不论是简单还是复杂的梦，本质上都是愿望的达成。儿童的心理较之成人的单纯，所做的梦也就单纯，是通俗的白话文而不是深奥的象形文字。虽然它比成人的梦简单，但却证明了人的梦的本质。

弗洛伊德关于"梦是愿望的达成"的原理是他论证潜意识活动规律的重要证据，也是他对梦进行分析后得出的第一个重要结论。正是这一结论把他同以前一切关于梦的反科学"理论"区分开来。

弗洛伊德在分析梦的改装变形时，把梦分为显梦和隐梦。显梦是指说出来的未经分析的梦，而隐梦是指其背后隐含的意义由分析联想得到。显梦和隐梦好像猜谜语一样，谜面是显梦，谜底是隐梦。释梦就是要猜破谜底，谜面只提供线索。如果把显梦和隐梦对照着进行研究，不难发现梦仍是愿望的变形满足。

在这里，我们也看到，弗洛伊德已把他所获得的关于潜意识的观点应用于梦的分析中。依据这种观点，人的精神分为三个层面：意识、前意识和潜意识。在弗洛伊德看来，前意识是意识的一部分，从前意识到意识，或者从意识到前意识，都是转眼之间的事，二者虽有界限，却没有不可逾越的鸿沟。因此，我们可以用虚线来表示。而无意识（潜意识）要回到意识里来，弗洛伊德认为是很困难的，因为二者之间壁垒分明，似乎在意识的门口有着严密的防守，不准无意识中的本能欲望随意侵入。意识与无意识之间的因果联系，在对梦的研究中表现得最为清楚。

对于梦的解析所得出的结论，都是在"梦是愿望的达成"这个重要原则的指引下逐步取得的。这一过程显示，对于梦的解析从一开始就紧紧地围绕着潜意识问题而进行。

弗洛伊德认为释梦与梦的工作是两种相反的内容。如果说梦的工作是把一个东西深深埋起来，释梦则是把它挖掘出来。从这个角度上来讲，隐梦变作显梦的过程叫做梦的工作。反过来，由显梦回到隐梦就是释梦的过程。

探究性阅读

在《梦的解析》这部著作中，作者对梦的材料、来源、本质、功能、象征性、解析法等问题作了系统的阐述。本著作是人类科学思想史上具有特别意义的分水岭和里程碑。作品以几百个有趣的梦例试图科学地解开梦的奥秘，发掘出人性的"真正主宰"——潜意识。为此，唤醒了死气沉沉的科学界对梦的注意。其内容丰富，从学术角度涉及诸多领域，因此，若要研究现代西方文化，那就不能不研究弗洛伊德的学说，就不能不读这本《梦的解析》。

总之，《梦的解析》一书在西方影响十分深远。弗洛伊德以其对人类精神和行为所做出的惊世骇俗的发现，不仅对心理学、哲学、历史学、人类学、社会学、伦理学、政治学、美学等几乎所有的人文学科和精神领域，而且也对当代人们对自我和世界的认识、了解，以及对日常的生活方式和价值观都产生了划时代的影响。

《未来的冲击》

作者于1965年在《地平线》杂志上发表的一篇文章里使用了"未来的冲击"一词，用以形容人在短时间内遇到过激的变化所引起的紧张情绪和迷失感。此后他五年中奔走了几十处大学、研究室、

实验室、政府机构,阅读了无数的文章和资料,访问了几百位有关变化和应变能力问题的各科专家。作者说,这段时间的收获可以归结为两点:

首先,未来冲击已经不再是一种遥远的危险,而是一种实实在在的时症,有越来越多的人染上了它。这种心理生物学上的现象,可以用医学和精神病学的术语呼之为变革症;其次,使作者吃惊不已的是,大家对应变问题知道得太少了。

在这样的背景下,作者认为,科学技术的迅猛发展和社会的急遽变革,使人类面临有史以来最为瞬息万变的境遇。它给人带来茫然无所适从的迷失感,使社会上所有的人和组织都越来越窘于应付,因而产生适应能力的危机,作者称之为"未来的冲击",并且认为它可能是今后社会最主要的病症。

作者以大量生动的事例分析了快速变化的未来社会的三个特点:短暂性、新奇性、多样性,以及它所产生的影响和给人们带来的冲击,指明要想适应日新月异的变化,就必须善察未来,预测未来,面向未来。

作者说,变革来势之猛,实已到了足以溃决庙堂、否定价值、毁掉根基的地步。变革,就是未来人侵我们生活的征程,必须加以密切注视,不但要从

名句精华

一旦释梦的工作能完全做到,可以发现梦是代表着一种"愿望的达成"。

——《梦的解析》

一个愿望的未能满足,其实象征着另一种愿望的满足。

——《梦的解析》

焦虑必须在与个体所发展的整体安全体系的关系中得到理解,而不能仅仅被看成与特定风险或危险相联结的独特性现象。

——《未来的冲击》

鉴于可以预见到的变革速度,我们可以推测……未来的大学生必须学会摆脱过时的概念……总之,他们必须学会学习……未来的文盲不再是目不识丁的人,而是那些没有学会学习的人。

——《未来的冲击》

历史的高度来纵览，也要从生于斯食于斯的芸芸众生的立足处来仔细体察。我们时代变革之速，本身便是一支最根本的力量，锋镝所及，对于人身、心理，乃至社会，无不施其影响。对此，本书有详尽的论述。作者在书中着力指出，除非人类能很快学会控制个人和社会的变化速度，否则，我们在适应形势上，难免要吃大亏。

作者在书中指出，变革速度的某些问题，有时竟与变革方向无关，但重要性则每每过之。要理解应变论，非掌握这一点不可。凡谈变革的"内容"，必须把变革速度也作为一条来谈。社会上的不同阶层，由于面临的变化速度不平衡，因而产生种种社会难题。未来冲击的概念，以及由此派生的应变论都强烈主张：不但社会各阶层面临的变革速度必须取得平衡，就是环境变化的步调和人类反应的步调，也必须如此。这是因为，未来冲击恰恰产生于两者之间日见扩大的差距。

同时，作者对高速发展的社会中技术的发展保持乐观的态度。他说，如果我们能大胆设想，利用关键性的"硬""软"的新技术，那我们现在就有潜力在民主决策方面取得巨大的突破。因此，先进的远距离通讯系统可以使社会未来协商会议的参加者不必像以前那样聚集一堂，而只要和跨越全球的通讯网挂上钩就行了。

为此，作者作出了总结：我们正看到一场别开生面的冲刺，一场科学地估计未来必然性的冲刺，一场本身就可能对未来具有强大影响的骚动。但是，当前的危险并不在于对我们的能力做过高的估价，真正的危险在于我们不去充分利用这种能力。

本书在一定程度上反映了现代科学技术发展在社会生活各方面所引起的后果和发展变化的趋势，并提出对付来日的挑战所应采取的战略和策略，值得我们加以探讨。其中有不少理论已经通过实践得以验证，体现了本书作者超前的预见性。

外国历史读物

《历史研究》

在《历史研究》中汤因比认为：历史研究的对象（或说单位）不应该是通常所认为的一个民族（国家）或一个时期（时代），国别史、断代史均不能对历史运行之谜做出较好的解释。而应该把历史现象放到更大的范围内加以比较和考察，这种更大的范围就是文明。文明是具有一定时间和空间联系的某一群人，可以同时包括几个同样类型的国家。文明自身又包含政治、经济、文化三个方面，其中文化构成一个文明社会的精髓。

汤因比认为，要揭示文明的起源，首先要了解原始社会与文明社会的本质区别。在原始社会，人们模仿的对象是已故的祖先，所以社会停滞不前。在文明社会，人们模仿的对象则是富有创造性的人物，社会便处于不断的变化与生长之中。由此看来，文明起源的性质就是从静止状态到活动状态的过渡。这种过渡之所以能够实现，是由于人类面对某种困难的挑战进行了成功的应战。

作者及作品简介

《历史研究》作者阿诺德·汤因比（1899—1975），英国历史学家，当代西方思辨历史哲学的主要代表人物之一。《历史研究》篇幅虽长，但脉络很清楚，其主旨是考察文明起源、生长、衰落、解体的全过程，以揭开文明兴衰之谜，探求西方文明的出路。

《亚历山大远征记》作者阿瑞安（约95—175年），古代希腊尼考米地亚的历史学家和哲学家。本书对亚历山大的战略思想、指挥艺术、布阵谋略，以及身先士卒、冲锋陷阵和体恤下情、关心将士的精神，均作了详细的描述。

《历史》作者希罗多德（约公元前484—公元前425年），古希腊历史学家。在作品中作者首先创立了西方历史编纂学的一种正宗体裁，开始运用历史批判的方法撰述历史，显示了对历史的远见卓识。正是由于他的天才创造，西方历史学才第一次成为一门真正的学问。《历史》是西方史上最早的一部历史著作，故事的精彩性和丰富性是可以和《史记》相比较的。希罗多德以此被古罗马政治家和哲学家西塞罗誉为"史学之父"，一直沿用至今。

另外，少数超人在文明的生长过程中起着极为关键的作用，如果少数超人引导多数追随者对挑战成功地进行了应战，则这个文明就前进了一步，即出现了生长。缺少这个条件，文明也是不会出现的。

但是，文明的生长并不是无止境的，只要应战敌不过挑战，文明就可能在其生长的任何一点上衰落下来。文明衰落的实质主要在于少数创造者丧失了创造能力，多数模仿者撤销了模仿行为，以及作为一个整体的社会失去了统一。

随着社会的解体，旧的母体文明便开始向新的子体文明过渡，这一过渡经历了四个阶段：首先，列强纷争，战乱不已；其次，统一国家时期；第三，间歇时期；第四是统一教会时期。

汤因比认为，只有半神人可以拯救垂死的文明。这些半神人是一个伟大的真神的化身，但具有人的血肉也不能免于死亡。他们以不同的名称为不同的文明做出牺牲，代人类受过，以自己的死亡换得不同社会的文明的新生。

但是，文明衰落之后，并不一定马上导致旧文明的死亡和新文明的诞生，中间很可能出现千年甚至数千年的僵化状态。比如埃及文明衰落于公元前16世纪，而其解体和死亡要到公元5世纪，中间经过了2000年。苏美尔文明和印度文明也分别僵化了1000年和800年。

在对文明起源的解释上，汤因比提出了挑战与应战的理论，这比传统的种族论和环境论大大前进了一步，但他的理论也有两个致命缺陷：一是过分强调了历史上杰出人物的作用；二是忽视了挑战应战过程中物质因素的存在。汤因比在晚年承认了自己的错误。

《亚历山大远征记》

《亚历山大远征记》既是阿瑞安一生著作中最著名的一部，也是古代流

传下来的几种有关亚历山大的著作中比较好的一种。

阿瑞安写作本书的主要用意在于表彰亚历山大的所谓"勋业"。所记自亚历山大即位始至去世终,主要写亚历山大的远征,具体反映了亚历山大的军事思想。

亚历山大大帝的远征发生在2300多年以前。当时,21岁的亚历山大作为古代希腊著名统帅和马其顿国王,率领了一支包括步兵30000、骑兵5000和战船160艘的队伍,横渡赫勒斯庞海峡,踏上亚洲的土地,开始远征。

阿瑞安笔下的亚历山大具有很高的军事和政治智慧。他发现波斯的海军优势对他的后勤补给产生严重困扰,但是当时希腊又没有足够强大的舰队来挑战波斯的制海权。因此他决定采取一个最笨的办法——从陆地上攻占所有的东地中海港口和基地。亚历山大从今天的土耳其地区出发,一路征战南下叙利亚、巴勒斯坦,直到埃及。途中,波斯皇帝大流士御驾亲征,出现在亚历山大的背后,此战几乎全歼波斯军。为了巩固后方,亚历山大没有穷追,而是回身继续征服地中海沿岸港口,其间进行了著名的推罗城围攻战。

然后亚历山大南下征服埃及,建立今天埃及著名的港口城市亚历山大,并宣称自己是太阳神阿蒙之子。他灭了波斯帝国以后,越过阿富汗,入侵印度,和前来抗击的印度国王波拉

探究性阅读

历史读物都是世界上珍贵的史料,它能告诉我们历史的发展历程。但鉴于历史发展的长线贯穿与历史读物的始终,而且内容往往比较深奥,所以,读者在阅读时一定要充分了解当时相对应的历史背景,查阅相关的历史资料。这些前提工作将有助于我们更好地理解读物的内容及所述的观点,获悉更多的历史知识。在阅读过程中也可同其他的历史著作做比较,并体会其中的不同之处。

斯夹河对峙，并彻底击溃波拉斯的军队。因为钦佩波拉斯的勇敢，也为了赢得当地人的拥护，亚历山大义释了被俘的波拉斯，使得他对亚历山大死心踏地地效忠。

此时亚历山大手下的军队已经厌战，亚历山大不得不开始西归，公元前 323 年 6 月回到巴比伦城，在那里染上疟疾死去，终年 33 岁。

亚历山大死后，他以一人之力征服的庞大的马其顿帝国分裂成 4 个部分，除了马其顿本土和最远的印度以外，亚洲部分由部将叙拉古继承，这就是后世和罗马帝国庞培、克拉苏等人征战不休的叙拉古帝国。埃及由部将托勒密继承，这就是埃及的托勒密王朝，直传到后世和恺撒结婚的埃及艳后克莉奥佩特拉为止。

尽管阿瑞安受时代的局限，不能对亚历山大做出恰当评价，但是他在叙述这段历史时，总是力图避免杜撰虚构和夸张失实。遇到史家对于某些事件叙述不一致时，只要他认为近情有据，同时记载入书，以供后人探索研究。阿瑞安并未把亚历山大描绘得一无是处，也未把他变为最高境界的完美人物，本书虽然是为了"勋功"，但是作者也并不回避亚历山大的某些严重缺点，从而使读者对亚历山大其人其事有一个较为全面的了解。

从本书研究亚历山大这个古今中外熟知的人物来说，无论在提供宝贵的史料方面，还是在记述人物事件的真实性方面，都不失为一部有价值的史书。

《历史》

本书取材广泛，史料充实。归纳起来，它的史料主要来自两个方面：第一，作者充分利用了当时能看到的各种文献资料，诸如史诗、官府档案文献、石刻碑铭，尤其是从前辈作家的著作中，获取了很多资料。第二，更多的是利用他亲身游历和实地调查采访所获得的大量资料。希罗多德在《历史》中不仅给后代史家提供了具有真实信息的大量传说，而且提供了为数众多的一手史料。

希罗多德尽管是早期史学家，却对传说史料有清醒认识，并制定了相当客观的处理原则。希罗多德告诉读者自己只是一个客观的录入人，他始终怀疑自己录下的人事，同时也告诫读者不要轻信。这是极其可贵的史学批

名句精华

人类可以创造文明并非由于超越的生物天赋，也不是由于地理环境，而是由于人类对于一种特别困难的挑战进行了应战。

——《历史研究》

无产者的真正标志既不是贫穷也不是下等出身，而是一种心理上的自觉状态，——还有由这种自觉的状态所刺激出来的仇恨心理——认为是从他的社会上的世袭地位中被排挤出来了。

——《历史研究》

在历代一切国王当中，只有亚历山大一个人曾经对自己的错误表示悔恨。……也只有对自己过去的罪恶表现悔恨，以后才不致再去为害他人。

——《亚历山大远征记》

我的职责是记录人们讲的一切，但我绝无义务相信它们，这适用于整个这部书。

——《历史》

人民统治的优点首先就在于它最美好的名声，那就是在法律面前人人平等。

——《历史》

判精神，也是令人肃然起敬的客观写作原则。

《历史》所表达的主题思想是希波战争，所以，《历史》又称为《希腊波斯战争史》。《历史》虽以记载希波战争为主，但是书中也非常生动地为我们展示了古代近20个国家和地区的民族生活图景，宛如古代社会一部小型"百科全书"。在编纂方法上，希罗多德开始有意识地将神话传说与人世中的事实区分开，开始重视鉴别史料的真伪。此外，希罗多德的历史视野开阔，选取史料丰富多彩，语言生动，有文采，这一切都对西方史学产生了深远的影响。

希罗多德对历史事件和社会现象的记叙分析有可取之处。作为古希腊最早的军事历史著作，书中虽然存在着一些道听途说的荒诞内容，但作者还是力图揭示战争成败的原因。关于希波战争，他谴责波斯远征希腊，认为波斯之所以失败，是因为它的军队成分太复杂，外加外线作战的困难。他赞赏希腊战术方面的优越性，指出希腊人的对手因缺乏防护装具及足够的训练往往失败。书中保存的希腊军队的作战保障措施和波斯将领阿尔塔巴诺斯、薛西斯等人的后期思想史料，为军事学术界留下了一份珍贵的遗产。

《历史》的文笔优美，叙述生动，文学价值也很高。在西方文化史上，希罗多德不仅是一位伟大的历史学家，而且是一位卓越的文学家。他很善于刻画人物，他笔下的国王、大臣、政治家、学者、士兵等性格鲜明，形象生动。在西方史学上，《历史》这部巨著成了历史真实性和文学艺术性相结合的最早的一个范例。他首创了历史著作的体裁，并为后世保存了大量珍贵史料，其中有些已被近代考古学、人类学和历史学的研究或成果所证实。《历史》中的神谕记录，大多数与特尔斐神庙有关。比如关于阿波罗给雅典人如何应对薛西斯入侵的神谕，应该说是家喻户晓的。

总之，希罗多德为希腊史学制定了一些范式，为常规性的古典史学奠定了牢固的基础。希罗多德无愧于"历史之父"的光荣称号！

外国政治读物

《林肯传》

本书从美国独立讲起。结合林肯的家史讲述美国劳动人民不畏艰辛、披荆斩棘开拓边疆的精神，了解美国的昨天，还可以更好了解美国的今天。

1809年，林肯出生在肯塔基州哈丁县。林肯的童年日子是艰苦的。他喜欢学习知识，尤其喜欢到法院里去听辩护和演讲。1831他开始了一个人奋斗的人生历程，走上了从政的道路。他通过努力，连任四届伊利诺伊州议会议员，担任辉格党领袖，加入共和党并在其中起着举足轻重的作用，被选为国会议员，最后被选为风雨飘摇中的美国的总统。尽管他所受的训练或教育同任何这样的劳动者相比，不见得更多，但却被召唤去引导一个伟大民族度过一场关系到全世界命运的危机……

林肯生来是为捍卫"一切人生来平等"而存在的。然而，"美国往何处去？"前方的道路布满了荆棘，南部的奴隶贩子无视宪法禁止奴隶贸易的规定，公然在墨西哥湾沿岸的丛林和沼泽地带把赤身裸体的黑人当作货物交易。老蓄奴州的奴隶主竟然无耻到繁殖奴隶向市场出售，以获取更多利润。南方的一些蓄奴州正在闹独立。这就是美国这幢"裂开了的房子"的概貌，而林肯即将成为治理它的大总统。

作者及作品简介

《林肯传》作者卡尔·桑德堡（1898—1967），出生于美国伊利诺伊州盖尔斯堡一个瑞典裔贫苦劳动者家庭。本书文笔生动、内容详实，我们不仅可以通过它了解林肯其人，而且该书还为我们研究美国内战，了解美国早期资产阶级革命的历史提供了比较丰富的资料。

《社会契约论》作者卢梭（1712—1778），18世纪法国启蒙运动的杰出思想家。《社会契约论》为18世纪末法国资产阶级民主革命和美国资产阶级民主革命提供了理论纲领。后者在很大程度上直接继承和体现了卢梭的理论精神和政治理论。

《政府论》作者洛克（1632—1704），出生于英国，他的法律思想为立宪君主制和相应的法律制度提供了理论根据。《政府论》中的三权分立思想对西方民主、自由、人权等观念的形成、成熟起到不可替代的作用。

在他看来，政府的正当的目标是"为人民做需要做的事"。因此他敢于从人民的利益出发"冒犯"南方奴隶主集团，公然向人民的敌人宣战。他在风暴的中心看到历史在形成，宣称不管将来发生什么事情，"我们都要对南部的分裂主义者说，我们绝不退出联邦，而你们也办不到。"

1862年5月20日，总统签署了宅地法。这项解决美国西部土地问题的革命措施激发了人民群众对奴隶主作战的革命积极性，堵塞了奴隶制度向西部扩展的道路，为美国资本主义农业的迅速发展创造了十分有利的条件。

现在，正如林肯曾保证过的那样，限制向西部移居的一整套桎梏和枷锁也都被粉碎了，许多自耕农由于政治上的争吵曾经受阻，现在可以前往了。企图扼杀它的种种互相倾轧的现象已烟消云散。北部的工业、金融和运输业几乎能以一种爆炸性的力量，不受约束地突飞猛进了。据认为这一切都应归功于这场战争。这场战争还结出了一个丰硕的硕果，使合众国屹立于世界强国之列。

人都说：在平凡的和平环境中，林肯或许只能成为一个十分平凡的总统。而当国家处于危急存亡之秋，要求有一个道德高尚的人的时候，人民发现了林肯。在战云密布的年代里，他是一个"没有假日的总统，没有晴日的水手。他的历史就是他那个时代的美国人民的真正历史。他一步一步地走在他们前面，他们慢他也慢，他们加快步伐他也加快步伐，他是这个大陆的真正代表，是完全献身于社会活动的一个人，是合众国之父。"

林肯由于具有"独特的精神力量和伟大的人格"，已经成为世界人民心目中的传奇人物。

探究性阅读

阅读政治读物可以从中了解先人具有先进性的政治观点和政治的发展历史。但政治读物一般都比较抽象，因此，读者在阅读的过程中首先要快速阅读著作前边的"序"或"前言"之类的文字，把握著作的阐述重点，在阅读的过程中紧随作者的思路，保证阅读的目的性，不至于读完之后仍然一头雾水。其次，对于自己不明白的地方要及时向有关老师请教，增强理解的透彻度。

《社会契约论》

本书所要解决的主要是人权与法律的有机结合问题。其核心理念比较简单：除非法律是来

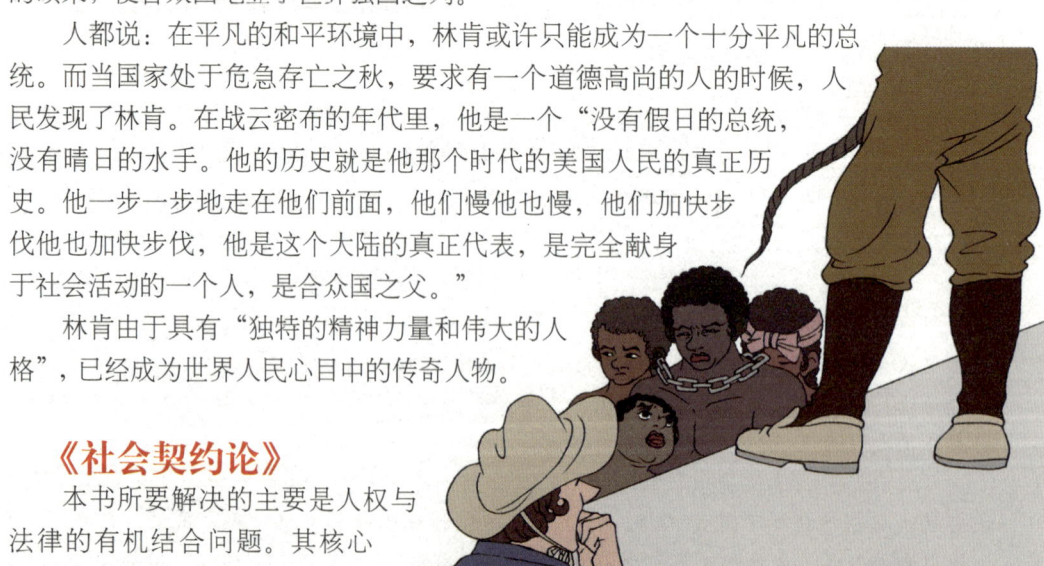

自其成员的意志，否则就没有一种政体可以被视为是具有正当性的政体；公民只有为了更高的自由的缘故，才有资格放弃天赋的自由；人们基于公理所建立的政治试金石是法律、民主的意志及人民主权。尽管卢梭对一切有关社会关系表示迟疑，并坚决主张社会本身使人腐化，但他还是试图阐明一种把政治生活当成道德共同体的见地。他对此问题的解决办法是以法律的权利来取代人的权利，使每个人平等地依赖共和国的法律及彼此间相互独立。

卢梭在《社会契约论》第一卷第六章中提出"公意"的概念，主要目的是解释"社会契约""主权"这一概念。他追求通过社会契约建立一个恢复和保持自然人精神的真正的文明社会。主权是公意的运用，它属于参加社会契约的全体人民。意思是，人民作为整体是社会的主权者，具有至高无上的权威。在此，卢梭将民主主义在理论上推到了极致。

在卢梭看来，理想的政治制度是全体人民的主权。他极力主张人民不能把自己固有的自我管理的权利让给任何个别组织。主权始终依赖共同体的"公意"，政府只不过是拥有主权的人民的临时委托者。因此，统治者仅仅是社会的仆人而已；如果他们违背或践踏公意，那么社会就有责任废黜他们，以恢复自由和公正。

卢梭认为，人权是属于个体的，法律是属于国家的。个体约定而成国家的合理性，是法律有效性和政

名句精华

就是老伊索也不可能想出一个比床上的蛇更恰当的寓言来说明让奴隶制进入新领地的危害了。林肯说："假如有一张床刚为小孩铺好，就有人建议把一窝小蛇和孩子们放在一起，对这个建议我们如何决定，我想没有任何人会提出疑问的。"

——《林肯传》

在战争的浓烟和恶臭中，在战争的乐曲和美好的憧憬中，林肯也许比许多伟大英雄人物中的任何其他人都站得更高。这是许多人心里的想法。然而在林肯看来，伟大的英雄是人民，即使他千百遍地说他仅仅是人民的工具，那也不嫌多。

——《林肯传》

要找出一个组织形式，用共同的力量来防守和保护每个成员的生命财产。组织里的每个成员虽然与其他人联合，但每个成员仍然只服从自己，仍像以往一样自由。

——《社会契约论》

在一切情况和条件下，对于滥用职权的强力的真正纠正办法就是用强力对付强力。

——《政府论》

统治者无论有怎样正当的资格，如果不以法律而以他的意志为准则，如果他的命令和行动不以保护他的人民而以满足他自己的野心、私愤、贪欲和任何其他不正当的情欲为目的，那就是暴政。

——《政府论》

权合法性的终极判断。自由，不是来自法律对个人的保护，而是来自个体对立法的彻底参与。在这一过程里，个体利益的"交集"而非"并集"形成公民意志——主权者的意志———般意志，而这种主权者因为个体的不断参与，其内容是常新的，其利益与个体利益是共荣的。

关于法律的特征，卢梭认为正是人类社会要求法律具有普遍性而非特殊性的曲折反映。卢梭不仅希望人具有法律之内的自由，而且希望人具有相对于法律本身的自由。这就是他所谓在服从法律时，"个人又只不过是在服从自己本人"的意思。只有当法律本身是"公意"的体现，而"公意"又是每个成员共享的利益的体现时，服从法律才"只不过是在服从自己本人"，而不是服从任意的外部强制。

在《社会契约论》中，卢梭还讨论了政府的分类。卢梭把政权明白地分成了立法和行政两个部分，前者属于社会契约的范畴，而后者不是社会契约的内容，因此是可变、可推翻的。在各种政体中，卢梭自始至终只扬弃了一种体制：专制。卢梭认为，这种体制只对专制暴君个人有利，它蔑视法律，把个体的权利置于主权者之上。

卢梭有关人类的自由、平等、博爱的哲学，使整个腐朽的社会制度遭到了沉重的打击，同时，为新的民主制度的建立铺平了道路。美国的缔造者们也同样受到了《社会契约论》的鼓舞。

《政府论》

分上、下篇，上篇阐述了洛克的摧毁"君权神授""王位世袭"的理论，由于在这里边涉及洛克的主要理论不多，所以这里就不进行详细的介绍了。下面让我们主要看一看洛克在下篇中所阐述的政治学说。

作为古典自然法学派的杰出代表之一，洛克认为在法律、国家及政府产生之前，人类处在一种完备无缺的自由状态和平等状态之中，这就是"自然状态"。自然状态下，自然法是人人所应遵循的，它对人们的行为起着支配作用。在自然状态下，每个人都是自然法的执行者，他们都有权惩罚违反自然法的人，但惩罚的限度是以自然法为界限。

洛克指出自然状态同政治社会（或称公民社会）相比，存在着明显的缺陷，它使得人们在自然状态中所享有的种种自然权利，并不能得到实质的保障，它随时都可能因为别人也要享有如此的权利而被迫遭到破坏。因此，人们便不得不自愿放弃一部分权利（以更好地保护自己），而把这部分权利交给社会，由社会委托立法机关或指定的专门人员按照社会全体成员的共同意志来行使。这样就产生了所谓的"契约"，即人们共同订立的试图保护自己的和约。

在订立"社会契约"的基础上，人们摆脱了那种尽管是自由但充满着恐惧和危险的自然状态，进入了政治社会，成立了国家，设立了政府，产生了公共权利和法律。由此，我们发现，政府是起源于社会契约的，同时，政府的主要目的就是保护人们的私有财产，保障人民的和平、安全及公众福利。

政府又有不同形式的政府，洛克认为，最好的政府形式是议会，具有最高主权。国家的权力分为立法权、行政权和对外权三种。这三种权力不是平行的，立法权高于其他两权。立法、行政和对外这三种权力应由不同的机关分别掌握，不能集中在君主或政府手中，否则就会产生许多弊病。但立法权仍要受到限制和约束。

关于政府的职责，洛克坚持认为，除了保护广义理解的财产之外，政府没有其他职责，并且坚决反对政府的任何其他行为。如果一个政府越出或滥用了它的职权，洛克认为革命是正当的。统治者企图"夺取和破坏人民的财产或贬低他们的地位使其处于专断权力下的奴役状态"，他就犯了"使自己和人民处于战争状态"的罪行。总之，既然统治者破坏了与人民的契约，亵渎了彼此间的信任，那么人民就有权利和责任起来反抗。

他的学说适应了现实，但也存在着较大的局限性。首先，它的历史局限性在于自然法学本身有一种臆造的嫌疑。人类历史上似乎从未有过洛克所描绘的那种"自然状态"存在。其次，他的议会主权说是服务于资产阶级专政的，是为少数人掌握国家最高权力的理论，而并非是人民掌握最高权力的理论。

外国科学读物

《关于托勒密和哥白尼两大世界体系的对话》

作者通过四天的对话,一步步地论证了自己的观点,论证和发展了哥白尼的日心说,这四天的主题如下。

第一天,批判经院哲学关于天体和地球根本不同的谬论,证明地球和行星一样,是一个运动的天体。在"第一天"里,伽利略以观察到的一系列自然现象为依据,对"天不变""天地之间有根本区别"等宗教教义进行了批判。1572年和1604年,人们发现了两颗新星。后来,伽利略用望远镜又观察到了太阳黑子的产生和消失。这些事实都证明,天体和地球是一样变化的,不是永恒不变的。

第二天,批判地球不动的谬论,证明地球在绕轴自转(即周日运动)。在"第二天"里,伽利略广泛地运用了他在力学领域里的研究成果,对落体运动、抛物体运动、摆的振动,以及惯性运动等自然现象进行了分析。

在经院哲学家看来,落体垂直下降这种常见的自然现象是地球静止说的无可辩驳的证据。伽利略敏锐地指出,经院哲学家的错误是把需要加以证明的命题当作已知的正确前提。事实上,地球本身的运动对居住在地球上的我们来说,必然觉察不出,好像根本就不存在一样。因为,运动只是相对于没有这种运动的物体才存在,在所有具有相等运动的物体之间,运动仿佛不存在。事实上这种运动和向下运动要具有地球的周日运动,所以我们观察到落体的直线运动。

作者及作品简介

《关于托勒密和哥白尼两大世界体系的对话》作者伽利略(1564—1642),意大利伟大的数学家、天文学家和物理学家。作品以自然科学的新成就为依据,批判了亚里士多德、托勒密的地球中心说和宗教唯心主义世界观,论证和发展了哥白尼的日心说。

《物种起源》作者查理·达尔文(1809—1882),英国伟大的生物学家,生物进化论的最主要奠基人。本书使得19世纪绝大多数学者对生物界和人类在生物界中的地位的看法发生了根本的变化。

《生命问题》作者路德维希·冯·贝塔朗菲(1901—1972),现代知名的理论生物学家、一般系统论的创始人。在书中,贝塔朗菲用机体论生物观概念取代了以往的机械生物观,且在机体论的基础上确立了普遍适用于各学科领域、富有新世界观意义的"一般系统论"的基本法则。

第三天，批判地球是宇宙中心的谬论，证明太阳系的中心不是地球，而是太阳，地球和其他行星一样，绕太阳运行（即周年运动）。在"第三天"里，伽利略同样以大量观察材料为依据，对行星运动的规律进行了分析。伽利略尖锐地揭露了托勒密体系造成的许多极端荒谬的矛盾，令人信服地证明了天体运行的中心是太阳，而不是地球。

第一，观察表明，所有行星都有时离地球较近，而有时又离地球较远，而且远近差别很大，却从来没离太阳很远，并且有时看到在太阳这一边，有时又看到在太阳那一边。这就证明，行星运行的中心是太阳，而不是地球。

第二，按照托勒密体系，整个宇宙是由许多作不规则运动的天体组成的，行星既由东向西运动，又由西向东运动，而且时快时慢，甚至会完全停止和逆行。按照他的规定，火星的轨道应当在太阳的轨道之上，可是，观察表明，火星有时会落在太阳之下，有时又无边无际地飞升到太阳之上。而按照哥白尼体系，就完全排除了诸如此类极端荒谬的不规则运动，使天体运行秩序井然。这是证明哥白尼学说正确的有力证据。

第四天，讨论潮汐问题。在这个问题上，科学的发展证明，伽利略的观点是不正确的，他错误地认为，潮汐现象可以从假定地球在运动中得到说明。

探究性阅读

科学读物是反映科学进步，描述科学技术的作品。比如，《物种起源》是进化论的奠基人达尔文的第一部巨著。作品主要表明了达尔文的进化论思想和自然选择理论的逐步发展过程，它给物种不灭论、神创论以致命的打击，从此，人们逐渐认识到：宇宙万物是进化的产物，而非神创。这种思想不仅使人类认识自然发生了质的飞跃，而且为社会哲学提供了全新的思维角度。作者的最终目的是以全新的生物进化思想推翻"神创论"和"物种不变"的理论，来感动那些对这个问题一无所知的人们。

《物种起源》

达尔文在书中认为，全世界每一物种所产生的个体，远远超过其可能生存的个体，因而便反复引起生存斗争，于是任何生物所发生的变异，只要在复杂而时常变化的生活条件下以任何方式有利于自身，就会有较好的生存机会。

谁能解释某一个物种为什么分布范围广而且为数众多，而另一个近缘物种为什么分布范围狭小而且为数稀少？达尔文相信这决定着它们未来的成功和变异。他批评了那种认为每一物种都是独立被创造出来的观点。

作者指出，一切生物是依照两个大法则即"模式统一"法则和"生存条件"法则形成的。按照作者的理论，模式的统一可以用起源的统一来解释。因为自然选择或者是依据现在使各生物的变异部分适应于有机的和无机的生存条件而发生作用，或者是依据它们在过去的时代的适应情况而发生作用。而器官本身又受到外界生活条件的直接影响，并且在任何情形下都受到生长和变异的各种法则的支配，因此，"生存条件法则"实际上是比较高级的法则。

按照自然选择学说，一定有无数的中间类型曾经存在过，这些中间类型以微细的级进把每一群中的一切物种联结在一起，这些微细的级进就像现存变种那样。作者阐明，起初在中间地带存在的中间变种大概会容易地被任何方面的近似类型所排挤，因为后者生存的数目较大，比起生存数目较少的中间变种一般能以较快的速率发生变化和改进，结果中间变种最后就要被排挤掉和消灭掉。

在作者看来，从过去的事实来判断，我们可以稳妥地推想，没有一个现存物种会把它的没有改变的外貌传递到遥远的未来。作者说，我们可以预言，最后胜利的并且产生占有优势的新物种的，将是各个纲中较大的优势群的普通的、广泛分布的物种。既然一切现存生物类型都是远在寒武纪以前生存过的生物的直系后代，人们便可肯定，通常的世代演替从来没有一度中断过，而且还可确定，从来没有任何灾变曾使全世界变成荒芜。因为自然选择只是根据并且为了每一生物的利益而工作，所以一切肉体的和精神的禀赋都有向着完善化前进的倾向。

在结尾处，作者认为，生存法则就其最广泛的意义来说，就是伴随着"生殖"的"生长"，几乎包含在生殖以内的"遗传"；由于生活条件的间接作用和直接作用，以

及由于使用和不使用所引起的变异；生殖率如此之高以至于引起"生存斗争"，因而导致"自然选择"并引起"性状分歧"和较少改进的类型的"绝灭"。这样，从自然界的战争里，我们便能体会到最可赞美的目的，即高级动物的产生，直接随之而至。认为生命及其若干能力原来是由"造物主"注入到少数类型或一个类型中去的，而且认为在这个行星按照引力的既定法则继续运行的时候，最美丽的和最奇异的类型从如此简单的始端，过去、曾经而且现今还在进化着。

名句精华

如果我们着眼于运动体，不去怀疑假定地球运动比假定宇宙运动简单得多，并且考虑到由此将获得其他许多简便之处，那么周日运动仅仅属于地球而不属于地球除外的宇宙，其可能性就要大得多。
——《关于托勒密和哥白尼两大世界体系的对话》

在人类诞生的远古时期，人与自然是和谐的，人是自然的一部分。一切动物和植物都是从一种原始类型传下来的。
——《物种起源》

自然选择只是倾向于使每一种生物与栖息于同一地方的、和它竞争的别种生物一样的完善，或者使它更加完善一些。我们可以看到，这就是在自然状况下所得到的完善化的标准。
——《物种起源》

机体论概念在从生物学的特殊问题直到人类知识的一般问题的许多领域中被证明是富有成果的。
——《生命问题》

因此，我们可以将机体论概念的要点概括如下：作为一个整体的系统概念——与分析和累加观点相对立；动态概念——与静态和机器理论相对立；有机体原本是主动的系统的概念——与有机体原本是反应的系统的概念相对立。
——《生命问题》

《生命问题》

贝塔朗菲在《生命问题——现代生物学思想评价》一书中，深刻地剖析了生物学界长期以来为之激烈论争的焦点问题——机械论生命观与活力论生命观的本质特征和思想根源，并提出了超越机械论与活力论生命观的第三种生命观——机体论生命观的基本原理。

在书中，贝塔朗菲详细地分析了机械论观点在近现代生物学诸学科的具体表现，明确地指出了传统的细胞理论、生物发生规律、自然选择理论、基因理论、神经中枢和反射理论等重要生物学理论所含有

的机械论倾向和它们的局限性。总的说来，传统的机械论在本质上，把有机体看作被动的系统，只有当它受到外界刺激才做出反应，否则就是静止的等。

进而，贝塔朗菲根据生命有机体的等级秩序、逐渐分异与逐渐集中化、均等潜能与动态有序、远离平衡态的开放系统、自我调整、节律自动活动等诸多特征，提出了机体论的基本原理。这些原理表明：有机体是一个原本具有自主活动能力的系统；有机体是一个独特的组织系统，其个别部分和个别事件受整体条件的制约，遵循系统规律；有机体结构产生于连续流动的过程，具有调整和适应能力。

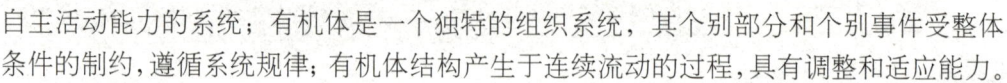

贝塔朗菲主张，生物学研究应该是一门自主的学科，这也就是说，不能只借助别的领域的研究方法和基本原理来进行研究，而需要形成特殊的概念和定律来解决这门学科自己的问题；而且，生物学的知识和概念在其他的领域中同样会起到积极的作用。

贝塔朗菲所倡导的机体论生物学观点可以应用于许多生物学问题，这一概念同时对邻近学科也产生了很大的影响。

例如，机体论以"开放系统"的理论，为物理学和物理化学提出了新的概念，它不仅导致了生物学各个领域中新概念的产生，而且提出了建立有机体系统精确而特殊定律的要求，而这些定律实际上会对若干领域中产生长远的影响。

然而，当时的分子生物学还没有从"前科学"时期进入到"常规科学"时期，对于分子水平上生命活动的某些具体细节和微观生物学问题的研究解释还具有很大程度上的猜测性。但是，贝塔朗菲提出的机体论生命观思想，并没有因分子生物学的出现而被淘汰，反而随着其发展而愈显重要性。现代生物学借助物理—化学的基本研究方法和原理在深入研究有机体的微观层次的过程中，要更完整及深入地认识生命活动的特征和规律，就需要以机体论原理作为研究工作的指南。

在《生命问题》一书的结语中，贝塔朗菲以充满人文主义精神的机体论哲学思想，深刻地警示了机械论世界观导向技术主宰世界、生命技术化、人类机械化的恶果，甚至预见到了它必将引起毁灭人类的危机。

外国人文读物

《理想国》

柏拉图的学问可称为综合性的，其《理想国》一书谈到了很多，几乎涉及各个学科领域，诸如哲学、政治学、伦理学、心理学、教育学、社会学和美学等。

两千多年来，柏拉图这些话激励了不同时代的人心。《理想国》是由苏格拉底和友人闲谈开始，言谈中苏格拉底反问何谓"正义"，反复辩诘并未得到正解。苏格拉底于是将话题转到了国家形成的因素，并找出了正义在国家中所应有的德性。苏格拉底遂提出国家应依照正义的原则，将理想的国家分为"国卫"、"武士"和"匠人"三个阶层。

柏拉图用人体的构造来解释了上述观点。按照他的说法，人体由三部分构成，分别是头、胸和腹。"理性"属于头部的能力，"意志"属于胸部，"欲望"则属于腹部。这些能力各自有其理想，也就是"美德"。理性追求智能，意志追求勇气，欲望则必须加以遏阻，以做到"自制"。唯有人体的

作者及作品简介

《理想国》作者柏拉图（约公元前427—前347年），出生在雅典一个贵族家庭，年轻时他就结识了著名的哲学家苏格拉底，苏格拉底成了他的良师益友。他不仅是古希腊哲学，也是全部西方哲学乃至整个西方文化最伟大的哲学家和思想家之一。

《理想国》正是西方古代政治思想的一个源头，是留存下来的第一部反映西方古代政治思想的专著。《理想国》尽管不像文学作品那样吸引人，但作为人类历史文化巨人的柏拉图在这部著作中，综合地涉猎了家庭问题、婚姻问题、专制问题、共产问题、民主问题、教育问题、宗教问题、道德问题、文艺问题等，而且语言颇富文学色彩，充满了思辨哲理，细细品味，余香四溢。

弗兰西斯·培根（1561—1626）——英国著名的唯物主义哲学家和科学家。他在文艺复兴时期的巨人中被尊称为哲学史和科学史上划时代的人物。

《培根论人生》一书是培根的处女作，也是凝聚了他毕生心血的结晶，因为直到他去世的前一年，培根仍对该书做了修改。这是一本划时代的哲学名著，是欧洲文艺复兴时期古典人文价值观念的集中体现。其"文学有一种优美而庄严的韵律，给心灵以动人的美感；其论述有超人的智慧和哲学，给理智以深刻的启迪"。它与《蒙田随笔集》《帕斯卡尔思想录》被共同誉为欧洲近代的三大哲理散文。

探究性阅读

人文读物可谓涵盖面比较广，可以涉及人类文明的各个方面。比如，《培根论人生》虽然篇幅不大，却可谓博大精深、包罗万象，有如一部二十四史，几乎涵盖了各类人文学科。在阅读的过程中要仔细体会其中的比喻手法和格言警句，这些都是智慧的精华。如果要了解培根的思想，最好的方式就是阅读这本《培根论人生》，此书语言通俗易懂，内涵极其丰富，名副其实地做到了通俗与深刻并举，培根的主要思想均已融合在此书的字里行间了。

这三部分协调运作时，个人才会达到"和谐"或"美德"的境界。

由此，我们发现柏拉图的政治哲学与他在其他方面的哲学一样，是以理性主义为特色。国家要能上轨道，必须以理性来统治。就像人体由头部来掌管一般，社会也必须由哲学家来治理。下面是柏拉图的人体三部分与国家之间的关系的简单图示，以帮助大家更好地理解：

身体：灵魂、美德、国家

头部：理性、智能、统治者
胸部：意志、勇气、战士
腹部：欲望、自制、工匠

柏拉图同时非常重视理想国里的"国卫"的生活，认为他们的生活不应当有房、地产或其他产业；他们的薪水只是从其他公民处所领得的膳食，并且不得有私人开支，甚至国卫的妻室也应为共有，他们的子女也是这样，父母不得知道谁为其子女，子女不得知道谁为其父母。柏拉图认为"共有财产"和"共有家庭"，有助于国卫成为更真实的卫士，因为私产和家庭是一切私心邪念的根源。

柏拉图自称他所构想的国家是"第一等好"的理想国，其他的政体都是这一理想政体的蜕变。他说，理想政体由于婚配的不善会引起三个等级的混杂，导致争斗，军人政体会随之兴起。军人政体中，少数握有权势者聚敛财富，形成寡头政体。贫富矛盾的尖锐化导致民众的革命，产生民主政体。民主政体发展到极端时又会被僭主政体所取代。

柏拉图认为，人们之所以要建立城邦，是因为每个人单靠自己是不能达到种种需要的满足的。为了满足需要，大家聚集在一起，彼此合作，相互提供服务，便构成了城邦。然而，一般人往往不了解哪些需要该满足，哪些不该满足，也不知道怎样合作才能实现一种

最佳状态,铸造出一个完美的"整体的幸福国家"。而柏拉图确信,这一点也是对于理解柏拉图完美设计至关重要的,即只有知识才能把国家引向至善。

柏拉图还认为人的天赋是有差异的。柏拉图借用了腓尼基人的传说,把人按天赋分为黄金、白银、铜铁三等。他认为,从具有金子般最佳天赋的人中间可以产生出哲学家,掌握着最高知识,应该成为国家的治理者。天赋稍次、只能掌握部分知识的人应担当国家保卫者的重任。天赋最次、心智被各种感觉欲望所遮蔽而无法接触任何真知的人,其职责是从事生产和商业,服从治理者和保卫者的统治。在柏拉图眼里,那些能以智性、以精神去控制自己的感觉欲望的人,便是具有节制美德的人。柏拉图把这颇带禁欲主义色彩的节制美德延伸到国家的结构上,便产生出正义法则:所谓正义,就是"每个人必须在国家里执行一种最适合他的天性的职务"。倘若彼此互换位置和职务或一人兼行所有这些职责,就破坏了正义法则而将导致国家的毁灭,这就如神谕所示:"铜铁当家,国破家亡"。

柏拉图的社会改革方案意在挽救走向崩溃的希腊城邦制,它违反了历史发展潮流,必然难以实现。但是,柏拉图的思想对后世的影响是不可估量的。后世学者对柏拉图的政治思想褒贬不一。肯定者把柏拉图的思想推崇为人类文化中一切最好和最重要的成果的源泉。否定者则认为他是极权主义的始祖,封闭社会的歌颂者。

《培根论人生》

《随笔》是培根在文学方面的主要著作,经过 1612 年、1625 年两次增补扩充,才收入短文 58 篇,内容涉及哲学思想(如《真理》《死亡》),伦理探讨(如《忌》《爱》《利己的聪明》),做官秘诀(如《高位》《党争》),处世之道(如《友谊》《诡诈》),

治家准则（如《父母与子女》《婚嫁与单身》）等，还包括了对若干具体问题的建议（如《读书》《旅行》《营造》《娱乐》），也不乏对艺术和大自然的欣赏（如《美》《庭园》）。

培根对每个题目都有独到之见，而文笔紧凑、老练、锐利，说理透彻，警句迭出，而写法则务求清楚达意。使用的比喻十分恰当，但都来自实际。培根的文章也写得富于诗意。诗人雪莱读了他的随笔《死亡》篇以后，曾赞叹说："培根勋爵是一个诗人"（《诗之辩护》）。

该书的可贵之处在于著者与他人殊异的论人生的角度，字里行间透露出作者对人生冷静而透彻的观察。其中探讨的既包含了知识的内容，也有价值观和信念的取向，全书坦示了一种反省和思辨的力量。其思想之博大精深，足可使人们汲取人生路上的精神养分。

在此重点分析一下其中的名篇之一《谈读书》。本篇随笔不长，却把"学问"两字论得极其透彻。学问可以养性，学问可以长才，但读书"要以能权衡轻重、审察事理为目的"。读书的方法有种种，但"运用"是关键，为"运用"而读书，在"运用"中长才，"这种运用之道是学问以外、学问以上的一种智能"。这种认识方法与他提倡的读书方法是一致的。文章是从三个层面来展开论述的。

首先，从开头到"全凭观察得之"止，谈读书的益处。培根认为：读书可以使人获得享受，使人变得斯文，使人增长才干，这些只是点到为止，并没有做进一步的解释。好在我们都有体会，说的是常理。但常理却如此精辟，以一当十，这就是培根的力量。文章为了把读书的种种好处谈得透彻，令人心服口服，并不回避相反的观点，诸如读书过多容易变得迂腐，理论脱离实际容易犯教条主义的毛病等，但他也不辩驳，而是从容地堵漏洞，从正面点出读书的好处以后，接着谈迷信书本知识容易导致的弊病，"读书费时过多易惰，文采藻饰太盛则矫，全凭条文断事乃学究故态"云云，表明读书贵在能用书的实用观点。

其次，谈读书的方法（从"读书时不可存心诘难作者"到"始能无知而显有知"），要言不繁，点到即止。他主张对不同的书应分别采取选读、通读、精读等不同方法，且读书应当和记笔记、作文相结合，学以致用；还应根据个人性情、需要分别对待。

最后，作者援引古罗马诗人

奥维德的一个重要观点,即"学问改变气质",这实际上是从另一个角度对读书的益处加以强调和提升,使文章的立论更加完整,论证更加严密,写法上又前后呼应。

文章风格平易流畅,每一句话都有一定的针对性,的确看得出这是一位通晓寻常人人情心理的渊博之士的谆谆告诫。为了增加可读性,使文风亲切,文章还注意灵活地穿插比喻、排比、类比等修辞手法,仿佛在文艺沙龙里的漫谈似的,没有归纳演绎,原因结果,大小前提,本证旁证,说的道理都是具体的活的东西,生活中用得着的,娓娓道来,令人会心。

《培根论人生》的价值与其说是提供了一些处理人生的技巧,不如说是引介了一种关怀人生的新角度;它像《论参议》中忠诚的谋士,又像《论友情》中真挚的朋友一样,为我们提供了开启理智、健全情感的忠告。更重要的是,本书站在一个不同的文化背景下,让我们领受其"展开的语言"时,也可触摸到其"卷起的思想",其根基上的价值观正是:只有当我们以神为神时,我们才能以人为人。

(《论无神论》)

名句精华

正义就在于人人都做自己的工作而不要做一个多管闲事的人:当商人、辅助者和卫国者各做自己的工作而不干涉别的阶级的工作时,整个城邦就是正义的。

——《理想国》

除非哲学家就是王,或者这个世界的王和君主都具有哲学的精神和力量,使政治的伟大和智慧合而为一,并把那些只追求两者之一而不顾另一的平庸的人们驱逐到一边去;否则城邦就决不会免于灾难而得到安宁。

——《理想国》

世间不仅存在为公道所引导的善习,而且,在有些人身上,甚至天性上,还存在一种向善的气质。如同另一方面存在着天性的恶一样,因为有些人天生就不关心利人之事。

——《培根论人生》之《论善与性善》

论起美来,相貌之美胜于粉饰之美,而端庄幽雅的举止之美又胜于相貌之美。美之极致之处,既不能用图画表达得出,也不是一眼就能看到的。

——《培根论人生》之《论美》

史学使人明智,诗歌使人颖异,数学使人精细,科学使人渊博,伦理学使人庄重,逻辑与修辞使人善辩。

——《培根论人生》之《论读书》

安徒生童话

这里介绍其中有代表性的几篇。

《丑小鸭》

鸭妈妈孵出的几个小鸭子个个都很漂亮，只有最后一个又大又丑。这只丑小鸭一出生就受到了别人的歧视，到处挨打，被排挤，被讥笑，不仅在鸭群中是这样，而且在鸡群中也是这样。就连她的兄弟姐妹都要赶她走。

可怜的丑小鸭独自离开了鸭群，但她的日子依然不好过。野鸭照样欺负她，猎狗追她，她只能到处躲藏。

之后，丑小鸭又来到了一位老太婆的家里，老太婆只想丑小鸭能为她产鸭蛋，可是丑小鸭什么也不能做，因此在老太婆家中，丑小鸭还是没摆脱被别人瞧不起的命运。

冬天来了，丑小鸭独自在冰水里、雪地上受了很多的苦难，几乎晕倒过去。

寒冷的冬天过去了，迎来的是温暖的春天。丑小鸭伸开了翅膀，翅膀居然托着身体飞了起来，她来到了一座美丽的大花园，在清澈的水面上她看到了自己的倒影，原来那只粗笨的、深灰色的、又丑又令人讨厌的鸭子已经不见了，出现在水面上的是只漂亮的白天鹅！

就这样，丑小鸭变成了美丽的白天鹅。

作者及作品简介

安徒生（1805—1875），丹麦童话作家，世界"童话之王"，世界童话文学创始人。他出生在丹麦欧登塞的一个贫穷的鞋匠之家，童年生活十分贫苦。

安徒生惯于在美妙的故事中，蕴藏醇厚的诗意。在其童话创作中，通过精心构思的情节，描绘出生活中悠远的意境及人物美好心灵，使人产生强烈的感情共鸣，从而得到深刻的思想启示。

安徒生的创作可分早、中、晚三个时期。早期童话多充满绮丽的幻想、乐观的精神，体现现实主义和浪漫主义相结合的特点。代表作有《拇指姑娘》《海的女儿》《丑小鸭》等。中期童话幻想成分减弱，现实成分相对增强。在鞭挞丑恶、歌颂善良中，表现了对美好生活的执着追求，也流露了缺乏信心的忧郁情绪。代表作有《卖火柴的小女孩》《白雪皇后》等。晚期童话比中期更加面对现实，着力描写底层民众的悲苦命运，揭露社会生活的阴冷、黑暗和人间的不平。作品基调低沉。代表作有《她是一个废物》《单身汉的睡帽》等。

探究性阅读

《安徒生童话》有着丰富的幻想，天真烂漫的构思和朴素的幽默感。这些都植根于现实生活。他的许多脍炙人口的童话都具有这种特色，并充满了浓郁的生活气息。在童话的世界里读者能够体会出作者对人间的爱，对人间的关怀，对人的尊严的重视，对人类进步的赞颂，以及对当时社会的黑暗和罪恶的讽刺，和对下层劳动人民的苦难的同情。整个童话都洋溢着人道主义精神的气息。

《打火匣》

一个普通的士兵在回家的路上遇见了一位老巫婆。老巫婆告诉他旁边的树洞里有很多钱，士兵只要下去就可以轻而易举地得到所有的钱。树洞的三个门内分别有三条狗看着，只要用老巫婆的围裙包上，士兵就可以顺利地取到想要的东西。世界上没有免费的午餐，老巫婆的前提是士兵必须帮她把树洞内的打火匣拿给她。

士兵照着老巫婆的吩咐顺利地拿到了钱和打火匣。最后士兵为了得到打火匣把巫婆杀了。士兵有了很多钱之后，住上了华丽的房子，吃上

了山珍海味，但因为他只花不挣，很快又变穷了，于是他重新过起了穷苦的日子。

一天晚上，他拿出打火匣点烟，在他擦了一下打火匣之后，树洞里的狗出现了，并帮他变来了很多钱。

后来，士兵又听说国王有个非常漂亮的女儿，但是公主被整天地关在皇宫里，不能见到陌生人，因为国王怕公主真的会像预言说的一样，嫁给一个普通的士兵。

士兵非常想见到这位漂亮的公主，他一次次地擦打火匣，让神奇的狗帮他实现了愿望。士兵爱上了公主，国王发现之后非常生气，他把士兵关了起来，决定把士兵绞死。这次又是打火匣帮助了他，在狗的帮助下士兵终于免于一死。

最后，士兵顺利地当上了国王，而公主也成了王后。

《皇帝的新装》

从前有一个皇帝非常喜欢装腔作势，而且喜欢穿新衣服，所有的钱都花到了衣服上。

有一天来了两个骗子，他们说能织出谁也想象不到的最美丽的布。而且凡是不称职的人或者愚蠢的人都看不见这衣服。愚蠢的皇帝非常信任骗子的话，付给了他们大量的

现金,让他们用最快的速度织出这样的布。

骗子每天都工作到很晚,很用功,但他们的织机上什么东西也没有。他们接二连三地请求皇帝发一些最好的生丝和金子给他们。

过了几天,皇帝非常想知道布究竟织得怎样了,于是派了诚实的老部长去看个究竟。但可怜的老部长却看不到任何东西。但他不愿意被别人知道自己没看到任何东西,于是他回去向皇帝描述布料非常的漂亮,皇帝非常的满意。

后来,皇帝又派了大臣去看,结果还是一样,大臣同样因为怕被别人说自己不够称职、不够聪明而向皇帝说布料是何等的美丽。

愚蠢的皇帝就这样深信骗子能够为他织出世界上最漂亮的布料。甚至连他最后看布料的时候,明明什么也没有,也因为自己的愚蠢而说出了:"啊,它真是美极了!""我表示十二分的满意!"之类的话。

游行大典上,皇帝穿着由奇异的布料做成的新衣服,神气十足地走在大街上,观看的人们都不愿意让人知道自己什么也没看到,于是赞美声不绝于耳。

只有一个小孩这样喊道:"可是他什么衣服也没有穿呀!"于是大家把这孩子讲的话私自低声地传播开来。皇帝有点儿发抖,因为他似乎觉得老百姓所讲的话是对的。但他还是决定把游行大典举行完毕,因此他摆出一副更骄傲的神气,内臣们跟在他后面走,手中托着一个并不存在的后裾。

《海的女儿》

在海底有一个海宫,海王有六个美丽的公主,而最小的那个最漂亮,遗憾的是她跟其他的公主一样,没有腿,身体的下部是一条鱼尾。

小公主最喜欢听老祖母给她讲关于人类的故事,她是那么渴望人类的生活,在她看来人

形象感受

《皇帝的新装》中的皇帝是一个愚蠢形象,喜欢装腔作势,而且喜欢穿新衣服。他深信骗子能给他织出举世罕见而且有特异功能的布料,最后在游行大典上他摆出骄傲的神气,穿着根本不存在的衣服赤身裸体参加游行,造成了滑稽可笑的一幕。皇帝的愚蠢告诉读者要做一个诚实的人。

卖火柴的小女孩在寒冷的大年夜到街上卖火柴,她一次次地擦燃火柴,幻想着"温暖的火炉、香喷喷的烤鹅、美丽的圣诞树、慈祥的老奶奶"而死去。这些东西我们每天都能见到,时时刻刻都会见到。卖火柴的小女孩凄苦的命运告诉大家要珍惜现在的生活,对无助的人伸出一双温暖的手,很有教育意义。同时也深刻地揭露了资本主义社会的罪恶。

名句精华

只要你是天鹅蛋，就是生在养鸡场里也没有什么关系。过去她遭受过那么多的不幸和苦难，可是现在她感到非常高兴了。她现在清楚地认识到，幸福和美正在向她招手。——许多大天鹅在她周围游泳，用嘴来亲她。

——《丑小鸭》

于是他点头表示满意。他装作很仔细地看着织机的样子，因为他不愿意说出他什么也没有看见。跟他来的全体随员也仔细地看了又看，可是他们也没有看出更多的东西。不过，他们也照着皇帝的话说："啊，真是美极了！"他们建议皇帝用这种新奇的、美丽的布料做成衣服，穿上这衣服亲自去参加快要举行的游行大典。"真美丽！真精致！真是好极了！"每人都随声附和着。每人都有说不出的快乐。皇帝赐给骗子每人一个爵士的头衔和一枚可以挂在纽扣洞上的勋章；并且还封他们为"御聘织师"。

——《皇帝的新装》

类的生活要比海宫里有趣得多。

老祖母告诉她，每个年满十五岁的公主都可以到海面上，看到人类的生活。这六个公主年龄一个比一个小一岁，所以小公主只有等到第六年才能浮出水面。

最后她真的到了十五岁了。当她把头伸出海面的时候，太阳已经下落了，可是所有的云块还是像玫瑰花和黄金似的发着光。她还看到了在平静的海面上停着一艘大船，船上有一个英俊的王子在过生日，非常热闹。小人鱼被这样的场面吸引了，更被那位王子所吸引。

船上的人们依然在欢腾着，这时大风暴来了，王子的大船被风浪击碎了。王子跟着沉入海里，这时小人鱼及时赶到，救起了王子。她把他放到沙上，非常仔细地使他的头高高地搁在温暖的太阳光里。

小人鱼躲到海面上的几座大石头的后面，等着有人来能把王子救走。小人鱼凝望着，直到有一位年轻的女子走过来。王子苏醒了，他被抬走了，小人鱼悲伤地跳进海里，回到她父亲的宫殿里去。

有好多晚上和早晨，她浮出水面，向她曾经放下王子的那块地方游去，但是她看不见那个王子。最后小人鱼在众姐妹的帮助下，找到了王子的宫殿。每天都远远地看着王子，她是那么地喜欢他。

小人鱼为了能够见到王子，得

情感体验

《安徒生童话》充满了丰富的想象，它把读者带入了一个童话般的世界，但是童话中的每个故事都是来自于现实的。在我们被故事中情节所吸引，为故事中的主人公的遭遇所打动之余，我们更多的是可以体会出作者对真、善、美的追求，对当时社会的黑暗和罪恶的讽刺和对下层劳动人民的苦难的同情。

此外，作品中所表现出的特有的气质、天真朴素的激情和富于沉思的哲学理念，与中国的文化传统不无相通之处，书中的天堂同样是那么"美"，是每个人都向往的地方。《安徒生童话》犹如一朵鲜花绽放在每个人的心里。

到他的爱，得到像人类一样的腿和一个不灭的灵魂，历尽千辛万苦找到海里的巫婆。小人鱼为了得到巫婆的药用自己的舌头做交换，自己变成了哑巴，不能说话，也不能唱歌。

小人鱼终于见到了王子，她生活在皇宫里，虽然不能为王子唱歌，但她轻盈的舞步依然是最美的，但每次当她的脚接触到地面的时候，她就像是在冰刀上行走一样。

王子一天比一天更爱她。他像爱一个亲热的好孩子那样爱她，但是他从来没有娶她为皇后的想法。然而她必须做他的妻子，否则她就不能得到一个不灭的灵魂，而且会在他结婚的头一个早上就变成海上的泡沫。

可是，王子却娶邻国的公主，而这位公主正是那个把王子救回去的年轻姑娘，王子一直以为是她救了他。王子和公主结婚了，小人鱼非常伤心，就在王子结婚的头一天早晨，小人鱼变成了一团泡沫，她再也不能回到海里了。

《卖火柴的小女孩》

在大年夜，天上下着雪，一个小女孩在街头上卖火柴，她又饥又饿，在街头瑟瑟发抖。

小女孩几次擦燃火柴，眼前产生了一次次的幻觉，这表现了小女孩对美好生活的渴望。小女孩第一次擦燃火柴，她的幻想是坐在大火炉前面；第二次擦燃火柴，她的幻想是看到了烤鹅；第三次擦燃火柴，她的幻想是看到了圣诞树；第四次擦燃整把火柴的幻想，是面前出现了唯一疼爱她的奶奶；最后一次她擦燃整把火柴，为的是留住奶奶。这一回奶奶把她抱在怀里飞去了，飞到那没有寒冷、没有饥饿也没有痛苦的安详的极乐世界去了。小女孩在现实生活中连温饱都得不到，她只好把希望寄托在幻想里。这些幻想同小女孩的处境形成强烈的反差，衬托出小女孩境遇的悲惨。

最后，小女孩在大年夜冻死在街头。

格林童话

这里介绍其中有代表性的几篇。

《稻草、煤炭和豆子》

一个村子里住着一位贫穷的老太太,她摘了一盘豆子,准备煮熟了吃。她在炉子里点上火,为了让炉子烧得快一点,她生炉子的时候用了一把稻草。当把豆子倒进锅里时,她没有注意到一粒豆子掉了出来,落在地上的一根稻草旁。不一会儿,一块燃烧的煤炭也从炉子中跳了出来,落在它俩的旁边。

稻草、煤块和豆子都是幸运者,它们没有像同伴一样的厄运,于是豆子提议道:"既然我们都幸运地死里逃生,我们就应该像好伙伴一样团结在一起。为了避免在这地方再遭到厄运,我们应该离开这里,到别的地方去。"

豆子的提议得到了另外两个的赞同,于是它们便结伴而行。没过多久,它们来到了一条小溪边,小溪上既没有桥,也没有跳磴,它们不知道该怎么过去。这时稻草灵机一动,想出了一个好办法,它把自己长长的身体横躺在小溪的两岸,形成了一个独特的小桥。性急的煤块首先大着胆子走上了这座刚刚搭好的桥。可是它走到桥中间时,听到溪水在脚下哗哗地流淌,不由得害怕起来,站在那里不敢往前走。不幸的是这时稻草已经燃烧起来了,稻草和煤块都掉到了河里。站在岸上的豆子看到这情景,乐得哈哈大笑起来,最后把自己的肚皮也绷破了。还好这时有个好心的裁缝走了过来,他拿起针线就给豆子缝起了肚子。但由于裁缝用的是黑线,所以豆子的肚上至今还留有一条黑缝。

作者及作品简介

《格林童话》为德国民间故事集,作者雅科布·格林(1785—1863)、威廉·格林(1786—1859),他们都是德国民间文学搜集整编者。具有代表性的作品有《灰姑娘》《白雪公主》《小红帽》《青蛙王子》《勇敢的小裁缝》等名篇。

《格林童话》源于民间,具有民间文学的审美特征:通俗易懂,自然朴素,风趣幽默,它的好多情节往往不曲折,单纯简单,但人物或拟人拟物的形象塑造极富有想象力,童话主人公个性鲜明,恶劣善良一目了然。不少主人公憨态可掬,滑稽可爱,使故事妙趣横生,引人入胜。童话寓教于乐,给人们以娱乐,又启迪人们的心灵。在格林童话中,自然与神奇、现实与浪漫交相辉映,融为一体,使故事既有真实性,又有梦幻感。语言上,朴实无华,朗朗上口,娓娓道来,栩栩如生,一些篇章用德语方言写成,有的还插入民歌和童谣,充满着浓郁的乡土气息,读来令人备感亲切。

《灰姑娘》

善良的灰姑娘生活在狠心的继母家中，继母及其两个女儿虐待她，让她穿着破衣裳，整天在厨房干活。灰姑娘到母亲坟前倾诉自己的痛苦，时间长了，她的泪水浇灌成一株大树，树上有只鸟儿可怜灰姑娘，常常帮助她。一位国王要给王子挑选未婚妻，在王宫举行盛大舞会，邀请很多漂亮的姑娘参加。灰姑娘的继母只准自己的两个女儿，而不准灰姑娘去出席舞会。灰姑娘非常失望难过。

灰姑娘得到鸟儿的帮助，穿上一套金银织成的礼服，一双银色的舞鞋，打扮得像个美丽的公主去出席舞会。王子被她的美貌倾倒，爱上了她。灰姑娘一连三天晚上参加舞会同王子翩翩起舞，但因担心被继母发现，每天晚上总是不顾王子的挽留，匆匆溜走。最后一天，灰姑娘在匆忙中将一只舞鞋丢失在楼梯上，王子拾到这只舞鞋，最后找到灰姑娘，和她结成美满的婚姻。心地善良的灰姑娘终于得到幸福。

探究性阅读

《格林童话》想象丰富，道理深刻，赞扬勤劳勇敢，批评懒惰懦弱，把真和假、善和恶、美和丑对立起来描绘，歌颂前者，暴露后者；给邪恶者以抨击，给弱小者以同情。童话中的角色不乏当时德国新兴的手工业者如磨坊主、裁缝、艺徒等形象，他们是故事中的主角，勤劳、勇敢、诚实、忠诚。而巫婆、强盗、骗子又是作品中的另一类角色，他们身上常有邪恶、狠毒、贪婪、妒忌、懒惰、狡猾，他们可能一时得逞，但终究要遭到失败。在读本书的时候，我们应该联系到现实生活中的例子，使书中的教育能够落实在生活中。

《白雪公主》

从前，在一个城堡里，住着一位可爱的小公主。她的皮肤白得像雪一般，双颊红得有如苹果，她就是白雪公主。在国王和王后的宠爱下，一直过着幸福快乐的生活。但是，好景不长，白雪公主的母亲生病去世了。白雪公主悲伤不已。

不久，国王迎娶了一位新王后，这位新王后虽然很美丽，但个性傲慢，心胸狭窄，尤其嫉妒别人比她美丽。王后拥有一面神奇的魔镜，它可以告诉你一切你想知道的答案。一天，王后问魔镜："谁是世界上最美丽的女人？"魔镜回答："全世界最美丽的是白雪公主。"

王后听了非常生气。于是，她就暗地里命令宫廷的武士把白雪公主带到森林，悄悄杀掉。武士按照王

形象感受

灰姑娘是个善良的女孩,从小受尽了继母及其两个女儿的折磨,最后在鸟儿的帮助下,终于和王子结成了幸福的婚姻。灰姑娘的经历使我们明白:一个人的美丽不能只看外表,还要看心灵美不美,如果一个外表美丽动人的姑娘,却没有爱心,不善良,对人很凶狠,那也不算是个美丽的人。

白雪公主美丽天真,总是落到邪恶继母的陷害圈套里,而善良勤劳的小矮人出于正义感和怜爱之情,一次次救白雪公主,而且他们的拯救行为不图任何私利。从白雪公主身上我们可以明白这样一个道理:善有善报,恶有恶报,我们要做一个好人,不要做坏人,心灵美才是真正的美。

后的吩咐和白雪公主到了森林,可当他抽出刀来要杀白雪公主的时候,看到正在采花的白雪公主,纯洁,善良,有如天使一般,实在是不忍心下手。最后他还是让白雪公主逃到森林里去了。白雪公主在阴森森的树林里到处流浪。漫长的黑夜终于过去了,森林迎来了早晨。

白雪公主在小动物们的陪伴下,向着树林深处走去。突然,她看见前面有一栋小木屋,小木屋里面竟然整齐排列着七张小小的床。在森林跑了一天,白雪公主累极了,就在那小小的床上躺了下来,不知不觉地睡着了。傍晚,七个小矮人干完活扛着锄头,哼着歌回来了。

然而平静的日子没有延续多久,王后得知以后,化装成老太婆骗白雪公主吃下了有毒的苹果。白雪公主倒地不醒,而王后在七个小矮人的追赶下摔死在悬崖下。就在小矮人们悲痛欲绝时,白雪公主的白马王子出现了。王子的爱破除了魔法,白雪公主得救了。公主和王子从此过着幸福的生活。

《小红帽》

小红帽是一个非常可爱的小姑娘,谁见了都喜欢,但最喜欢她的是她的奶奶。奶奶送给小姑娘一顶用丝绒做的小红帽,于是大家便叫她"小红帽"。

一次奶奶生病了,妈妈让小红帽拿一块蛋糕和一瓶葡萄酒送给奶奶。奶奶住在村子外面的森林里,离小红帽家有很长一段路。在路上小红帽碰到了一匹狼。小红帽并不知道狼是坏家伙,所以一点也不怕它。

狡猾的狼一路上向小红帽打听情况,当它把小红帽要干什么去和奶奶住哪都弄明白之后,便打起了坏主意。

狼先骗小红帽去给奶奶摘鲜花,而它则扮作小红帽进了奶奶的家,把奶奶吞到了肚子里,而后把小红帽也吃掉了。

一个碰巧从屋前走过的猎人,听见了屋里震天的鼾声,进屋一看才知鼾声是狼发出的，而奶奶和小红帽已经成了它的腹中之物。

猎人用剪刀划开了狼的肚子，救出了奶奶和小红帽，三个人高兴极了。

《青蛙王子》

在遥远的古代，曾经有一位国王。国王有好几个女儿，个个都长得非常美丽；尤其是他的小女儿，更是美如天仙，就连见多识广的太阳，每次照在她脸上时，都对她的美丽感到惊诧不已。

小公主常常来到宫殿附近的森林里玩，不巧的是，有一次，小公主把心爱的小金球掉到了森林里的一个水潭里。小公主非常着急、难过，她的哭声引来了一只非常丑陋的青蛙。这只会说话的青蛙很愿意帮助无助的公主，但前提是小公主必须答应与他一起吃饭，一起睡觉，跟他做朋友。小公主很爽快地答应了，于是小金球也重新回到了公主的手中。小公主并没有履行她的诺言，撒腿跑回了皇宫。

第二天，正当小公主用餐的时候，青蛙在门外喊起了小公主。可是小公主非常不愿意跟青蛙一起吃饭、睡觉，但是国王不让小公主言而无信。于是小公主只能和青蛙在一起了。

奇迹出现了，当晚睡在小公主身旁的青蛙竟然变成了一位十分英俊的王子。原来王子被一个狠毒的巫婆施了魔法，除了小公主以外，谁也不能把他从水潭里解救出来。

最后小公主成了王子的王妃，他们幸福地生活在一起。

名句精华

严冬时节，鹅毛一样的大雪片在天空中到处飞舞着，有一个王后坐在王宫里的一扇窗子边，正在为她的女儿做针线活儿，寒风卷着雪片飘进了窗子，乌木窗台上飘落了不少雪花。她抬头向窗外望去，一不留神，针刺进了她的手指，红红的鲜血从针口流了出来，有三点血滴落在飘进窗子的雪花上。她若有所思地凝视着点缀在白雪上的鲜红血滴，又看了看乌木窗台，说道："但愿我小女儿的皮肤长得白里透红，看起来就像这洁白的雪和鲜红的血一样，那么艳丽，那么娇嫩，头发长得就像这窗子的乌木一般又黑又亮！"

——《白雪公主》

"你可真了不起！"他说道，不禁对自己的勇敢大加赞赏，"全城的人都应该知道你的壮举。"说罢，小裁缝风风火火地为自己裁剪了一条腰带，缝好后，在上面绣了几个醒目的大字："一下子打死七个！""不仅仅是全城，"他突然喊了起来，"还得让全世界的人都知道！"说到这儿，他的心激动得欢蹦乱跳，活像一只小羊羔的尾巴。

——《勇敢的小裁缝》

《勇敢的小裁缝》

一个小裁缝在打死七只苍蝇之后，觉得自己很了不起，就在一条腰带上绣了"一下子打死七个"的字样。小裁缝把腰带系在腰间，打算出去闯世界，因为在他看来，凭着他的英勇无畏精神，再留在小小的作坊里，就大材小用了。

小裁缝首先遇到了一个巨人，巨人对他是否一下打死七个人将信将疑，决定与小裁缝比试一番，结果小裁缝凭着他的聪明赢得了比试，此后他更认为自己是个很不简单的人了。

小裁缝继续往前走，来到一座王宫的院子里。这时，他已累得筋疲力尽，便倒在地上睡着了。醒来之后他被人当作是大英雄带到了国王面前，以求他能为国效力。但因朝中大臣的嫉妒，国王只好决定把他打发走，可是国王又没有胆量这样做。

国王经过一番冥思苦想，最终想出了一个主意：只要小裁缝把一座大森林里的两个巨人杀死，便可以娶国王的女儿和得到国王的半个国家。

结果两个巨人被小裁缝很轻易地打死了。之后国王又出了很多的主意来为难小裁缝：先是让他捕捉独角兽，后又让他逮住森林里的野猪。小裁缝均运用他的智慧把事情解决了，无奈之下，国王只好兑现了他的诺言。

故事的最后，小裁缝迎娶了国王的女儿，还得到了国王的半壁江山，自己也成了一个国王。

情感体验

《格林童话》中每个主人公都是对现实人物的折射，整个童话就是生活的缩影，作者把真、善、美与假、恶、丑的矛盾冲突置于斑斓多彩的幻梦之中，借助神奇的力量化解矛盾，以善有善报、恶有恶报的结局告终。故事中，自然与神奇，现实主义与浪漫幻想交相辉映，融为一体，使读者既感到故事情节的合情合理，又体现了读者的意愿。在一个个生动、简单的故事里读者更能体味出内在的深刻意义——以理性的态度去辨别世间的善恶对错。看《格林童话》就像是一次心灵的放飞，不但可以体味故事中的意义，而且可以欣赏其语言艺术的特色。

外国童话故事

《尾巴的故事》

狗熊鲁比在狐狸的唆使下,为了钓鱼吃,将尾巴放入冰洞中,不一会儿冰将熊的尾巴冻住了。狗熊为了脱身,使劲一拉,结果他的尾巴断掉了。狗熊非常疼痛,慌忙逃走,把自己的尾巴落在了冰洞中。

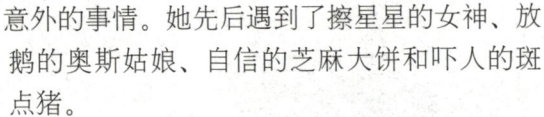

转眼间,春天来了,小尾巴在水中苏醒,她爬上岸,开始了一段寻找鲁比的历程。一路上她遇到了很多有趣的人和意外的事情。她先后遇到了擦星星的女神、放鹅的奥斯姑娘、自信的芝麻大饼和吓人的斑点猪。

一路的找寻,使这个决定要找到狗熊的小尾巴长大了很多,在秋天第一片树叶飘落之际,小尾巴终于在奥斯姑娘的婚礼上找到了狗熊。可故事并没有这么结束,原来狐狸已经骗狗熊说找到了他的尾巴。小尾巴无奈之下,与狐狸进行斗智斗勇,历尽千辛万苦,其中的挫折自不必说,最终还是赢得了狗熊的信任,回到了自己原来的位置。

文化溯源

外国童话源于民间,因而具有民间文学的审美特征:通俗易懂,自然朴素,风趣幽默,多数极富有想象力,生动活泼;而且提供形象活动的空间或背景,富有生活气质,或具有浓烈的乡土气息。语言也简单朴素,朗朗上口,便于记忆回味。当然,由于篇幅限制,故事不复杂,人物缺乏立体感。

鸟兽虫鱼、花草树木,整个大自然乃至家庭中的家具、玩具等都被赋予了生命,注入了思想感情,生动活泼,引人入胜。大胆的幻想超越了时间空间的界限,好奇的求知欲穿透了大自然的秘密,总之,在外国童话里,大自然的景物和人一起进入了社会生活,既是神话的世界,又是现实的生活,二者紧密地交融在一起了。

在外国童话里,人物基本上分成两类艺术符号:一类是善良、正直、勤劳,另一类是奸诈、邪恶、懒惰;前者往往美丽、后者往往丑陋。并且童话里的主人公个性鲜明,恶莠善良一目了然。不少主人公憨态可掬,滑稽可爱,使故事妙趣横生、引人入胜。

探究性阅读

外国童话是一定的时代和人民生活的反映,荒诞离奇的童话往往直接或间接反映了人民的生活和利益,表达了人民心声、愿望和理想。它们往往鞭笞邪恶、颂扬正义,讴歌善良、勇敢、勤劳的优良品德。反映了正义与邪恶、善良与凶残、诚实与虚伪、智慧与愚昧、勇敢与怯懦、勤劳与懒惰等一些带有普遍意义的人生主题。总之,外国童话中的故事情节、人物形象虽非现实生活中发生和存在的,却更有代表性地反映了现实生活,产生了独特的艺术魅力。

《拇指姑娘》

一个妇女非常想要一个特别小的孩子,于是巫婆给了她一颗特殊大麦粒,这颗大麦粒最后开了一朵郁金香,在花的中央有一个拇指一样大的姑娘,她就是故事的主人公——拇指姑娘。

接着写拇指姑娘受到了很多人及周围小动物的喜爱。就连癞蛤蟆都把她劫走,打算让她做儿子的新娘,小鱼不忍心拇指姑娘就

这样嫁给一个丑陋的丈夫,救走了拇指姑娘。后来拇指姑娘又被一只金龟子劫走,在那里因为金龟子姑娘们的嫉妒,拇指姑娘只得离开独自住在树林里。夏天和秋天过去了,在寒冷的冬天里,拇指姑娘被善良的田鼠搭救,在那里拇指姑娘过得很好,但不久之后田鼠的邻居鼹鼠又要娶她为妻。幸亏她被一只她曾救过的小燕子带走了,来到了温暖的国度。

最后,拇指姑娘在温暖的国度遇到了跟她一样大小的王子,王子非常喜欢这位美丽的姑娘,并决定让拇指姑娘做他的夫人,就这样拇指姑娘和王子生活在一起,带领着整个花儿国过着幸福的日子。

《母亲的故事》

一个母亲非常爱她的孩子,但她的孩子病了,而且非常严重。这位母亲为了孩子三天三夜没合眼,不知流了多少泪。

可是死神还是来了,他趁这位母亲睡着的时候,把孩子抱走了。可怜的母亲醒来发现孩子不见了,立刻跑出去找,喊着她的孩子。

在雪地上她遇见了夜之神——一个穿黑长袍的女人,夜之神看见死神抱着她的孩子飞快地走了,但这位母亲必须给夜之神唱她每天都给孩子唱的歌,她才告诉她死神是

从哪个方向走的。可怜的母亲只有痛苦地扭着双手,唱着歌,流着眼泪。她唱的歌很多,但她流的眼泪更多,夜之神最后告诉了她死神的方向。

在树林的深处有个岔路口,她不知道该走哪条路。树林里有一丛荆棘,于是她问荆棘是否看到过她的孩子,荆棘说看到过,但要可怜的母亲把它抱在怀里,给它温暖,它才会说出来。可怜的母亲为了找到孩子,把荆棘紧紧地抱在怀里,荆棘刺进她的肌肉,她的血一滴一滴地流出来。

她继续往前走,来到了大湖边,湖上既没有大船,也没有小舟。湖水说愿意把她托过去,前提是她要把自己的眼珠子哭出来,送给湖水,可怜的母亲满足了湖水的要求,自己成了瞎子。

最后,可怜的母亲来到了死神的温室,死去的人都变成了树或花,生长在死神的温室里。在这儿可怜的母亲遇见了一个守坟墓的老太婆,这次老太婆要以可怜的母亲的黑头发作为交换条件,告诉她该怎么要回她的孩子,就这样可怜的母亲长长的黑发,换上了老太婆的白发。

在温室里她通过听植物的心跳找出了自己的孩子,但这时死神回来了,他带回了这位母亲留给湖水的眼珠子,可怜的母亲重新拥有了她的眼珠子,她在井底看到了自己孩子的两种截然不同的生活,一种是生活在上帝的国度里,快乐、幸福的生活,一种是和她生活在一起,过着忧愁、贫困、苦难的日子。

可怜的母亲为了让自己的孩子能过上幸福的生活,最后还是答应让死神把孩子带到一个不知名的国度去了,她希望自己的孩子能够幸福,但她却很痛苦。

形象感受

拇指姑娘,神奇般地来到了世界上,但又很快被从睡梦中劫走。她不愿意被别人控制,她喜欢自由,可是在追求自由的道路上充满着磨难,拇指姑娘脆弱的生命饱受恶魔们的摧残。而她始终坚定追求自由、善待他人的信念,终于找到了完美的幸福。拇指姑娘给我们树立了一个美好的形象,她是美丽与善良、快乐与自由的化身。

——《拇指姑娘》

母亲,她的孩子被死神夺走,为了要回自己的孩子,她不惜一切代价,把美丽的嗓音送给了"黑夜";把胸口贴在山楂树上,让它解冻,被刺得鲜血一滴一滴地流下来;把自己的眼睛送给了大湖做珠子;把自己的秀发给了老妇人。这个故事告诉了我们母爱是天下最神圣而伟大的。

——《母亲的故事》

《十二兄弟》

从前有一个国王和一个王后,他们生了十二个王子,但国王并不喜欢男孩,他决定如果王后再生一个女孩的话,他就把这十二位王子杀掉,他

甚至让人做了十二副棺材，在棺材里装满刨花，还放上一个小寿枕。他让人把棺材全部锁进一个密室，把密室的钥匙交给王后，不许她告诉任何人。

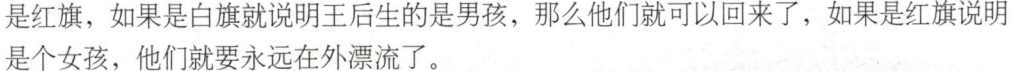

善良的王后整天非常伤心，最后她把这个不幸的消息告诉了和她住在一起的最小的王子便雅明。十二位王子决定离开皇宫，在他们走之前，王后嘱咐他们一定要在最高的树上放哨，看城堡里的高塔升起的是白旗还是红旗，如果是白旗就说明王后生的是男孩，那么他们就可以回来了，如果是红旗说明是个女孩，他们就要永远在外漂流了。

十二个兄弟逃到了森林里，他们每天都轮流放哨，有一天当轮到便雅明放哨时，他看到了高塔上升起了一面红旗，这说明王后生了一个妹妹。无奈之下他们继续往森林的最深处走去，并发誓要杀死见到的所有女孩。最后他们住在了一座施了魔法的小屋里。十一个哥哥每天都外出寻找吃的东西，而便雅明由于最小、最弱留在家里看家，做饭。日子过得很快，一晃十年过去了。

王后生下的小姑娘现在也长大了。她心地善良，美丽可爱，额头上还有一颗金色的星星。一天大扫除，她看到洗的衣服里有十二件男衬衣，于是她问王后是怎么回事，王后就把事情的原委都告诉了小公主，善良的小公主决定把十二个哥哥找回来。

她来到了森林里，找到了那座被施了法的小屋，看见了最小的哥哥，他们亲热地拥抱在一起。小哥哥怕妹妹被杀害，把她藏了起来，晚上，另外十一位王子打猎回来了，便雅明在确保哥哥们不会伤害公主时才告诉他们公主来了。十二位哥哥都接受了公主，他们幸福地生活在一起。

一天，小公主看到院子里有

名句精华

湖上既没有大船，也没有小舟。湖上还没有足够的厚冰可以托住她，但是水又不够浅，她不能涉水走过去。不过，假如她要找到她的孩子的话，她必须走过这个湖。于是她就蹲下来喝这湖的水，但是谁也喝不完这水的。这个愁苦的母亲只是在幻想一个什么奇迹发生。

——《母亲的故事》

就在公主被紧紧地绑在火刑架上，红红的火舌开始吞噬她的衣裳时，七年的最后一刹那终于过去了。空中传来了一阵呼啦、呼啦的声音，十二只乌鸦飞到这里落了下来。它们刚落地就变成了公主的十二个哥哥。他们拆掉火堆，扑灭火焰，把他们的好妹妹放了下来，并且亲吻她、拥抱她。

——《十二兄弟》

十二朵漂亮的百合花，她决定摘下来送给十二位哥哥。可是不幸的事发生了，当她摘下花朵时，十二位哥哥变成了乌鸦。这时出现了一个老太婆，老太婆告诉她，救哥哥们的唯一办法就是公主七年不说话，不笑，如果做不到，则哥哥们就会死掉。

从此，公主一个人待在森林里，一天她正在一棵树上纺纱，来了一位年轻的国王，他

情感体验

外国童话中，自然与神奇、现实与浪漫交相辉映，融为一体，在现实生活基础上，驰骋想象，大胆夸张，来叙述故事情节，刻画人物形象，表达对现实生活的意见态度、思想感情。读过之后，我们会深切地体会到外国童话运用拟人手法之高妙，那些动植物或没有生命的东西，被赋予了人的生活经验和性格特点，他们的思想行为就是现实中一部分人的思想行动，他们的生活就是现实生活的真实反映；进而体会到作者对现实生活的意见态度和思想感情。

看见公主漂亮，于是决定娶公主为妻。年轻的国王有个邪恶的母亲，她整天都说公主的坏话，可恨的是最后国王信了母亲的话，判了公主的刑，决定要用火把公主烧死。

就在公主被紧紧地绑在火刑架上，红红的火舌开始吞噬她的衣裳时，七年的最后一刹那终于过去了。空中传来了一阵呼啦呼啦的声音，十二只乌鸦飞到这里落了下来。它们刚落地就变成了公主的十二位哥哥。他们拆掉火堆，扑灭火焰，把他们的好妹妹放了下来，并且亲吻她、拥抱她。公主现在终于能开口说话了，她把自己当哑巴、从来不笑的原因告诉了国王。国王知道她清白无辜后，非常高兴，与她幸福地生活在一起，直到白发千古。国王那邪恶的母亲受到了审判，被塞进一只装着沸油和毒蛇的大桶，死得很惨。

伊索寓言

《农夫与蛇》

冬天,农夫发现一条蛇冻僵了,很可怜它,便把蛇放在自己怀里。蛇温暖后苏醒了过来,恢复了它的本性,咬了它的恩人一口,使他受到了致命的伤害。农夫临死前说:"我该死,我怜悯恶人,应该受恶报。"

这寓言说明,即使对恶人仁至义尽,他们的邪恶本性也是不会改变的。

《狼与小羊》

一只小羊在河边喝水,狼见到后,便想找一个名正言顺的借口吃掉小羊。于是他跑到上游,恶狠狠地说小羊把河水搅浑浊了,使他喝不到清水。小羊回答说,自己仅仅站在河边喝水,并且又在下游,根本不可能把上游的水搅浑。狼见此计不成,又说道:"我

作者及作品简介

伊索是古希腊寓言作家。传说原为奴隶,后获得自由,善讲寓言故事。伊索并没有写下他的寓言,他完全凭记忆口授。全世界家喻户晓的《伊索寓言》是后人根据拜占庭僧侣普拉努德斯收集的寓言,以及陆续发现的古希腊寓言传抄编订的。

本书共收录了一百多则生动有趣的著名故事,譬如:龟兔赛跑、放羊的孩子和下金蛋的鹅等,都是我们从小就耳熟能详的。

《伊索寓言》不仅含义深刻,而且艺术处理也很成功。《伊索寓言》的故事一般都比较短小,结构也比较简单,但语言精炼,形象鲜明。《伊索寓言》中除少数寓言以人为主要角色外,绝大部分是动物寓言,通过把动物拟人化来表达作者的某种思想。这些动物故事无疑是虚构的,然而又很自然、逼真。《农夫和蛇》《狼和小羊》都是短短几百字,却构建了一则结构紧凑的完整故事;而《狐狸和葡萄》只用了几十字,就勾勒了一幅自我解嘲的阿Q精神画面。《伊索寓言》最大的艺术特点还在于拟人化手法的应用自如,用兔子的胆怯、狼的贪婪、蛇的凶残比拟或暗喻人的行为和性格。拟人化不仅使形象生动,而且起到使故事紧凑的事半功倍的艺术效果,比如兔子跑得快,乌龟爬得慢,这些道理不用作者叙述说明,作者只要描述主要情节,寄寓于故事的深刻道理就和盘托出了。需要指出的是《伊索寓言》中除了有些动物外,一般尚无固定的性格特征,例如狐狸、狼等,有时被赋予反面性格,有时则受到肯定。这与后代寓言形成的基本定型的性格特征是不一样的。

《伊索寓言》中的许多故事都是内容与艺术完美的统一,它们至今还在文学艺术创作和人们生活中有着重要的影响。

形象感受

蛇由于天气太冷结果冻僵了,这时如果情况继续发展下去,那么蛇只有死路一条。幸好农夫路过看见了它,把它放在了怀里,蛇苏醒过来之后,却露出了它的本性,咬了农夫一口,农夫性命就这样断送了。蛇展示给我们的是一个忘恩负义的形象。

——《农夫与蛇》

蚊子在大千世界里是一个很小的角色,但是它却在狮子的面前将自己的缺点转化为优点,它动作的灵活和体形小使狮子束手无策,结果狮子伤痕累累,只能以失败而告终。蚊子骄傲地飞走了,但出乎意料地被蜘蛛网粘住了。因此,我们一定要记住"骄傲使人落后""强中自有强中手"这两条永远不变的真理。

——《蚊子与狮子》

狼为了能够名正言顺地吃掉小羊,绞尽脑汁地找借口,但是每个借口都很牵强,他的借口小羊都能有理有据地驳回,但狼最终还是不放过小羊。狼是一个霸道而不讲理的形象,它们如果要制造一场战争,什么借口都能成立。

——《狼与小羊》

老人由于太爱自己的孩子,而怕现实真如梦境一般:孩子会被狮子吃掉。因此,他把孩子关在了漂亮的房子里,以免受伤害,不想到头来孩子却因为墙上所画的狮子而送了命。老人本意是好的,但他过分地保护自己的孩子反而害了孩子,这意味着关心和爱护也应该是有限度的。

——《小孩与画的狮子》

父亲去年被你骂过。"小羊说,那时自己还没有出生。狼说:"不管你怎样辩解,反正我不会放过你。"

这个寓言说明,对恶人做任何正当的辩解也是无效的。

《山鹰与狐狸》

山鹰与狐狸互相结为好友,为了彼此的友谊更加巩固,他们决定住在一起。于是鹰飞到一棵高树上面,筑起巢来孵育后代,狐狸则走进树下的灌木丛中间,生儿育女。

有一天,狐狸出去觅食,鹰也正好断了炊,鹰便飞入灌木丛中,把幼小的狐狸抢走,与雏鹰一起饱餐一顿。狐狸回来后,知道这事是鹰所做,他为儿女的死悲痛,而最令他悲痛的是一时无法报仇,因为他是走兽,只能在地上跑,不能去追逐会飞的鸟。因此他只好远远地站着诅咒敌人,这是力量弱小者唯一可以做到的事情。

不久,鹰的背信弃义的罪行也受到了严惩。有一次,一些人在野外杀羊祭神,鹰飞下去,从祭坛上抓起了带着火的羊肉,带回了自己的巢里。这时候一阵狂风吹了过来,巢里细小干枯的树枝马上燃起了猛烈的火焰。那些羽毛未丰的雏鹰都被烧死了,并从树上掉了下来。狐狸便跑了过去,在鹰的眼前,把那些小鹰全都吃了。

这寓言说明,对于背信弃义的人,即使受害者弱小,一时不能报复他,可难以保证以后不出现他被人报复的

机会。

《马、牛、狗与人》

宙斯创造了人，没给人长寿，却给了人聪明才智。在冬天，人给自己建造好了房屋，舒适地住在里面。有一天，天气异常寒冷，还下着雨，马冻得再忍受不住了，便跑到人那里，请求让它住在屋内避寒。人说除非马同意把它的部分寿命送给人，否则就不让它进门。马高兴地答应了。不久之后，牛也忍受不了寒冬，跑来找人。那人同样地说，除非牛能把部分寿命送给人，不然就不收留它。牛献出了部分寿命后，被收留下来。最后，狗冻得几乎要死了，也跑来把自己的部分寿命送给人，得到住处。这样，人在宙斯所给的年岁内，纯洁而善良；到了马给的年岁，就吹牛说大话，自命不凡；到了牛给的年岁，开始干事业；而到狗给的年岁，便容易发脾气，动不动就大吵大闹。

这寓言讽刺了那些爱发脾气的固执的人。

《蚊子与狮子》

有只蚊子飞到狮子那里，说："我不怕你，你也并不比我强多少。你的力量究竟有多大？是用爪子抓，还是用牙齿咬？仅这几招，女人同男人打架时也会用。可我却比你要厉害得多。你若愿意，我们不妨来比试比试。"蚊子吹着喇叭，猛冲上前去，专咬狮子鼻子周围没有毛的地方。狮子气得用爪子把自己的脸都抓破了，最后终于要求停战。蚊子战胜了狮子，吹着喇叭，唱着凯歌，在空中飞来飞去，不料却被蜘蛛网粘住了。蚊子将被吃掉的时候，悲叹道："我已战胜了最强大的动物，却被这小小的蜘蛛所消灭。"

这寓言是说，骄傲是没有好下场的，有些人虽击败过比自己强大的人，也会被比自己弱小的人击败。

《小孩与画的狮子》

有个胆小的老人得了个独生子，孩子勇敢而且天生喜欢打猎。有一次，老人梦见儿子悲惨地被狮子咬死，心中极害怕这梦变为

探究性阅读

我们在读《伊索寓言》的时候，不应该因为其篇幅短小，便一扫而过，而应该认真体会每一则故事中的深意：有启发、有训诫、有讽刺、有警示。但是要很好地理解其中的深意，除了需要仔细阅读本书外，还应该读有关指导书，那里会有你一时还未体会的更深刻的含义。此外，不妨充分发挥自己丰富的想象，在脑海里编织一幅幅真实的画面，这对深刻理解寓言中的深意有着非常大的帮助。寓言只有仔细品味之后，才能真正从字里行间体会到宝贵的生活智慧与处世哲学。

现实，便特别建造了一座悬空的漂亮房子，将儿子锁在里面，把他保护起来。为了让儿子高兴，老人在墙上画了各种各样的动物，其中也画有狮子。然而，那孩子越看画越烦恼。有一次，他站在狮子画的旁边，说道："喂，你这可恶的野兽，为了你和我父亲荒唐的梦，我才被关在这种像牢房一样的房里。"说着说着，便挥动拳头用力向墙打去，好像要把那狮子打死。不料一根刺钻到他指甲里去了，他疼痛难忍，最后发炎引起高烧不退，没多久便死了。原本是一头画在墙上的狮子，竟把孩子害死了。这位父亲精心的安排对孩子有害无益。

这个寓言告诉我们，要勇敢地去面对困难，而不要刻意去回避它。

《冬天与春天》

冬天讥笑春天，专挑他的毛病，并责备他说，只要春天一到，人们就不再安静了，有的走进原野山林观赏风景，高兴地把采集来的鲜花插在头上；有的扬帆远航，漂洋过海到别的国家游玩，毫不担心什么狂风暴雨。他又说："我却如同一个威严的帝王，我对天发令，使人们害怕狂风暴雨和大雪；我对地发令，使人们害怕天寒地冻；我强迫人们老老实实地只待在家里度日。"春天说道："正因如此，人们希望尽早地告别冬天。人们认为我的名字就是美丽。宙斯也说，春天是所有名字中最美的。因此，人们总是盼望春天来到。"

这个寓言告诉我们，威逼强迫只能使人产生反感，和煦温馨却使人向往。

《贼和旅馆老板》

一个贼在旅馆租住了一间房，一连住了几天，希望偷一点东西足够付房钱和饭钱，可他白白等了几天，一无所获。这天，贼看见旅馆老板穿着一件漂亮的新衣坐在门口，便走上前去，与他闲谈。谈了一会儿，他们都觉得疲倦了，贼打了一个哈欠，并像狼叫似的大吼了一声。旅馆老板说："你怎么叫得这么吓人呢？"贼说："我愿告诉你。但先请抓住我的衣服，我愿意把衣服放在你手中。先生，我自己也不知道我到底什么时候是这样打哈欠，也不知道这种可怕的嚎叫传染到我身上来是惩罚我

的罪孽，还是其他别的原因？可有一点我是知道的，我若第三次打哈欠时，就会变成一只狼，去扑咬人。"说完之后，他又打了第二个哈欠，并和第一次一样，像狼一般地嚎叫。旅馆老板听完贼的话，信以为真，非常恐惧，站起身来，准备逃走。贼扯住他的外衣，请他留步，并说："先生，请等一等，扯住我的衣服，不然我变成狼时，就会暴怒地撕破它。"刚一说完，又像狼嚎叫一样打了第三个哈欠。

旅馆老板害怕被贼伤害，便赶紧脱下新衣交给他，逃进旅馆躲藏起来。贼带着新衣连忙逃离旅馆，不再返回。

这个寓言告诉我们，有些人为了达到某种目的，信口雌黄。如果相信其鬼话，肯定要吃亏。

《骡子和强盗》

两匹满载背包的骡子长途跋涉，一匹驮着装满财宝的背包，另一匹驮着装满谷物的背包。驮着财宝的骡子昂着头，不断地摇动系在颈部的铃，使之发出清脆的声音。他趾高气扬地走着，仿佛知道所载东西的价值。而那一匹驮着谷物的骡子却以恬静、安闲的步伐跟着走。突然，一班强盗从隐蔽的地方冲出来打劫，在格斗中，一个强盗用一把短刀刺伤了那驮财宝的骡子，将财宝抢劫一空，而那驮着谷物的骡子根本没有引起强盗的注意。受伤的骡子哭诉他的不幸，另一匹却说："我很高兴强盗不看重我，我没一点损失，也没有受伤。"

这寓言是说，财富并不值得夸耀，而且要防范它可能带来的灾难。

情感体验

《伊索寓言》不同于其他的作品，它采用的是比喻手法，通过阅读我们可以从平日里看起来很平凡的小动物身上，得出相当深刻的做人处世的道理。语言简练也是《伊索寓言》的一大特点，它能让你在最短的时间内，在形象生动的描绘中得到你想要的思想和感悟。

《伊索寓言》给读者的感觉不同于童话，主要体现在篇幅和情节上，童话的篇幅相对较长，而寓言篇幅较短；童话情节描写较详细一些，而寓言的情节却相当的简单。但是这些都不能影响寓言对读者启发的深刻程度。总之，《伊索寓言》是人生智慧的浓缩，是精华所在。

克雷洛夫寓言

《四重奏》

淘气的小猴子、毛儿纠缠不清的山羊、驴子和笨手笨脚的熊，准备来一个伟大的四重奏。它们搞到了乐谱、中提琴、小提琴和两只大提琴，就坐在一棵菩提树下的草地上，想用它们的艺术来风靡全世界。它们咿咿呀呀地拉着琴，乱糟糟的一阵吵闹，天哪，不晓得是什么名堂！

"停奏吧，兄弟们，等一下，"小猴子说道，"像这样是奏不好的，你们连位子也没有坐对！大熊，你奏的是大提琴，该坐在中提琴的对面。第一把提琴呢，该坐在第二把提琴的对面。这样一来，你瞧着吧，我们就能奏出截然不同的音乐，叫山岭和树林都喜欢得跳起舞来。"它们调动了位置，重新演奏起来，然而怎么也演奏不好。

"嗨，停一停，"驴子说道，"我可找到窍门了！我相信坐成一排就好了。"它们按照驴子的办法，坐成一排。可是管用吗？不管用。不但不管用，而且杂乱得一塌糊涂了。于是它们对怎样坐法，以及为什么这样坐法，争吵得更加厉害。吵闹的声音，招来了一只夜莺。大家就向它请教演奏的窍门。

作者及作品简介

《克雷洛夫寓言》是19世纪俄罗斯作家伊凡·克雷洛夫（1769—1844）的作品，是俄国最杰出的寓言家，也是世界三大寓言家之一（其他两位是古希腊的伊索和法国的拉封丹）。他出身贫寒，没有正式上过学，除了自身拥有的语言天赋外，全靠勤奋与毅力自学达到如此境界。

克雷洛夫共写了200多篇寓言。他突破了西方寓言仅借动物故事来做道德训诫的成规，那里除了有鹰、狮子、鸽子、老虎、蛇、狼等生灵之外，还有溪水、山川河流等。表达形式不拘一格，语言轻快简洁准确。克雷洛夫把含有劝喻性的寓言变成了雅俗共赏的讽刺文学作品。

克雷洛夫寓言在艺术上，善于选择富有戏剧特征的情节，具有独特的幽默感。如蚂蚁大力士进城后的悲哀；狐狸法官对农民的判决；危害鱼类的梭子鱼被捕后被处以重刑，淹死在河里……表现形式多种多样，语言简朴、幽默。

他的寓言通俗易懂，从生活中来，把不被人重视平凡简单的道理用生动有趣的故事对大家讲述，使人在诙谐欢快的气氛中接受和理解。

探究性阅读

克雷洛夫的寓言深刻地反映了俄国18世纪末和19世纪初的民主主义进步思想。它不仅描写了当时的现实生活，而且对俄国统治阶级的蛮横专制、官吏的腐败无能、人民的疾苦，以及俄罗斯人民最大的灾害——农奴制度，进行了辛辣的讽刺。同时也歌颂了劳动人民埋头苦干、不为名利、勤勤恳恳的崇高精神和品质。因此，在阅读其作品的时候，我们一定要与现实中的人类活动结合起来。

"请你耐心教导我们，"它们说，"我们正在搞一个四重奏，一点儿也搞不出名堂。我们有乐谱，有乐器，只要你告诉我们怎样坐法就行了！""要把四重奏搞得得心应手，你们必须懂得演奏的技术，"夜莺答道，"光知道怎样坐法是不够的。再说呢，我的朋友们，你们的听觉也太不高明了。换个坐法也罢，换个提琴也罢，说到底你们是不配搞室内音乐的。"

《执政的象》

森林中的动物选举大象当他们的父母官。一般地说来，大象都是比较聪明的，然而也有例外。这位父母官身材跟他的亲族一样高大，头脑糊涂却和亲族不同。他非常仁慈，连一个苍蝇也不忍伤害。

有一次，这位菩萨心肠的父母官收到羊送来的一份诉状：恳求他禁止狼剥羊皮。"混账东西！"大象对狼喝道，"你们这是搞的什么名堂？完全是丑恶的勾当！谁批准你们抢劫的？"

"并非抢劫，大人"狼辩解道，"这实在是一种制度。冬天来了，我们总得有过冬的袍子，这样就得让我们从羊身上稍微抽点儿捐税。如果他们吵吵嚷嚷，那是他们不讲道理。我们一点儿也不过分，我们不过跟每一位好姐妹要张皮罢了，可是，他们却不肯爽爽快快地拿出来，这怎么能怪我们呢？"

"原来是这么回事啊！"父母官说道，"哦，既然法律许可，就剥张皮吧！除此以外，可不能动它们一根毫毛！不公平我可不答应！"

《老农夫和他的长工》

有一天晚上，财主和他的长工在树林里走着，突然迎面来了一只熊。财主刚叫喊了两声，就被熊逮住了。

熊把他紧紧地挟住，翻过来转过去，紧紧地压倒在地上，一心想挑个好地方下口。老农夫的性命眼看快完了。"斯杰潘，好斯杰潘，别见死不救啊！"从熊的身底下传来他可怜的

求救声。

年轻有力的斯杰潘运足全身力气，抢起斧子，把熊的半个脑袋劈将下来，又用钢叉刺穿了熊的肚子。熊惨叫一声，滚倒在地，咽了最后一口气。危机过去了，财主却把他的救命恩人骂得昏天黑地。

可怜的斯杰潘呆呆地站在那儿："天哪！这是为什么来着？""蠢才，你还问呐？"财主呵斥道，"趁早收起你那傻笑吧！你怎么把熊皮都毁了呢？真是胡来！"

世间有一种人，大祸临头时，对救助的人万分感激；一旦灾祸过去了，便对自己的恩人吹毛求疵。

《袋子》

一只空袋子躺在走廊里的地板上，一半儿被大门遮掩着。人们从旁边走过的时候，常常拿它擦擦靴子。然而有朝一日，它的里边儿突然被金卢布装得满满的，于是马上身价百倍，成了主人宠爱的宝贝，被郑重地藏进了保险柜里，连苍蝇也不敢去碰一碰。主人经常把它拿出来摆阔，弄得全城的人都知道有这样一只袋子。

有朋友来了，主人就谈论他的袋子，好像这个袋子就是他的性命。袋子也时常被打开，人人都伸长脖子向袋子里边瞧，而且总是要温和地用手抚摸它一下，或者热情地用手指弹它一下。袋子看到大家对它这样的重视，就神气活现、自作聪明和骄傲自大起来了。我们的袋子开始乱说荒谬绝伦的废话，乱下严酷万分的评论："那可不行！""他是蠢才！"，以及"你等着瞧吧，一定会糟糕！"等。

虽然它说的都是蠢话，大家却张大了嘴巴听着它整天胡说八道。不幸得很，人类都有这个毛病：不论钱袋说什么话，即使是十分愚蠢的，也都会引起大家喝彩叫好。然而这袋子会不会永远受人称赞、永远被人认为是聪明的呢？人家会不会永远捧它呢？

当那些亮晶晶的金元一个不剩的时候，袋子就被人扔掉了，立刻就被人遗忘了。

《忙碌的猴子》

天刚亮的时候，一个农夫用他那古老

的犁，犁着一块田地。他干得非常卖力，额角上的汗水像大雨似的直冒。朋友们碰巧从这儿走过，伸出大拇指向他吆喝道："伙计，干得真棒，头等的活儿！"能够听到同伴的称赞，心里真叫痛快。

猴子十分眼红，心想："我何不也来忙碌一阵？"于是，它找到一根木头，辛辛苦苦地忙碌起来。它先把木头举起来，然后这样那样地托住木头，接着又把木头拖东拖西、滚去滚来，弄得大汗淋漓像个喷水泉似的。它累得气喘吁吁，却不肯休息，一心要把工作做得高人一等。然而它并没有听到一声半句的称赞。

如果你的劳动对谁也没有什么利益，那么你无论怎样忙忙碌碌都是白搭。

《天鹅、梭子鱼和虾》

梭子鱼、虾和天鹅，出去把一辆小车从大路上拖下来，三个家伙一起负起沉重的担子。

它们用足狠劲，身上青筋根根暴露，但无论怎样拖呀，拉呀，推呀，小车还是在老地方，一码也没有移动。

倒不是小车重得动不了，而是另有缘故：天鹅使劲儿往上向天空直提，虾一步步向后倒拖，梭子鱼又朝着池塘拉去。究竟哪个

形象感受

大象迂腐、糊涂而又仁慈得不是地方，凶残的狼要剥羊的皮，一开始大象很生气，他同情羊的遭遇，但经过狼的狡辩，他竟稀里糊涂准许狼剥羊的皮，前提是不准伤羊的一根毫毛。由这只大象我们可以看到当时俄国统治阶级的腐败无能。

——《执政的象》

猴子、山羊、驴和黑熊，它们四个想合作一场四重奏，它们拉着弓弦，但是声音总是刺耳。它们以为是坐法问题，一会儿这样坐，一会儿那样坐，忙得不亦乐乎，结果还是不协调。猴子、山羊、驴和黑熊在分析问题时，因不能抓住问题的关键所在，所以它们的问题永远都得不到解决。

——《四重奏》

袋子在短时间内经历了两种截然不同的身份，起初它的肚子扁扁的，那时从来不能引起别人的注意。可是后来袋子突然被金卢布装得满满的，于是它马上神气起来，开始乱说荒谬绝伦的废话，乱下严酷万分的评论。人不能因为一时的得意而自高自大，也许有一天你又会一无所有。

——《袋子》

厨子是现实生活中一类人的代表。当他发现猫吃了家里的糕饼，而且正在吃鸡时，他非常生气，站在那儿对猫又是批评又是数落，在他对猫进行"教育"的时候，却给猫留了更多的时间吃鸡。要知道对待猫光是口头的说教和批评是毫无意义的，因为它根本不知道你在干什么。不同的情况要采取不同的方法。

——《猫和厨子》

对，哪个错，我不知道，我也不想寻根究底，我只知道小车还是停在老地方。

合伙的人不一致，事业就要搞得糟糕。

需要共同完成一件事情的时候，如果大家都只采用自己的方法去做，没有事先达成共识和协调，那么可能到头来就会白费力气且问题多多。

《猫和厨子》

一天晚上，有一个读书识字的厨子，从厨房跑到附近转角上一家酒店里去。他是个热心肠的好人，一心一意地上那儿去追悼亡友。他留了他的猫儿来看守大批食物，防备猖獗的老鼠偷东摸西。

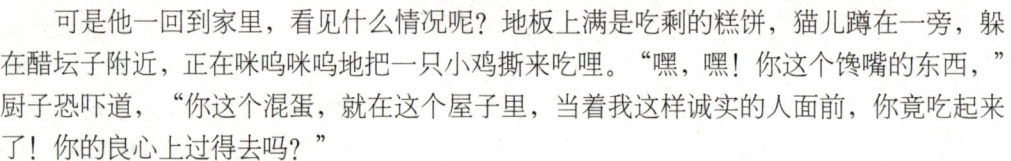

可是他一回到家里，看见什么情况呢？地板上满是吃剩的糕饼，猫儿蹲在一旁，躲在醋坛子附近，正在咪呜咪呜地把一只小鸡撕来吃哩。"嘿，嘿！你这个馋嘴的东西，"厨子恐吓道，"你这个混蛋，就在这个屋子里，当着我这样诚实的人面前，你竟吃起来了！你的良心上过得去吗？"

猫儿始终忙着吃它的鸡。

"你，你也这样？你这样难得的好猫，过去还拿你的良好行为当作全街的模范呢！你，你竟堕落到这样叫人痛心的地步！现在每家每户都要说了：'它是个骗子，是个贼！不光不让它进厨房，而且一定不让它进院子，就像不让贪得无厌的狼闯进羊群一样！它真该死，它是败类，它比瘟疫还要糟糕！'"猫儿一边儿听，一边潇潇洒洒地吃着鸡。厨子仍旧滔滔不绝地说话，仿佛他的责备永远没有个完似的。可是他的道理还没有讲完，猫儿已经把鸡吃完了。

碰到这样的厨子，我一定要对他说道："在你的厨房的墙壁上写着，奉命绝对不说空话，因为猫儿是不应该用空话来管教的。"

情感体验

《克雷洛夫寓言》与其他寓言不同的最显著特点：它带有更多的政治色彩，使读者在短短的寓言中就能够洞察当时的政治形势，例如，《野兽的瘟疫》《青蛙们要一个国王》等，把讽刺的锋芒对准了暴君、权臣、酷吏、贪官。《鱼的跳舞》和《杂色羊》等寓言故事，更是把矛头直指沙皇亚历山大一世，戳穿他的假仁假义，揭露他不惜采用卑劣、凶残的手段对人民实行残酷统治的罪行。整个寓言集展示给读者的都是克雷洛夫寓言强烈的爱国主义热情和对劳动人民悲惨遭遇的深切同情。

外国神话故事

《人类的时代》 （希腊）

神祇创造的第一代人类乃是黄金的一代。那时候统治天国的是克洛诺斯（即萨图恩）。

这代人生活得如同神祇一样，他们无忧无虑，没有繁重的劳动，也没有苦恼和贫困。大地给他们提供了各种各样的硕果，丰盛的草地上牛羊成群，他们平和地从事劳动，几乎不会衰老。当他们感到死期来临的时候，便沉入安详的长眠之中。当命运之神判定黄金的一代人从地上消失时，他们都成为仁慈的保护神，在云雾中来来去去，他们是一切善举的施主，维护法律和正义，惩罚一切罪恶。

后来神祇用白银创造了第二代人类。他们在外貌和精神上都与第一代人类不同。娇生惯养的孩子生活在家中，受到母亲的溺爱和照料。他们百年都保持着童年，精神上不成熟。等到孩子步入壮年时，他们的一生只剩下短短的几年了。放肆的行为使这代人陷入苦难的深渊，因为他们无法节制他们的激烈的感情。他们尔虞我诈，肆无忌惮地违法乱纪，不再给神祇献祭。宙斯十分恼怒，要把这个种族从地上消灭，因为他不愿意看到有人亵渎神祇。当然，这个种族也不是一无是处，所以他们荣幸地获得恩准，在终止生命以后，可以作为魔鬼在地上漫游。

天父宙斯创造了第三代人类。即青铜的人类。这代人跟白银时代的人又完全不同。他们残忍而粗暴，只知道战争，总是互相厮杀。每个人都要千方百计地侮辱其他人。他

文化溯源

神话是先民在社会实践中创造出来并且口耳相传的，它的内容涉及自然环境及社会生活的各个方面，既包括世界的起源，又包括人类的命运。

外国神话具有"神人同形同性"的特点，而中国的神话具有"历史化"的特点。外国神话把人的身心健美集中在神的塑造上。这些神和人一样，不仅躯体优美，面貌俊秀，而且具有七情六欲，要谈恋爱，闹纠纷，也与人一样从事各种生产劳动。比如匠神赫准斯托斯跟人一样打铁拉风箱，只不过他拉的风箱有20个口，他是人间打铁匠的化身。

外国神话直接和间接反映了人类的生活与人类改造自然的愿望，它所体现的根本思想是肯定人世欢乐，以人为本，反映了蓬勃向上的生活理想和积极进取的乐观主义精神。

们专吃动物的肉，不愿食用田野上的各种果实。他们顽固的意志如同金刚石一样坚硬，人也长得异常高大壮实。他们使用的是青铜武器，住的是青铜房屋，用青铜农具耕种田地，因为那时还没有铁。他们不断进行战争，可是，虽然他们长得高大可怕，却无法抗拒死亡。他们离开晴朗而光明的大地之后，便降入了阴森可怕的冥府之中。

当这代人也降入地府时，宙斯又创造了第四代人。这代人应该住在肥沃的大地上，他们比以前的人类更高尚，更公正。他们是神祇英雄的一代人，即古代所称的半神的英雄们。可是最后他们也陷入了战争和仇杀中，有的为了夺取俄狄甫斯国王的国土，倒在底比斯的七道城门前；有的为了美丽的海伦跨上战船，倒在特洛伊的田野上。当他们在战争和灾难中结束了在地上的生存后，宙斯把他们送往极乐岛，让他们居住生活在那里。极乐岛在天边的大海里，风景优美。他们过着宁静而幸福的生活，富饶的大地每年三次给他们提供甜蜜的果实。

古代诗人希西阿说到世世代代的人类传说时，慨叹道："唉，如果我不生在现今人类的第五代的话，如果我早一点去世或迟一点出生的话，那该多好啊！因为这代人是黑铁制成的！他们彻底堕落，彻底败坏，充满着痛苦和罪孽；他们日日夜夜地忧虑和苦恼，不得安宁。神祇不断地给他们增添新的烦恼，而最大的烦恼却是他们自身带来的。父亲反对儿子，儿子敌视父亲，客人憎恨款待他的朋友，朋友之间也互相憎恨。人间充满着怨仇，即使兄弟之间也不像从前那样坦诚相见，充满仁爱。白发苍苍的父母得不到怜悯和尊敬。老人备受虐待。啊，无情的人类啊，你们怎么忘了神祇将要给予的裁判，全然不顾父母的养育之恩？处处都是强权者得势，欺诈者横行无忌，他们心里恶毒地盘算着如何去毁灭对方的城市和村庄。正直、善良和公正的人被践踏；拐骗者飞黄腾达，备受光荣。权利和克制不再受到敬重。恶人侮辱善人，他们说谎话，用诽谤和诋毁制造事端。实际上，这就是这些人如此不幸的原因。从前至善和尊严的女神还常来地上，如今也悲哀地用白衣裹住美丽的身躯，离开了人间，回到永恒的神祇世界。这时候，

探究性阅读

外国神话中有各种各样的神，但从神族家谱来看，外国神话显然是原始社会群婚制的产物。各种神祇是人对自然现象不理解，用想象和借助想象企图征服自然力，支配自然力，从而把自然力加以形象化的产物。外国神话反映的是各自独特的民族精神风貌，记录了人类追求生活的无限理想和希望，同时保存了人类为了争取未来而洒落的泪水和笑声。它更是对知识的崇拜，是对自然和人性奥妙的探求。

留给人类的只有绝望和痛苦,没有任何的希望。"

《人类的中间园》 (北欧)

当神的祖先奥丁、威利和维创造出人类的祖先阿斯克和爱波拉以后,就让他们居住在用伊米尔的肉体创造的大地的中央;为了不让巨人或者其他邪恶的生灵危害到他们,三位神祇又用巨人之祖伊米尔的眼睫当成栅栏,把大地的中央团团围了起来,围起来的这块大地就是人类的家园——中间园。阿斯克和爱波拉就在中间园中建起了家园,生下了许多子孙后代。这样,人类就在这一片大地上繁衍开来了。但是,渺小的人类却从来也走不出这用伊米尔的眼睫做成的栅栏。

人类是那样的渺小,他们的生命、健康、财富和命运,全部操纵在乌特泉边的三个命运女神手中。她们纺织、测量和剪裁人类的命运之线,任意决定人类寿命的长短、健康的好坏及财富的多少。

人类永远也不会知道,他们生活着的大地不过是九个世界中的一个而已;他们永远也走不到尽头的辽阔世界,不过是宇宙树尤加特拉希中间部分的枝干而已。

树枝表面凹凸不平的地方,人类称为高山和峡谷。

树枝表面洼下去积了水的地方,人类称为湖泊和海洋。

树枝上生长了青苔的地方,人类则称其为森林。

在人类的大地上面是火焰国摩斯比海姆,精灵国爱尔夫海姆和神国亚萨园。亚萨园里的神祇们是人类的保护神,掌管人类的知识、智能、诗歌、历史、和平、战争、力量、财富、狩猎、渔业、海港、爱情、婚姻、生育等各种事情。人类战争中牺牲的勇士则被选择到亚萨园中的华尔哈尔宫,

形象感受

原冉为了解救族人,冒险去跟毒蛇苏鲁古古要回被霸占的黑夜女神,他先后以弓箭和铃铛来交换黑夜女神,都没有使苏鲁古古动摇。之后他用毒药为交换条件才得以成功。但他没听苏鲁古古的忠告提前看了黑夜女神,结果天地一片黑暗,原冉也因此丢了性命,在原冉身上充分地体现了伟大的牺牲精神。故事的结果虽然是个悲剧,但原冉的勇敢和聪明却是极为宝贵的。

——《黑夜女神》

继续为神祇服务。

在大地的外面，和人类并居的是巨人国约顿海姆，以及华纳神的家园华纳海姆。居住在约顿海姆的都是一些强壮有力而性情邪恶的巨人，他们不仅是亚萨神的敌人，而且随时都在企图破坏人类的中间园，是人类最大的威胁。

大地的下面是侏儒们居住的黑精灵之国、冰雪世界尼夫尔海姆和海儿的死亡之国。侏儒住得与人类最近，就在大地下面的岩石洞穴里或黑色的土壤下面。他们个子矮小，深藏在日光照不到的地方。当黑夜降临的时候，他们有时也来到人类的中间园，向人类借东西使用，或者和人类做少许生意。他们通常是人类的朋友。海儿是死亡之国的主人，所有因为疾病和衰老死亡的人类都将到死亡之国里的巨大宫殿中，为她服务。

《黑夜女神》（印第安）

在宇宙洪荒时代，日夜不分，所有的人都无法睡觉。有一个叫做原冉的人听说，黑夜女神被毒蛇苏鲁古古和她的亲戚霸占了。于是，他对自己的族人说："我去替你们把黑夜找回来！"

他带弓箭上路，来到苏鲁古古阴暗潮湿的家，对她说："你愿意让我用弓箭来换取黑夜女神吗？""小伙子，我连手都没有，要弓箭何用？"苏鲁古古干笑说。

没法子，原冉只好再去寻找别的东西。不久，

名句精华

啊，无情的人类啊，你们怎么忘了神祇将要给予的裁判，全然不顾父母的养育之恩？处处都是强权者得势，欺诈者横行无忌，他们心里恶毒地盘算着如何去毁灭对方的城市和村庄。正直、善良和公正的人被践踏；拐骗者飞黄腾达，备受光荣。权利和克制不再受到敬重。恶人侮辱善人，他们说谎话，用诽谤和诋毁制造事端。

——《人类的时代》（希腊）

人类是那样的渺小，他们的生命、健康、财富和命运，全部操纵在乌特泉边的三个命运女神手中。她们纺织、测量和剪裁人类的命运之线，任意决定人类寿命的长短、健康的好坏及财富的多少。

——《人类的中间园》（北欧）

自私自利的诸神被杀死了，太阳依然原地不动。风神便使劲地吹，吹动天体移动，并且按自己的轨道奔跑起来。不过月亮还在那里等太阳走完了自己的路，他才往前走。他们就这样在不同时间里露面，光照人间。

——《日月神》（印第安）

他带来了一个铃铛,对她说:"怎么样?我把铃铛给你,你把黑夜女神还给我!""小伙子!"苏鲁古古说,"我没有脚,你帮我把铃铛系在尾巴上好了,让我在需要的时候可以摇响它!"

从此以后,响尾蛇一生气,就会把尾巴摇得丁丁作响,向人发出警告。不过,苏鲁古古还是不愿交出黑夜女神。于是,原冉决定去找些毒药来,也许,苏鲁古古会用得着它。果真,苏鲁古古一听说毒药就来了精神,马上换了一副面孔,说:"那就一言为定,拿毒药交换黑夜女神。"

她把黑夜女神装在摇篮里,交给原冉。原冉的族人看到他从苏鲁古古那儿回来,还带着一只篮子,马上纷纷跑来问道:"你真的把黑夜女神带回来了吗?""拿回来了,"原冉回答说,"不过苏鲁古古交代过,在到达房子以前,月亮升起的时候,千万不可把篮子揭开。"

可是,他的伙伴穷追不舍,嚷着要看看黑夜女神是啥模样。原冉终于违背了约定,把篮子打开了。黑夜女神从里面飞出来的刹那,天地变得一片漆黑,人们还是没看到女神的模样。可是黑暗笼罩了回家的路,人们恐惧到了极点,呼喊着,四下逃窜……只留下原冉孤零零的一个人,留在茫茫的黑暗之中。他大声呼喊:"月亮,你在哪里?"这时,苏鲁古古的亲戚们围住了原冉,苏鲁古古的妹妹扎拉拉克还把他的脚狠狠地咬了一口。

原冉猜到这是扎拉拉克咬的,便大声说:"扎拉拉克,你等着,我的伙伴会找你报仇的。"然后就倒地死了。后来,月亮升起来了,黑夜女神又被蛇族拐走了。原冉的伙伴在他的尸体上搽满药汁,原冉才重新活了过来。

原冉再次给苏鲁古古带去大量的毒药作为交换。苏鲁古古为了让人们无心找她妹妹报仇,于是搜罗了人世间所有丑恶的东西,掺上日尼班树浓黑的液汁泼洒在黑夜女神的衣服上,使她变得更加浓黑。

这就是为什么每到夜晚,我们便感到腰酸背痛、喉咙发紧的原因;也就是丑恶之事总是在黑夜滋生的缘故。

情感体验

神话是民间文学中最富有幻想的形式,是人类童年时期的产物。在神话中众神都有着超乎寻常的本领,他们生活在天庭,掌控着大自然的一切。神话通过自发的幻想反映客观现象,不仅赋予一切对象以生动奇妙的形象,而且自然而然地倾注了人们的愿望和爱憎。这一不自觉的艺术加工过程是由原始人的生活和意识条件决定的。此外,人们还通过神话解释万物,总结经验,传授历史,组织劳动,表达愿望,鼓舞斗志,评辨美丑是非,表彰英雄能手,颂扬祖先和神灵。

外国民间故事

《蠢汉、驴子与骗子的故事》（阿拉伯）

从前，一个蠢汉由于生性过于老实，常常被人欺骗。一次，蠢汉牵着他的毛驴出去放牧，路上，碰上两个老练的骗子。骗子见他呆头呆脑，便起了坏心。"我要把那头驴从他主人的手上骗过来。"其中一个骗子对他的伙伴说。"怎么骗呀？"另一个问。这个骗子显得信心十足，说："你看着吧！"

于是，这骗子走到毛驴身边，偷偷把笼头取下来，套在自己的头上，却把毛驴留下，让另一个骗子牵着。这样，这个骗子戴着笼头，像一头毛驴似的跟在蠢汉身后走。走了一段路后，他估计另一个骗子已经把毛驴牵走了，便停住脚步，不肯再往前走了。蠢汉突然觉得牵不动缰绳，毛驴像不肯往前走了，觉得奇怪，回头一看，见笼头居然套在一个人的头上，不由大吃一惊，惊讶地问出了声："喂喂！你是什么东西呀？"

骗子暗中好笑，道："我是你的毛驴啊！哦，你不知道，我可是有着稀奇的遭遇呢。我有一位正直、虔诚的母亲，已经上了年岁。有一次她见我喝醉了，就虔诚地告诫我：'孩子呀，这可是罪过呀，你必须向万能的安拉忏悔。'可是我不但不听，反而动手打了她。这样，她一气之下，求万能的安拉惩罚我。我受了惩罚，结果变成了一头毛驴，从此开始受苦受难。到今天，我的母亲觉得我受的惩罚够了，慈悲心起，又替我请求安拉，赦免了我的罪过。因此，我便又从毛驴恢复了我人的样子，成了堂堂正正的人类。"

蠢汉一听，既感到惊讶，又深深抱愧，叹道："啊！全靠万能之神安拉拯救你！我的兄弟呀，我一直骑你，让你干重活，这可是太不应该呀。不过，以安拉的名义起誓，

作者及作品简介

外国民间故事是来自不同地域、不同民族、不同种类、不同风格的民间故事作品。外国民间故事，以其鲜明的地域特点和奇异的民族风情，闪烁着各国民间文学的独特艺术魅力。

外国民间故事内容包罗万象，极为丰富多彩，有冒险故事，有恋爱故事，有历史故事，有寓言，还有童话。意蕴深刻、情节动人、趣味性强，具有鲜明的时代性、地方性和民族性。

故事中最常见的人格类型的对比：善良与凶恶的对比，正义与邪恶的对比，无私与贪婪的对比，忠诚与狡诈的对比，真实与虚伪的对比，美好与丑恶的对比等。这些人格类型对比的形象能够使人们更清楚地看到好人与坏蛋身上的不同品质，反映了民间对好人的歌颂和对坏人的唾骂。

探究性阅读

外国民间故事同样也是外国民族智慧的结晶，它以神话的形式和浪漫主义手法，揭示了社会生活的方方面面，以奇异的语言和象征的形式讲述人与人之间的种种关系。虽然其中往往包含着超自然的、异想天开的成分，但并不能把它作为消遣的东西来读，而应该仔细分析故事中人物形象，展开丰富的想象，从中体会人们对真善美的渴望，对假恶丑的鞭挞，对勇敢和智慧的歌颂。

我全不知道你的情况。到现在，只能祈求你原谅我骑你、役使你了。"

蠢汉对这个骗子忏悔了一番后，昏头昏脑，满心沮丧地抛下骗子，垂头丧气地回家去了。蠢汉的妻子看他这副模样，感到奇怪，问："你为什么愁苦？发生了什么不好的事吗？噢！咱们的毛驴呢？"蠢汉便把从骗子口中听到的话，从头至尾告诉了妻子。蠢汉的妻子听了，也感到郁郁不欢，心想确实是自己做了不人道的事。于是，她诚心诚意忏悔了一番，希望弥补自己的过错。

过了一段时间，妻子见蠢汉始终心灰意冷，待在家里，什么也不干，不由心急，便对丈夫说："你也不能老是这样不务正业呀！要不，你上街去，另外买一头毛驴回家做事吧。"

蠢汉听了老婆的话，来到市场。他一眼便看中了一头准备卖的毛驴，但仔细打量后，才发现正是自己从前的那一头。他大吃一惊之下，便凑近毛驴，把嘴贴近毛驴的耳朵，悄悄说道："你这倒霉的家伙！这一次可别想让我上当了。谁让你又喝醉酒，打你的母亲呢？我可不会买了你又让你变成人了。"说完，他头也不回地走掉了。

《龙宫传奇》（日本）

很久以前，有一个叫浦岛太郎的年轻人，他是个心地善良的渔夫，他和年老的母亲住在一起，两个人过着幸福快乐的日子。

有一天，浦岛太郎和平常一样，到海边去捕鱼。当他走到海边的时候，发现一群顽皮的小孩子正在欺侮一只大海龟。他们拿着木棒和石头不断地打着可怜的大海龟。"小朋友，你们不要再欺负它了，你们看它那么可怜的样子，就放了它吧！""不行，这是我们的海龟！""要不然，你们就把它卖给我好了！"浦岛太郎又说。小朋友们说："嗯！好吧！"

于是，浦岛太郎就用钱向他们买下这只可怜的海龟，把它带到海边，对它说："你赶快

形象感受

蠢汉生性过于老实，一次他被两个骗子骗走了他的驴，但骗子的一个谎言，他便信以为真，而且认为以前不该让这头由于受惩罚而由人变来的驴干重活。甚至在他再次遇到那头驴的时候，竟然还认为驴在接受惩罚。蠢汉展示给读者的是特别愚蠢的一面，他的愚蠢就在于他过于相信别人，而自己却不会用智慧来分辨事物的真假。

——《蠢汉、驴子与骗子的故事》

浦岛太郎是一个渔夫，他曾救了一只大海龟，海龟邀请他到龙宫做客，在龙宫浦岛太郎受到了龙王公主的热情款待，后来因为提前打开了玉匣子，变成了一个老公公。浦岛太郎的善良和付出得到了回报，但因为他没有坚持到最后，还是得到了小小的惩罚，这也是他没毅力的表现。

——《龙宫传奇》

骗子在钱商大意的情况下偷走了钱袋，由于担心钱商的女仆会因此而受到牵连，而前去与钱商周旋，为女仆解了围，并再次拿走了钱袋。骗子偷钱的行为是不对的，但也不可否认他有比较机智及善良的一面。

——《钱商和匪徒的故事》

钱商把钱袋放在明处，是促使骗子得手的直接原因，但他却怪女仆失职。当钱袋再次回到他身边时，他依然没有看管好钱袋，造成钱袋的再一次丢失。在故事里钱商是一个粗心而且不能抓住机遇，出现问题又不从自身找原因的形象。

——《钱商和匪徒的故事》

回海里去吧！小心不要再被别人捉到了！"过了几天，浦岛太郎正在船上钓鱼时，又遇见了那只大海龟。大海龟说："浦岛太郎，上次承蒙你的搭救，真是非常感谢，因此，我想带你去龙宫玩，以报答你的恩惠。"

"但是……我妈妈还在家里等我呢。"浦岛太郎回答说。大海龟说："不用担心，我还会送你回来的。"

于是，海龟就背着浦岛太郎，向深海潜去。"哇啊……，好美哦……真是太美了……"浦岛太郎看见海底的景色，不禁叫了出来。太阳光照进海中，就像是一条条金链子似的。鱼儿们也像是在跳舞般地在珊瑚间游来游去。

不久以后，浦岛太郎就发现海里有个东西在闪闪发光。"浦岛太郎，那里就是龙宫了。"大海龟说。当浦岛太郎看到这个由珍珠、珊瑚等装饰而成的龙宫之后，更是惊奇万分。"浦岛太郎，欢迎你到龙宫来玩。"美丽的龙王公主亲自到龙宫的门口来迎接浦岛太郎。公主说："浦岛太郎，上次你救了我们的海龟，我非常感激你，希望你能在龙宫多住几天，接受我们的招待。"

于是，龙王公主就办了一桌最上等的酒席，而且都是浦岛太郎没吃过的，甚至没见过的丰盛菜肴。"别客气，请多用菜。"龙王公主也陪着他一起高兴地用餐。站在旁边的美丽宫女开始唱起悦耳的歌，鲷鱼和比目鱼们也随着歌声翩翩起舞，真是好看极了。

吃过饭后，龙王公主带着浦岛太郎参观华丽的龙宫，他们来到了四扇神奇的大门前。"这是春之门。"龙王公主打开第一扇蓝色的大门。在房子里面，开满了樱花及其他各式珍奇的花草，蝴蝶在花丛里飞舞，小鸟们也在枝头上轻快地唱歌，一切的景象就好像春天的大地，充满着朝气。

龙王公主接着打开第二扇红色的"夏之门"。盛夏的阳光就从屋里射出刺眼的光芒来。屋子里到处呈现一片绿意盎然的景色，蝉儿也在树上快乐地唱歌。"这是秋之门。"龙王公主又打开了第三扇金色的大门。屋子里，金色的稻穗正随风摇摆，蟋蟀也悠哉地唱着歌。当龙王公主打开最后一扇白色大门的时候，屋里竟是一幅美丽的雪景。参观过这四扇奇异的门后，浦岛太郎觉得自己好像置身于梦中。从此以后，浦岛太郎就每天吃着山珍海味，穿着华丽的衣裳，舒舒服服地在宫里住了下来。

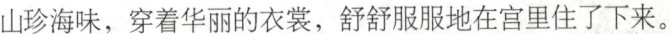

一天接着一天，不觉得已经过了三年，浦岛太郎突然想回家了。"妈妈现在不知怎么样了，她一定很替我担心。"想到这里，浦岛太郎恨不得能赶快回家。浦岛太郎就对龙王公主说："公主，我想我该回家了。我母亲还在家里等我呢！""你真的想回家吗？好吧！你走之前我送你一个玉匣，不过，你要记得，在你年老之前绝对不能打开它。"说完龙王公主就送给他一个美丽的盒子。于是，浦岛太郎又坐在大海龟的背上，回到想念已久的故乡。但是，究竟是出了什么事？村子的景象和以前完全不同了。

到处都是陌生人，没有一个熟人，而且，不管浦岛太郎再怎么找，就是找不到自己的家和年老的母亲。"我的家……我的家到哪儿去了？"浦岛太郎问一位坐在路旁的老公公，"请问，你知道浦岛太郎的房子在哪里吗？""啊！我曾经听过关于浦岛太郎的传说，不过，自从三百年前他去了龙宫之后，就再也没有回到村子了。"老公公回答。"已经过了三百年了，那么我的母亲也早就去世了。"浦岛太郎沮丧地坐在路旁的石头上。

这时候，他突然想到了手上拿着龙王公主送给他的玉匣子。"里面到底装了什么东西呢？"浦岛太郎忘记了龙王公主的叮咛，打开了玉匣子。突然间，里面冒出了白色的烟幕。更奇怪的是，当白烟碰到浦岛太郎的时候，他一下子就变成一个白胡子、白头发的老公公了。

《钱商和匪徒的故事》（阿拉伯）

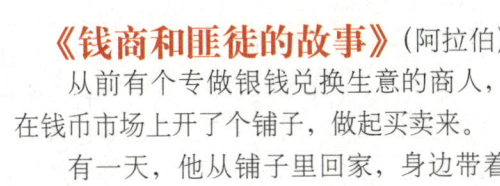

从前有个专做银钱兑换生意的商人，在钱币市场上开了个铺子，做起买卖来。

有一天，他从铺子里回家，身边带着一袋金钱，从一伙小偷身边经过。这伙小偷望着那袋金钱，非常眼红，可一时又想不出好的办法。这时，他们中一个诡计多端的家伙，向伙伴们夸口说："我有办法把他手中那袋钱弄到手。""什

么办法?"伙伴们不相信。"你们等着瞧吧!"这家伙显得满有把握,随即跟踪钱商去了。

钱商回到家中,把钱袋放在桌子上,然后预备洗手做礼拜。他一边吩咐女仆:"我要做礼拜,给我打盆水来洗手吧!"一边急急忙忙到厕所去小便。女仆照他说的,小心翼翼去打水,可她一时疏忽大意,忘了关大门,这下可给了那个小偷机会了,他轻而易举地闯了进去,拿了摆在桌子上的钱袋,立刻溜之大吉。

他回到伙伴中,讲起偷钱的经过,不由得洋洋得意起来。伙伴们听了他这番话,都咂舌称赞,说:"向万能之神安拉起誓,不可否认,你确实要算最精明强干的人了。这件事干得尤其出色,这可不是任何人都能够做得到的。不过现在钱商家中一定闹翻天了。你想,那个商人从厕所出来,发现钱袋不见了,必定要责怪女仆,并且痛打她。这样看来,你干的这件事情就不是尽善尽美了!你要能拯救那女仆,使她免除嫌疑,不被打骂,那才真正算得上好汉哩。""若是安拉的意愿,我一定要拯救那丫头,不让她受冤枉。"

小偷说完后,离开伙伴们,又跑回钱商家的门前。他侧耳一听,女仆被主人鞭挞得悲哀哭泣,悲惨不已。他迫不及待地使劲把门一敲,马上听见商人的声音:"谁敲门呀?""我呀,你铺子隔壁那家的仆人。"小偷随口撒谎道。

钱商开了门,问道:"你找我有什么事?""我们主人向你致意。他说,你怎么这样粗心,怎么会把这一袋金钱扔在铺子门前,也不收拾就走了?要是别人把它拾走,损失可就大了,幸亏我们主人发觉,替你收了起来。"小偷说罢,拿出钱袋来。

钱商一见钱袋,非常诧异,嘀咕着:"这是我的那袋钱呀!""向安拉起誓,你得给我们主人写张收据,我才能把钱交给你呢。"小偷故作镇静,"不然,我恐怕主人会怀疑我没交钱呢。请你写张收据,盖上私章吧。"钱商当然深信不疑,转回家去写收据。这时,小偷带着钱袋,转身一溜烟地逃得无影无踪。这样,女仆洗清了冤屈,钱袋也到了那小偷手上。

情感体验

民间故事是人类文化遗产中的瑰宝。外国民间故事以其鲜明的地域特点和奇异的民族风情,闪烁着各国民间文学的独特艺术魅力。任何一个人,不论他的民族、肤色、性别和年龄如何,一旦走进这个独特的世界,就会被故事丰富的内容,多样化的风格所吸引,并从中得到认识世界和处世生存的知识,受到道德、理想、艺术和审美的熏染。民间故事有很大的虚构成分,但这种虚构不是胡思乱想,不是任意瞎编,而是建立在生活基础上的一种艺术上的合理想象,促使故事更集中、更真实地表现所要表现的题材。外国民间故事是广大读者开阔眼界、愉悦精神、提高文化素养的良好读物之一。